NORDWALDKAMMWEG

Weitwandern im Grenzland

Herausgegeben vom Österreichischen Alpenverein Freistadt

MIT UNTERSTÜTZUNG VON BUND, LAND UND EUROPÄISCHER UNION

Impressum

Bibliografische Information der Deutschen Nationalbibliothek
Die Deutsche Nationalbibliothek verzeichnet diese Publikation in der Deutschen Nationalbibliografie; detaillierte bibliografische Daten sind im Internet über http://dnb.d-nb.de abrufbar.

Lektorat: Dorothea Forster
Grafik und Produktion: Nadine Kaschnig-Löbel
Fotografien: Abi Warner/shutterstock.com, S. 29 links; Martin Prochazkacz/shutterstock.com, S. 29 rechts; vectorportal.com, S. 162; alle anderen von Gerd Simon, Markéta und Michael Tauber
Kartenmaterial: Arge-Kartografie
Teile dieses Wanderführers sind der 6. Auflage 1981 des Buches „Nordwaldkammweg“ (Hg. Österreichischer Alpenverein, Sektion Freistadt entnommen.
Druck: Ortmann Team GmbH, Ainring
gedruckt in der EU

ISBN 978-3-7025-0860-9

www.pustet.at

Die in diesem Führer beschriebene Wanderung wurde von den Autoren nach bestem Wissen erstellt. Inhaltliche Fehler sind jedoch nie auszuschließen. Es wird keinerlei Verantwortung und Haftung für Unstimmigkeiten übernommen. Leider werden immer wieder Wegtafeln entfernt oder falsch eingerichtet, Bäume mit Markierungen fallen Schlägerungen zum Opfer. Korrekturen werden gerne entgegengenommen: Alpenverein Freistadt, Salzgasse 23, 4240 Freistadt, freistadt@sektion.alpenverein.at

Österreichischer Alpenverein Freistadt (Hg.)
Gerd Simon, Markéta und Michael Tauber

NORDWALD KAMMWEG

WEITWANDERN IM GRENZLAND

VERLAG ANTON PUSTET

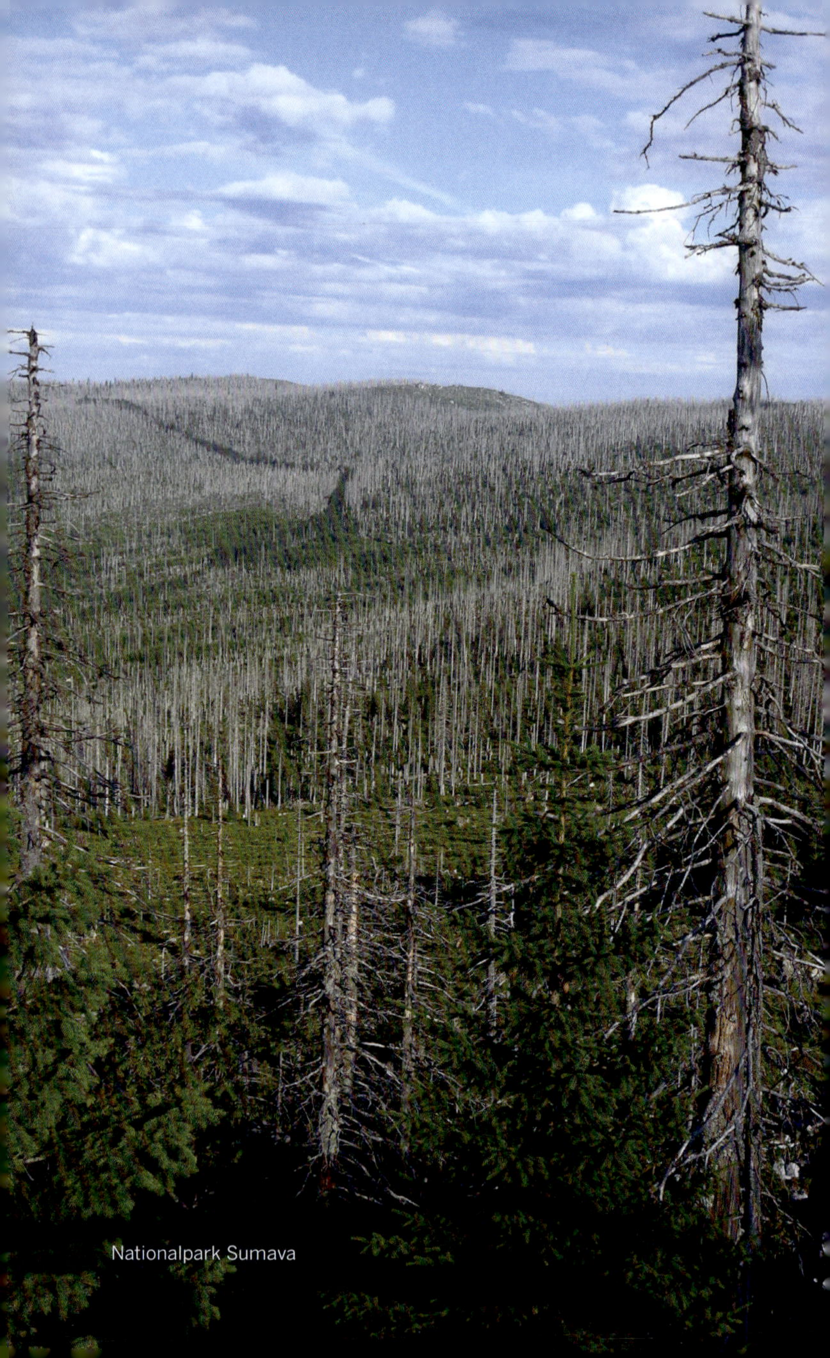

Nationalpark Sumava

Inhalt

Einleitung

Der klassische Nordwaldkammweg (NWKW) mit seiner markant blauen Kammmarkierung ist der älteste der zehn großen Weitwanderwege in Österreich und ein Abschnitt des Europäischen Fernwanderwegs E6.

Dieser mystische Wanderweg entlang der mitteleuropäischen Wasserscheide ist rund 160 km (früher 144 km) lang und zieht sich heute vom Böhmerwald/Hochstein (1 333 m) durchs nördliche Mühlviertel, oft nahe der tschechischen Grenze, über den Hochficht (1 338 m), Sternstein (1 122 m), Hirtstein (844 m), Braunberg (912 m), Nebelstein (1 017 m) und Mandelstein (874 m) bis zum Grenzübergang Pyhrabruck (543 m) bei Gmünd/NÖ.

Wer den Nordwaldkammweg erwandert, stößt auch auf die Alpenvereinshütten bei Helfenberg (840 m), am Braunberg bei St. Oswald (903 m) und am Nebelstein (1 017 m) in Niederösterreich.

Seit 2012 gibt es zum klassischen Nordwaldkammweg, der vom Wegwart der Alpenvereinssektion Linz, Dipl.-Ing. Hellmut Feix, entworfen und 1960 anlässlich der Jahreshauptversammlung des Österreichischen Alpenvereins in Freistadt der Öffentlichkeit übergeben wurde, einen rund 175 km langen Nordwaldkammweg II als *Rückweg*. Er und der Nordwaldkammweg III entstanden als Euregioprojekt unter Projektleiter Dipl.-Ing. Gerd Simon und wurden 2012 in Český Heršlák feierlich eröffnet. Der Nordwaldkammweg II führt teilweise durch tschechische Grenzgebiete (Grünes Band) und teilweise durch Österreich in Grenznähe. In Tschechien ist dieser Weg mit lokalen Markierungen versehen, sonst mit dem Kammlogo und dem Zusatz „II“.

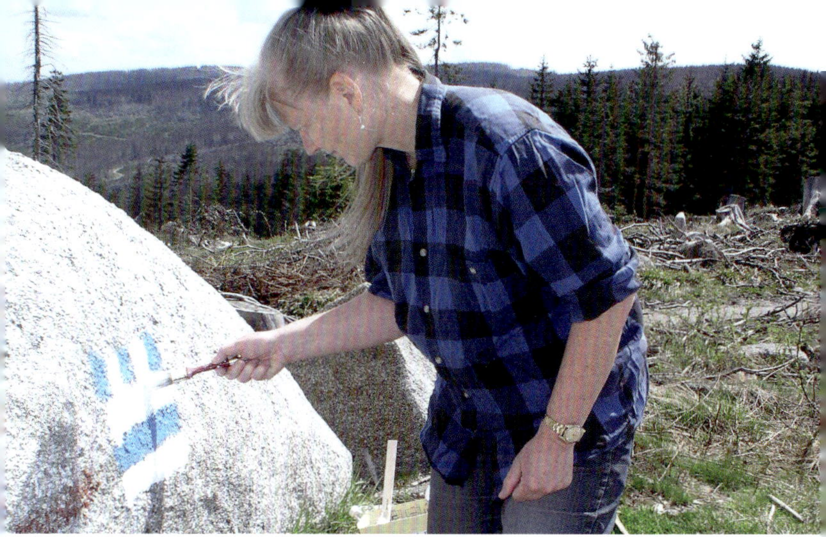

Über im Buch vorhandene und auch von www.alpenverein-freistadt.at downloadbare Wanderkarten kann der genaue Verlauf mit den Markierungsfarben ersehen werden. In diesen Wanderkarten sind strichliert auch die Verbindungswege zwischen dem klassischen Nordwaldkammweg und dem Nordwaldkammweg II eingezeichnet, die es erlauben, beide Wege in Achterschleifen zu erforschen.
Der Nordwaldkammweg III ist eine Variante des Nordwaldkammwegs II, der durch den Ausgangsort des alten Kammwegs aus 1911, Rožmberk na Šumavě/Rosenberg an der Moldau, führt. Der Nordwaldkammweg III zweigt in Dolní Přibrání/Sinetschlag vom Nordwaldkammweg II ab und trifft auf ihn wieder in Frantoly/Frauenthal.
Der Dreisesselberg (1 332 m) in Bayern/Böhmerwald bildet die westliche Begrenzung, der Mandlstein (874 m), 3 Gehstunden nördlich der ÖAV-Nebelsteinhütte (1 006 m) in der Nähe von Gmünd in Niederösterreich, die östliche Berg-Begrenzung des Nordwaldkammwegs.
Der Nordwaldkammweg ist *der Wanderweg* im Mühlviertel.

Der Nordwaldkammwegführer

„Der Weg ist das Ziel“, wusste schon Konfuzius, der chinesische Philosoph. Wanderer haben diese Erkenntnis natürlich schon längst für sich entdeckt. Wer im Urlaub so richtig den Kopf freibekommen möchte, der sollte sich eine entsprechend schöne und ansprechende „Wanderkulisse“ suchen.
Was gibt es da Passenderes als „Panoramawandern“ im Böhmerwald, wo Berge, Bäche, Hochmoore, unberührte Wiesen und Wälder eine besondere Symbiose der Natur liefern. Wer einmal dort gewandert ist, kommt zur Entspannung gerne wieder. Zu jeder Jahreszeit, im Frühling mit dem frischen Grün auf den Laubbäumen, im Sommer unter kühlem Schatten des Waldes, im Herbst mit dem sich verfärbenden Laub oder im Winter mit den Schneeschuhen oder Cross-Country-Schiern an den Beinen ist das Wandern am tschechisch-österreichischen Grenzkamm ein großartiges Erlebnis.

Dipl. Ing. Hellmuth Feix, Vorsitzender des Sektionsverbandes Oberösterreich des Österreichischen Alpenvereins, schrieb im Vorwort zur 6. Auflage des Büchleins „Nordwaldkammweg“ 1980:
„In Verbindung mit der Schaffung der als Touristenzone Salzsteig bezeichneten Grenzübergangsstelle des NWKW zur Deutschen Bundesrepublik war bereits anlässlich seiner Errichtung an den Einbau in ein größeres Wegenetz über die Staatsgrenzen hinaus gedacht. Der direkte Anschluss an die „Nördliche Hauptwanderlinie“ des Bayerischen Waldvereines nach Westen über Lusen, Rachel und Arber und weiter

hinaus, lag nahe. Schon damals fanden erste Kontaktaufnahmen zum Bayerischen Waldverein in Regensburg und seinen Sektionen in Straubing und Passau zur Schaffung eines Internationalen Weitwanderweges statt. – Die erste Weiterführung nach Osten erfolgte von der ÖAV-Sektion Horn durch den Kamptal-Seenweg.

Die Verwirklichung dieser Gedankengänge wurde durch den damaligen ersten Vorsitzenden des Österreichischen Alpenvereines Univ. Prof. Dr. Hans Kinzl in die Wege geleitet, indem er die Verbindung zum Präsidenten der „Europäischen Wandervereinigung", Dr. Georg Fahrbach herstellte. – Die entscheidende Vorbesprechung mit Dr. Fahrbach fand dann am 28. April 1973 auf der „Silberhütte" des Oberpfälzer-Waldvereines statt, die zur Krönung dieser Idee durch den Einbau des Wegzuges „Nordwaldkammweg Nordsüdweg" in den „Europäischen Fernwanderweg Nr. 6", „Ostsee – Wachau – Adria", führte. Bei der Tagung der Europäischen Wandervereinigung am 6. Oktober 1973 in Malmedy wurde dann offiziell dieser damals rund 1 300 km lange, internationale Fernwanderweg „E 6" beschlossen. Mit dieser Entwicklung wurde nun der „Nordwaldkammweg" – als erster österreichischer Weitwanderweg – nicht nur Muster und Keimzelle zur größeren Entwicklung des Weitwanderwegsystems in Österreich, sondern auch zur Grundlage des Begriffes über das „Wanderbare Österreich".

Zur 5. Auflage dieses Wanderführers hatte Dr. Fahrbach das Geleitwort geschrieben. Darin hat er den NWKW als einen der schönsten Wanderwege in Mitteleuropa bezeichnet.

Seither ist der Weg in einem hohen Maß zu einer erstrebten und immer wieder gerne besuchten und beliebten Wanderstrecke geworden. Dem Rechnung tragend war es nun notwendig, in einer Neufassung des Führers die zwischenzeitlich eingetretenen örtlichen Veränderungen in der Landschaft sowie in der Wegführung aufzunehmen und zu berücksichtigen.

Diese Neuauflage soll nun nicht nur zum genussreichen Wandern im einmalig schönen Mittelgebirgsgebiet des Böhmischen Massivs anregen, sondern auch die technischen Voraussetzungen, Hinweise und Auskünfte zur leichten und einwandfreien Begehung des Wegs vermitteln. Nicht zuletzt soll durch ihn aber auch der Erholungs- und Naturwert des Wegs dokumentiert werden. Nach vollbrachter Tat möge er liebe Erinnerungen an schön verbrachte Tage, unvergessliche Eindrücke und Wandererlebnisse wachhalten.

Der Dank der Autoren, Dipl.-Ing. Gerd Simon sowie Markéta und Dr. Michael Tauber, gilt insbesonders den Autoren der 1. bis 6. Auflage des ursprünglichen Wanderführers, dem verstorbenen Obmann der Sektion Freistadt, Bmstr. Rudolf Gebetsroither, und dem Ehrenmitglied und langjährigen Obmann der Sektion Freistadt, Dr. Helmut Freilinger, den Korrekturlesern Dr. Dagmar Everding, Dr. Angela und Mag. Franz Priemetzhofer, sowie Franz Lasinger für das Kapitel „Die Region rund um den NWKW", den Wegewarten Gottfried Gahleitner und Rudi Thumfart fürs Durchlesen ihrer Abschnitte, den Mitarbeiterinnen der Tourismusbüros Bad Leonfelden (Claudia Hartl), Freistadt

(Petra Ellmecker) und Waldviertel (Silvia Kamleithner) fürs Korrigieren der Quartierslisten, der Lektorin Mag. Dorothea Forster, der Grafikerin Mag. Nadine Kaschnig-Löbel vom Verlag Anton Pustet und den Kartografen Mag. Herwig Moser und Roman Ertl der Arge-Kartografie.

Adlerskulptur von Schöneben

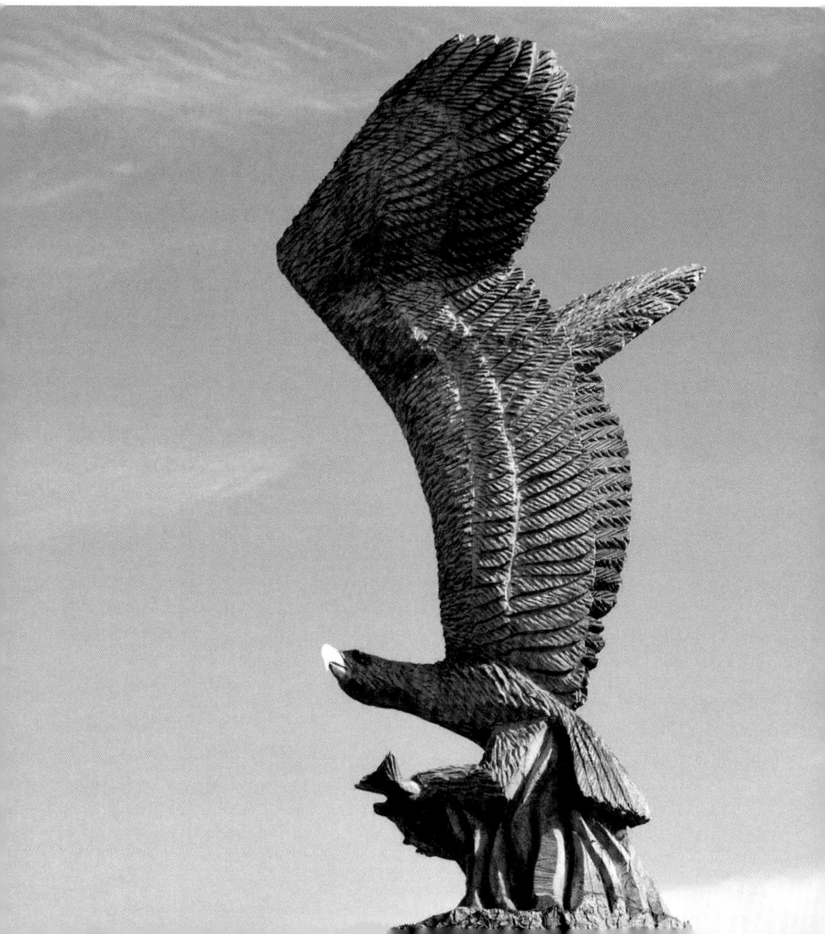

Zwölf Gründe, den NWKW durch Böhmen und das Mühlviertel zu wandern

1 Entlang des Weitwanderwegs erlebt man **verschiedene Landschaftstypen**: die Mühlviertler Kulturlandschaft auf dem Hinweg, das Grüne Band mit seiner hohen Biodiversität auf dem Rückweg.

2 **Weitwandern** baut den Stress ab und bringt uns auf neue Gedanken. Insofern steht der NWKW als ältester Weitwanderweg Österreichs dem Jakobsweg in nichts nach.

3 Die Übernachtungen auf den **Berghütten**, z. B. Braunberghütte oder Nebelsteinhütte, vermitteln trotz geringerer Höhe und Beanspruchung ein Feeling wie beim

Allee bei Pohorí na Šumave/Buchers, Grünes Band, Marterl bei Waldburg

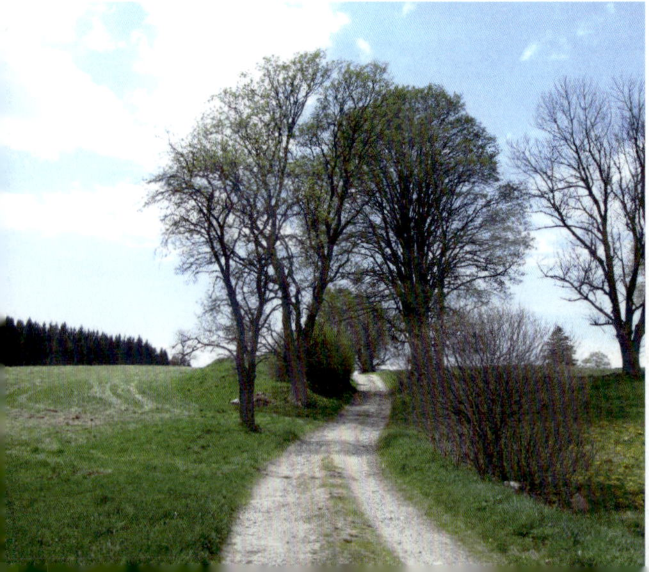

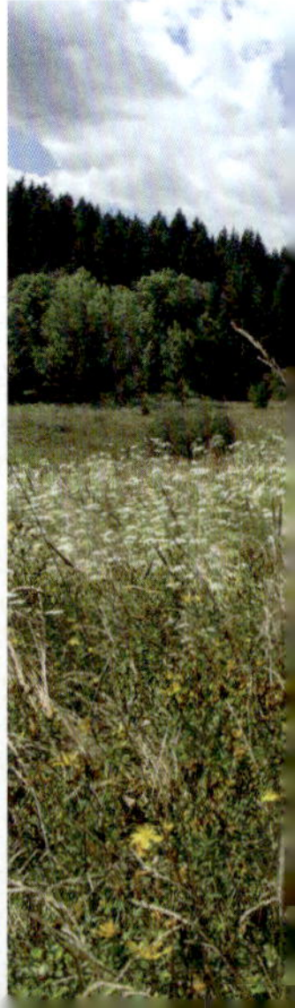

Wandern in den Alpen mit gemütlichen Abenden und neuen Bekanntschaften.

4 Die zahlreichen alten Marterln und **Bildstöcke**, die den Weg säumen, laden zum Verweilen und Besinnen ein.

5 Der NWKW führt zu interessanten mittelalterlichen **Altstädten** in Oberösterreich und in Böhmen: Freistadt, Bad Leonfelden, Nové Hrady, Rožmberk oder Vyšší Brod.

6 Entlang des Weges finden sich keltische Opferschalen und alte **Kraftplätze**. Diese Schalen sind unerklärlicherweise immer mit Wasser gefüllt. Dienten sie dem Nachrichtenwesen in vergangener Zeit?

7 Der **Schwarzenbergische Schwemmkanal** ist eine Ingenieurleistung aus der Vergangenheit: Über diesen Kanal wurde Holz über die transkontinentale Wasserscheide

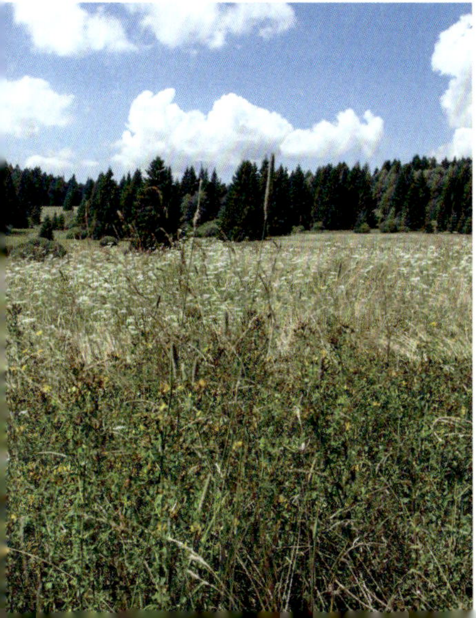

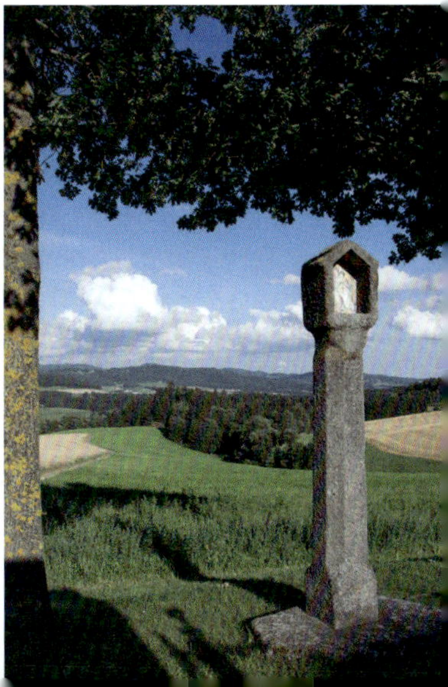

Richtung Wien geflößt. Im 18. Jahrhundert errichtete Josef Rosenauer mit rund 1800 Helfern und einfachen Werkzeugen dieses Bauwerk, das schließlich 54 km lang war und bis 1916 benutzt wurde. Der Kanal wurde vor allem in Tschechien wieder gut instand gesetzt. Zu bestimmten Terminen kann man auch bei uns in Österreich einem Schauschwemmen beiwohnen (www.boehmerwald.at). Beliebt ist der Schwarzenbergische Schwemmkanal heute vor allem bei den Radfahrern, bietet er doch wenig Steigungen und auch im Hochsommer immer Kühle und Schatten.

8 Zahlreiche **historische Stätten** säumen den NWKW: alte Mühlen, Verteidigungsanlagen gegen die Schweden (Schwedenschanze), geschliffene deutsche Siedlungen – über

Freistadt Hauptplatz, Sternsteinwarte, Stifterdenkmal vor dem Linzer Landhaus

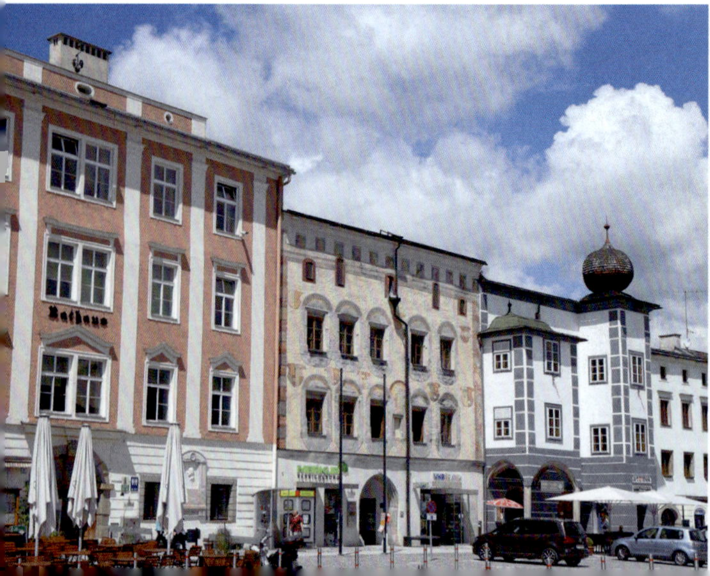

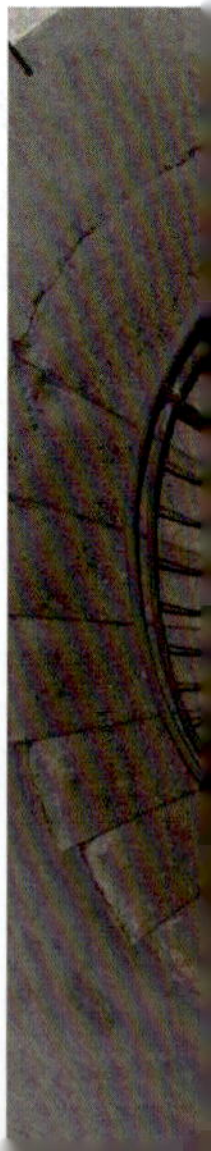

dies alles kann man sich im Green Belt Center in Windhaag/Freistadt und im Schlossmuseum Freistadt informieren.

9 **Landmarken** bieten beeindruckende Aussichten:

- Der Moldaublick (Turm 24 m hoch), ein alter Ölbohrturm aus Gänserndorf, der bei Schöneben eine gute Aussicht auf den Moldaustausee bis zum Geburtsort Adalbert Stifters in Oberplan/Horní Planá ermöglicht.
- Der Alpenblick bei Schöneben (Turm 33 m) gewährt Einsicht in das Mühltal.
- Die Ruine Wittinghausen, auch Wittigstein/Vítkův kámen, bei Sv. Tomáš mit einer Aussichtsplattform,

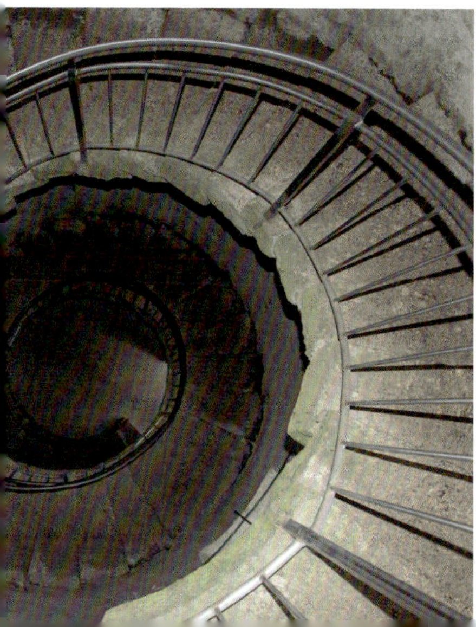

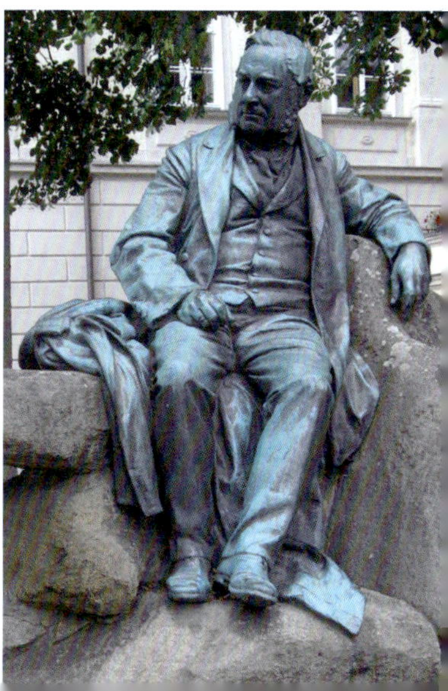

die einen weiten Rundblick nach Tschechien und Österreich eröffnet.

- Die Sternsteinwarte des Alpenvereins Bad Leonfelden.
- Der Turm der Feste Oppolz in Tichá (12 m hoch).
- Der Sender am Kühberg/Kraví hora bei Hojná Voda.
- Die Meditationsglocke in Hojná Voda – zwar kein Aussichtsturm, aber ein Kraftplatz mit schönem Blick ins Waldviertel und den Naturpark Reißbach/Dračice.

10 **Adalbert Stifter**, Dichter und Ikone des Nordwalds, hat die Region in seinen Schriften verarbeitet. Ein Obelisk (Stifteruv pomník) beim Plöckenstein erinnert an den Herrn Landesschulinspektor.

11 Die Spannung des ehemaligen **„Eisernen Vorhangs"** ist immer wieder zu bemerken: Früher kamen öfters Schilder mit „Markierung nicht verlassen" vor, heute stehen die Schilder „Vorsicht Staatsgrenze"/„Pozor státní hranice" zur Erinnerung. Eine Gedenkstätte bei Guglwald erinnert künstlerisch an die traurige Zeit des Stacheldrahts.

12 Den „alpinen Höhepunkt" des Wegs bildet das **Steinerne Meer**: eine natürliche, etwa 9 Hektar große Granit-Blockhalde, ein von Latschen besetztes Naturdenkmal in der Nähe des Dreisesselbergs.

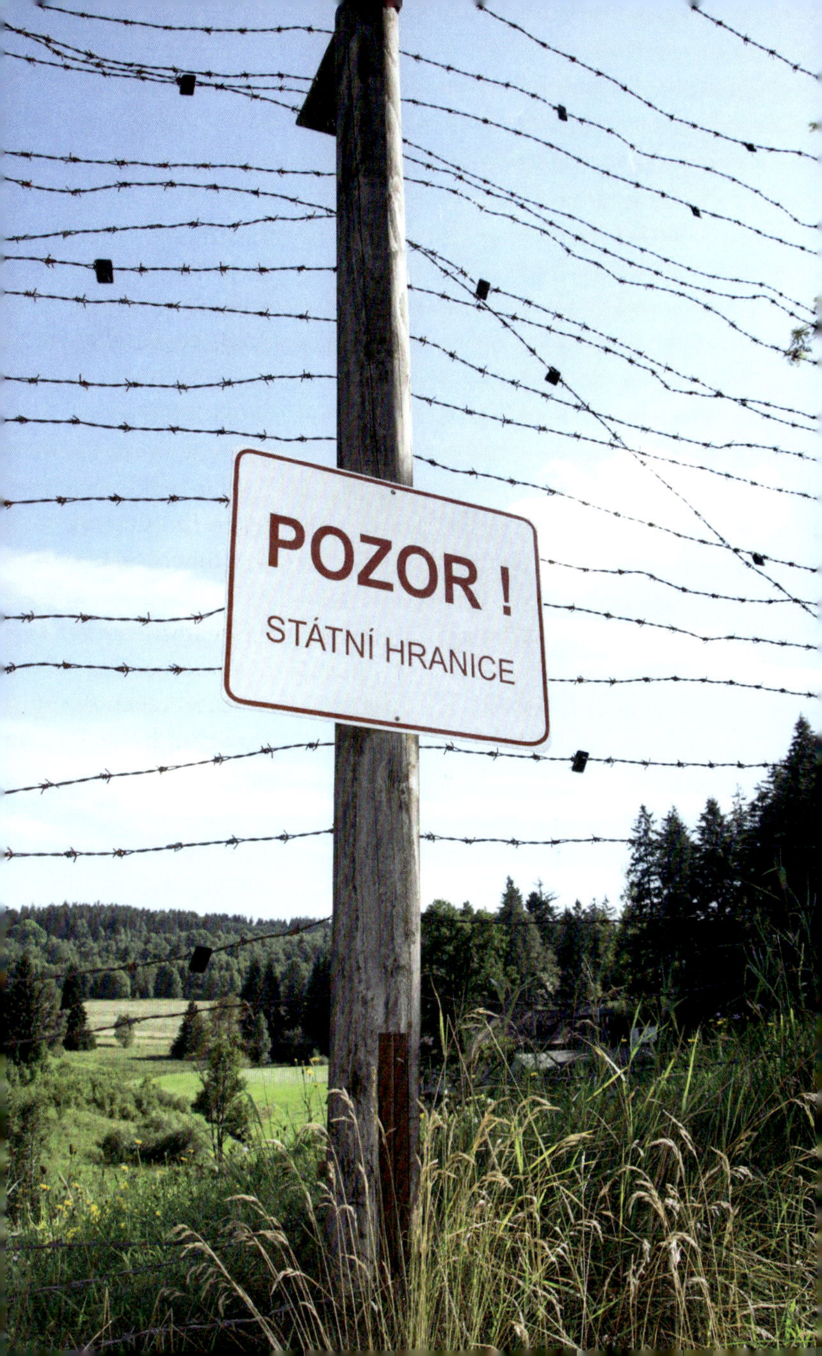
POZOR !
STÁTNÍ HRANICE

Die Region rund um den NWKW

Die Landschaft des Mühl- und Waldviertels, in der Form eines Rumpfmittelgebirges, ist ein Teil des Böhmischen Massivs (Moldaudanubische Scholle). Geologisch ist dieses Gebiet dem Variszischen Grundgebirge zuzuordnen, das vor ca. 250 Mio. Jahren aufgewölbt wurde; es besteht aus Graniten und Gneisen. Im Mühlviertel, Südböhmen und im westlichen Waldviertel wird das hochplateauartige Hügelland (mittlere Höhe 500 bis 700 m) von Graniten aufgebaut, während im östlichen Teil des Waldviertels – bis zum Manhartsberg – anstelle von Granit Gneise und kristalline Kalke auftreten. Die höchsten Erhebungen liegen im nördlichen Mühlviertel (Plöckenstein/Plechý 1 378 m, Sternstein 1 125 m), denen im nordwestlichen Waldviertel Erhebungen von 1 000 m bis 1 070 m folgen: Nebelstein 1 015 m, Tischberg 1 073 m.
Zahlreiche tief eingeschnittene Flussläufe prägen die charakteristische, reich gegliederte Form dieser urtümlichen Landschaft. Die Flüsse des Oberen Mühlviertels nehmen in Nord-Süd-Richtung ihren Lauf zur Donau. Die wichtigsten davon sind Große Mühl (sie heißt vom Ursprung bis zur bayrisch-österreichischen Grenze Michel), die Kleine und die Steinerne Mühl sowie Ranna und Pesenbach, deren Täler steil zur Donau abfallen. Das Mühlviertel, ursprünglich als „Riedmark“ bezeichnet, erhielt schließlich seinen Namen von den drei Mühl-Flüssen. Die Bäche Südböhmens nehmen in Süd-Nord-Richtung ihren Lauf zur Moldau (Vltava), die in diesem Bereich als Moldaustausee auftritt. Die wichtigsten Flüsse davon sind die Maltsch (Malše) und die Lainsitz (Lužnice).

Das Untere Mühlviertel ist geprägt von den Flüssen der Aist – Feldaist, Waldaist und deren Nebenflüssen. Das Waldviertel, auch „Viertel ober dem Manhartsberg" genannt, bekam seinen Namen durch die noch weitflächig ausgebreiteten Waldbestände. Eingesenkt sind die mit Löss und tertiären Ablagerungen gefüllten Becken von Gallneukirchen und Katsdorf im Süden, aus denen die Freistädter Senke nach Norden führt.

Die zentralen Höhenzüge tragen die Europäische Hauptwasserscheide (Donau zum Schwarzen Meer und Moldau – Elbe zur Nordsee). Diese Hauptwasserscheide bildet gleichzeitig das Quellgebiet der Moldau und ihrer Nebenflüsse, Maltsch/Malše und Lainsitz/Lužnice nach Norden und das der Großen und Steinernen Mühl, der Rodl, der Aist und des Kamp nach Süden. Somit haben das Mühl- und das Waldviertel eine Übergangsstellung von den Donauniederungen im Süden zu der innerböhmischen Landschaft im Norden. Dies

Rosenhoferteich bei Sandl

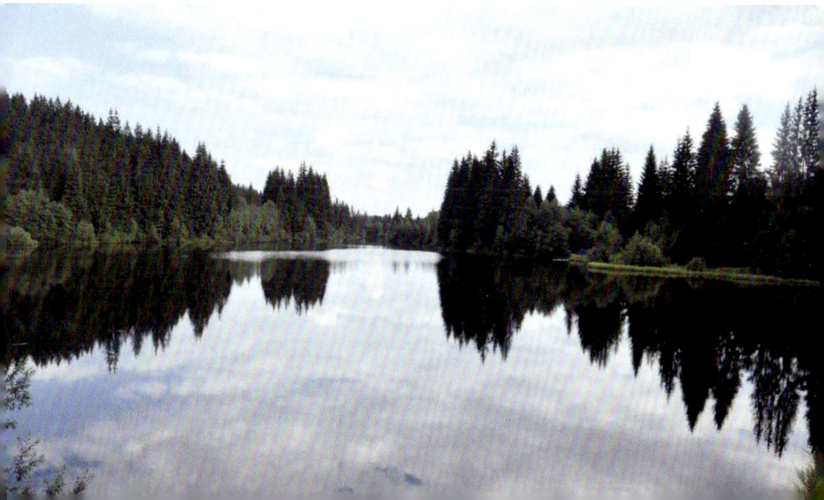

drückt sich z. B. im Klima aus, das ziemlich extrem ist, – nur in der Freistädter Senke eine gewisse Nischenlage zeigt und als Trockeninsel in dem sonst so niederschlagsreichen Gebiet gilt – und die Verbindung zu Innerböhmen auch in dieser Beziehung betont. Das feuchte und raue Klima machten das Land zu einem Waldland. Wenn auch heute weite Teile schon längst gerodetes Gebiet sind, so ummanteln doch noch ausgedehnte Nadelwälder – soweit sie von der Luftverschmutzung, vom Sturm Kyrill und dem Borkenkäfer verschont blieben – den lang gestreckten, stellenweise recht scharfen Höhenzug des Böhmerwaldes und die übrigen Höhenrücken.

Das Vordringen des Menschen in dieses Land ging etappenweise vor sich. Es begann mit den Kelten, von denen so manche Opferschale auf den Gipfeln des Mühl- und Waldviertels noch heute zeugt. Die nächste Etappe war im 9. Jahrhundert unter den Karolingern, das Vordringen erfolgte im Süden von den Donauniederungen aus, entlang der uralten Handelssteige, die die Donaulandschaft mit dem Moldaugebiet verbanden. Dieser Vorstoß wurde durch die Ungarnstürme einschneidend unterbrochen. Die zweite Etappe der Rodungsarbeit nach den Rodungen der Karolinger fällt in das 12. und 13. Jahrhundert, in der alte Adelsgeschlechter und Stifte das geschlossene Waldgebiet im Nordteil (Nordwald, wie er bereits von den Römern bezeichnet wurde) planmäßig erschlossen und besiedelten, wobei immer wieder die alten, schon bestehenden Handelsstraßen als Basen benutzt wurden. Der Unterschied zwischen den beiden Siedlungszonen Nordwaldkamm und Donaunähe ist ein augenfälliger: Hier einzeln bestehende Vierkanthöfe und unregelmäßige Haufendörfer, dort Dreiseithöfe in planmäßig angelegten,

regelmäßigen Straßen und Waldhufendörfer (bei Letzteren lagen die Felder streifenförmig hinter den Wohn- und Wirtschaftsgebäuden). Das Wald- und Mühlviertel sind Grenzlandschaft des weiten Alpenvorlandes und der Donaulandschaft. Die Höhenzüge und markanten Erhebungen an der Nordgrenze Österreichs schließen wie eine Mauer nach Norden ab. Dem Charakter einer Übergangslandschaft von Süden nach Norden trugen seit alters her die oben schon erwähnten Handelswege Rechnung, die zum Teil bereits in der Jungsteinzeit bestanden und ihre vermittelnde und verbindende Aufgabe bis heute erfüllen.
Ein Handelsverbot für Waffen auf der von Mauthausen nach Böhmen ziehenden Straße vom Jahre 805 lässt die Kontinuität des Handelsverkehrs quer durch das Mühlviertel bis in die karolingische Zeit erkennen. 1198 wird eine Saumstraße im Haselgraben genannt, die sich an der Rodl mit einem anderen Handelsweg vereinte und über Zwettl und Leonfelden nach Hohenfurth an die Moldau führte. Unter anderem wurde auch die Gegend von Tragwein, Zell bei Zellhof, Mönchdorf und Königswiesen von einer Saumstraße durchzogen. In das Obere Mühlviertel führte die 1142 urkundlich erwähnte „via regia“ von Linz über Ottensheim, Landshaag, St. Martin, Neufelden, Rohrbach, Oswalder Sattel, St. Thomas (Svatý Tomáš) und Friedberg (Přední Výtoň) nach Krumau (Český Krumlov). Abseits der großen Straßen aber blieb das Land ursprüngliches Bauernland, alte historische Verhältnisse bewahrend. Es ist ein Gebiet, das gleichermaßen durch seine landschaftliche Schönheit wie durch seine verborgenen und oftmals noch zu Unrecht viel zu wenig bekannten Kunstdenkmäler vergangener Epochen bezaubert.

Vom Westen nach Osten wurde nach dem Zweiten Weltkrieg ein Weitwanderweg angelegt, der teils die noch wenig erschlossenen Waldgebiete des Böhmerwaldes, Sternwaldes, Bannholzes, Freiwaldes usw. erschließt, teils aber durch altes Kultur- und Siedlungsland führt und die Möglichkeit gibt, viele Kleinodien des alten Nordwaldgebietes zu erschließen. Damit wurde die Idee des alten Kammwegs des Deutschen Böhmerwaldbundes aus 1910 wiederbelebt, der von Rosenberg/Rožmberk an der Moldau entlang der tschechischen Grenze über Hof und Erzgebirge bis nach Polen führte. Mit dem Fall des Eisernen Vorhangs war es an der Zeit, diesen klassischen Nordwaldkammweg vom Mandelstein bis zum nächsten Grenzübergang Pyhrabruck bei Gmünd und auf der tschechischen Seite durch das ehemalige verlassene Grenzgebiete (jetzt als Grünes Band bezeichnet) zurück zum Dreisesselberg zu verlängern. Damit erschließt dieser Rückweg den ältesten tschechischen Urwald bei Sofienalpe/Žofín.

Das Pflanzenkleid, vor allem im Bereich der Nordwaldkammwege im Osten, zeigt allgemein eine nordisch-herbe Gestalt. Die Hangzonen sind vorwiegend mit prächtigen Fichten-, Tannen-, Buchen- und Bergahorn-Mischwäldern besetzt. An den Rändern der eiszeitlichen Blockmeere des nördlichen Mühlviertels haben sich Latschenbestände angesiedelt, für dieses Gebiet eine besondere Rarität. Auf Hutweiden und im Grünen Band Südböhmens grüßen uns noch vereinzelt wunderschöne Säulenformen des sonst schon seltenen Wacholders. Farne sind in den weiten Wäldern in vielen Arten vertreten, vom hohen Adlerfarn bis zum kleine Felsen bewohnenden Tüpfelfarn

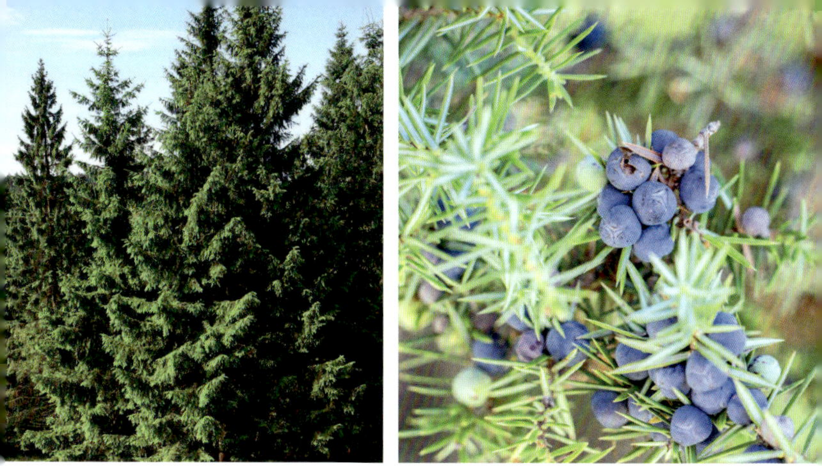

Hohe Fichten und Wacholderbeeren entlang der NWKWe

(sog. Engelsüß) und dem fast grasartig zerschlitzten Streifenfarn. In höheren Lagen finden wir den Bärlapp, Rohrkolben und Igelkolben umranden stehende Gewässer wie auch den Moldaustausee, wo zwischen der kleinen gelben Teichrose und den Trauben des geschützten Froschlöffels (Broschüre der in Oberösterreich geschützten Pflanzen unter http://www.land-oberoesterreich.gv.at/files/publikationen/n_pflanzen.pdf) der Gewöhnliche Wasserschlauch seine schönen gelben Blüten emporhebt, jedoch mit seinen vielen kleinen Fangkannen an seinen Wurzeln auf Insektennahrung lauert. Der Gewöhnliche Wasserschlauch ist nicht die einzige fleischfressende Pflanze hierzulande. An Grabenrändern im sumpfigen Terrain finden wir das blau blühende Fettkraut und in schwingenden Torfmoospolstern der Hochmoore und nassen Wiesen den mit seinen roten Perlen glänzenden Sonnentau, beides Pflanzen, die ihren Speisezettel mit tierischer Nahrung bereichern. In ihrer Nähe blüht die seltene Rosmarinheide, auch Sumpfrosmarin genannt. Ganz in der Nähe finden wir in Gesellschaft vom Sumpfherzblatt und Fieberklee den zarten weißen Siebenstern, auch Dreifaltigkeitsblümlein genannt. Sein Name leitet sich von den weißen Blüten mit meist sieben Blütenblättern ab. Im Herbst zieren die giftige Herbstzeitlose und der Böhmische Kranzenzian die braun werdenden Gründe. Gegen Ende des Winters, wenn die laublosen Bäume noch die Sonne durchlassen, kündigen in den Waldungen und Auen das Schneeglöckchen, die Frühlingsknotenblume, die Sumpfdotterblume, das Buschwindröschen, das Scharbockskraut, die Schlüsselblume, der Huflattich und das Leberblümchen den Beginn des Frühjahrs an. Später folgen dann das Wald-Alpenglöckchen (Soldanelle), das Klee-Schaumkraut, das Schattenblümchen, ortsweise das duftende, aber giftige Maiglöckchen (nicht mit dem essbaren Bärlauch verwechseln!), der Waldsanikel, auch Waldklette genannt, der Waldmeister oder Wohlriechendes Labkraut, die ebenfalls giftige Einbeere (http://heilkraeuter.de/lexikon/einbeere.htm) und das Mondveilchen/Mondviole, das erst am Abend seinen Duft spendet.

Hauswurz und Fingerhut

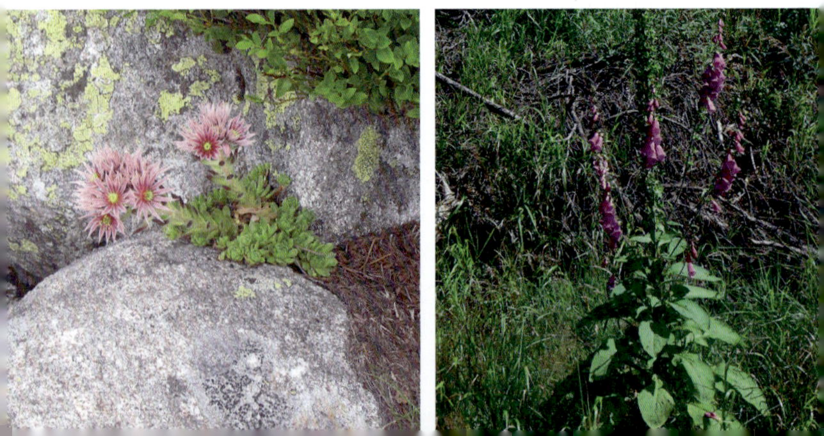

Früher gab es viele Orchisarten im Mühlviertel zu entdecken, doch die intensive Landwirtschaft mit ihrer Düngung hat viele Arten aussterben lassen. Magerrasen aller Art, Moorwiesen und naturnahe Wälder sind die bevorzugten Standorte der heimischen, durchwegs düngerfeindlichen Orchideen. In diesem Umfeld kann der Wanderer vielleicht eine Zweiblättrige Waldhyazinthe, ein Weißes Waldvögelein oder ein Breitblättriges Knabenkraut entdecken. Es ist auch bewundernswert, wie sich die Insekten als Bestäuber an die verschieden aussehenden Orchideen angepasst haben. An Waldrändern und in Gebüschen finden wir den Seidlbast, die zarte Wiesenraute, vereinzelt noch den fast ausgerotteten Türkenbund. Der bis zu 1,50 m hoch werdende Fingerhut hebt seine markant geformten Blüten zwischen Arnika und Augentrost. An feuchten Waldstellen prangt die Österreichische Gemswurz mit ihren prächtigen großen gelben Blüten. Dort können wir auch die imposante Staude des Alpen-Milchlattichs antreffen. Zum Einzugsbereich der Nordwaldkammwege gehören auch die beiden tschechischen Urwälder in Boubín und Žofín. Die Idee, den Wald sich selbst zu überlassen, hat allerdings im Bereich des Hochficht (Nationalpark Šumava) wegen der von der Umweltverschmutzung geschädigten Bäume zu massiven Käferschäden geführt, sodass der Sturm nur mehr wenig Mühe hatte, viele Bäume zu entwurzeln. Wir Wanderer werden nun mit einem grandiosen Blick etwa vom Plöckenstein belohnt.
Pilze, insbesondere Herrenpilze und Pfifferlinge, in Österreich Eierschwammerl genannt, beleben an günstigen Stellen den Wald und seine Umgebung. Auch die Beerensucher kommen hier auf ihre Rechnung. Heidelbeeren gibt es in großen Mengen, aber auch Preiselbeeren und Wald-Himbeeren

gedeihen entlang der Nordwaldkammwege. Wer von den vielen geschilderten Pflanzen die Heilkräuter heraussuchen will, sollte vom Nordwaldkammweg vor Guttenbrunn einen Abstecher zum Kräutergarten Hirschbach unternehmen. Der in 800 m Seehöhe liebevoll angelegte Kräutergarten des „Abrahamhofes“ ist ein besonderer Schaugarten. Hier findet man sehr seltene Kräuter mit den verschiedensten Heil- und Gewürzeigenschaften vor (www.kraeuterkraftquelle.at/erlebnis/kraeutererlebnis.html).

Die Tierwelt des Mühl- und Waldviertels sowie Südböhmens ist dem nördlich-kargen Lebensraum angepasst; dennoch bietet sie, insbesondere in abgeschiedenen Teilen der Nordwaldkammwege, ein mannigfaltiges Bild. Feldhasen und Rehe bevölkern die Wald- und Saumgebiete an den Besiedlungsrändern, in geringem Maße sind in geeigneten Hochwaldbeständen auch Hirsche anzutreffen. Die Jäger und Bauern sind manchmal verzweifelt über die Wildschweine, die gerne aus dem Grünen Band einen nächtlichen Ausflug in die Maisfelder machen. Aus der Klasse der Hühnervögel bilden Auerhahn, Birkhuhn und Wildente in günstigen Geländelagen entsprechende Bestände. Auch Raubwild, wie Füchse, Marder, Iltis, Großes und Kleines Wiesel, durchstreift dieses Gebiet. Die Naturschutzjugend in Haslach kümmert sich darum, den Lebensraum des Luchses in der Landschaft des Böhmerwaldes zu erhalten (www.luchs.boehmerwaldnatur.at).
Am Nordwaldkammweg II kommen wir gleich nach Leopoldschlag auf das vom Naturschutzbund betriebene Informationszentrum über das Grüne Band Europa und über das NATURA-2000-Gebiet am Grenzfluss Maltsch. Die Feuchtwiesen dort weisen einen großen Reichtum an

außergewöhnlichen und seltenen Tier- und Pflanzenarten auf. Wachtelkönig, Birkhuhn, Neuntöter und Schwarzspecht finden hier Lebensraum und können beobachtet werden. Von den wenigen vorkommenden Eulenarten sind als Besonderheiten Raufußkauz und Sperlingskauz (unsere kleineste Eule) in den nördlichen Waldregionen vereinzelt anzutreffen. An besonderen Vogelarten wären Ringdrossel und Birkenzeisig zu nennen. Der Uhu, der einige Jahre unter besonderen Beobachtung der oö. Naturschutzabteilung stand, gilt nicht mehr als gefährdet und ist wie der Fischotter für die Fischer und Biber für die Landwirte eher zu einer Plage geworden. In den Ausgleichszonen für den Neubau der Schnellstraße S 10 zwischen Unterweitersdorf und Freistadt bemüht man sich, die Fledermaus wieder in ihrem Bestand zu fördern.

Fasan, Feldhase und Hirsche am NWKW

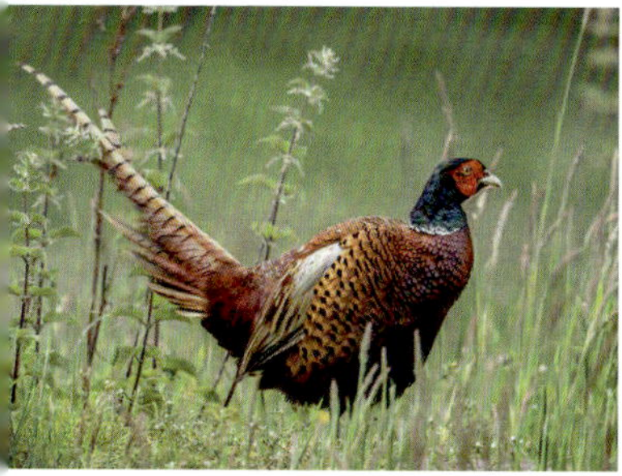

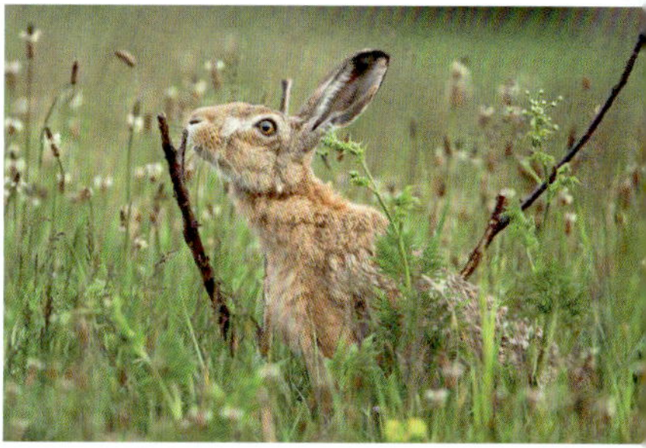

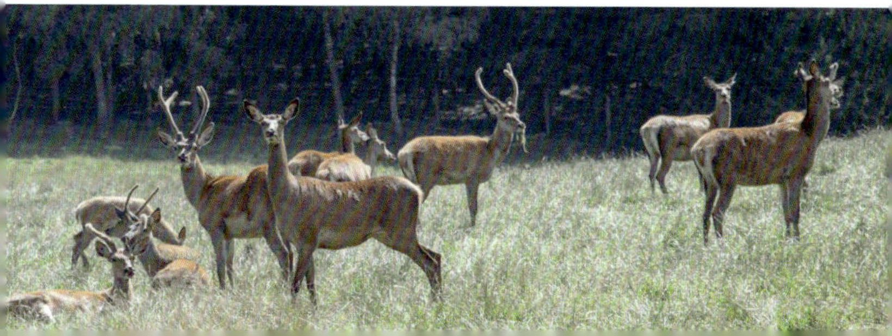

Zu beachten

- Die Summe der Anforderungen, die die Begehung aller Teile des NWKWs stellt, fällt in die Kategorie BLAU (= Wanderungen und leichte Bergwanderungen auf markierten Wegen), wobei die Summe der Höhenmeter am Abend für das Mühlviertel doch immer beachtenswert ist.
- Es wird empfohlen, langsam zu starten, sich und seine Gruppenmitglieder nicht zu überfordern, umweltgerecht unterwegs (Müll inklusive Zigarettenreste bis zum nächsten Ort zum Entsorgen mitnehmen) und hilfsbereit zu anderen Wanderern, Radfahrern und Anrainern zu sein.
- Die angegebenen Gehzeiten sind Richtzeiten ohne Gewähr.
- Gültige Reisedokumente sind für Österreicher erforderlich für die Begehung des NWKW II und III (Tschechien), für Tschechen für die Begehung des NWKW (Österreich). Ein Führerschein reicht nicht aus!
- In den geschlossenen Nordwaldgebieten ist zu trachten, dass noch vor Einbruch der Dunkelheit eine entsprechende Unterkunft erreicht werden kann, um die Ruhezeiten der Wildtiere nicht zu stören. Die Kernzone 1 des tschechischen Nationalparks Šumava darf weder betreten noch befahren werden.
- Die zahlreichen Jagdeinrichtungen (Hochstände, Futterstellen usw.) entlang der NWKWe sollen nicht betreten bzw. zerstört werden.
- Beim Wandern mit Kindern kann man die zahlreichen Naturspielmöglichkeiten wie Bäche, Teiche nutzen und

mehr Pausen einplanen, vielleicht auch einmal eine Nacht im Zelt verbringen.

- Die Begehung der NWKWe ist nach Wetterlage am günstigsten von April bis Ende Oktober. Winterbegehung mit entsprechender Cross-Country-Ausrüstung ist möglich, die Wege sind jedoch nur abschnittsweise gespurt.
- Sollte wider Erwarten unterwegs etwas passieren, ist die Rettung unter 144 erreichbar, der Euronotruf lautet 112.

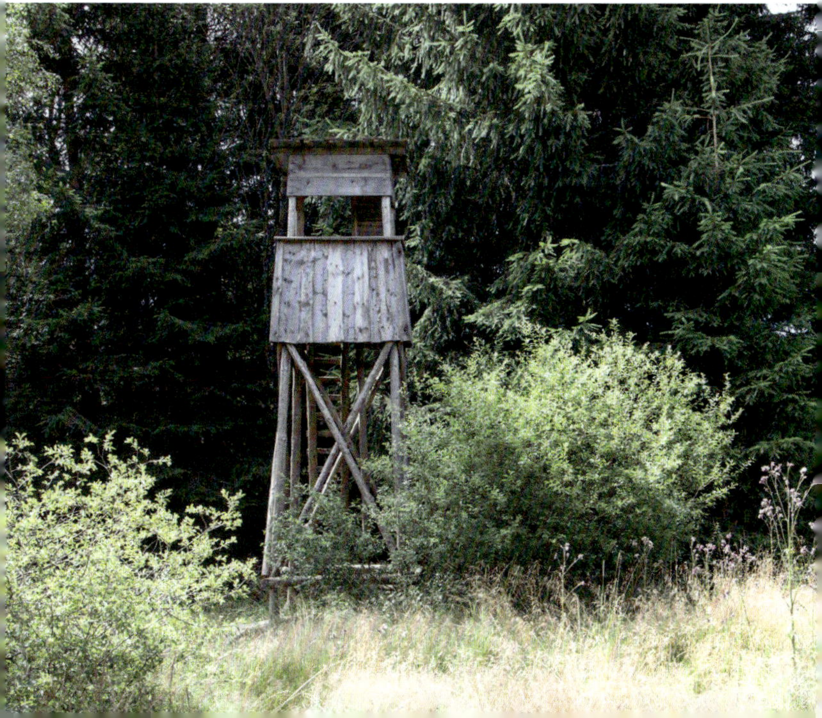

- Im vorliegenden Führer sind der klassische NWKW in West-Ost-Richtung und der NWKW II mit der Variante III über Rosenberg in Ost-West-Richtung (als Rückweg) beschrieben. Der NWKW und auch die Verbindungswege sind allerdings so markiert, dass sie in beiden Richtungen begangen werden können.
- Das Befahren der NWKWe mit dem Mountainbike ist gängige Praxis und bis auf den Abschnitt Steinernes Meer auch technisch möglich. Der Alpenverein bzw. die Arbeitsgemeinschaft NWKWe hat in Österreich aber nur das Servitut für das Begehen der NWKWe, nicht für das Befahren. An einer Lösung in Zusammenarbeit mit dem Land Oberösterreich (Haftungsübernahme) und den Grundbesitzern wird gearbeitet.
- Empfohlen wird das Begehen der NWKWe in Achterschleifen, um unnötigen Fahraufwand zu vermeiden. Man wählt einen Standort für die Anreise (empfohlen: Schöneben, St. Oswald bei Haslach, Bad Leonfelden, Sandl und Nebelsteinparkplatz), geht einen Tag am NWKW II bis zur Nächtigung, den zweiten Tag am klassischen Weg zurück zum Anreisepunkt. Am dritten Tag wandert man zuerst am klassischen NWKW bis zu einem Verbindungsweg und dann am NWKW II zurück. In der Landkarte sind die Verbindungswege (V) zwischen den beiden NWKWen eingezeichnet.

Detail des Abrahamhofs am Bergkräuterweg Hirschbach

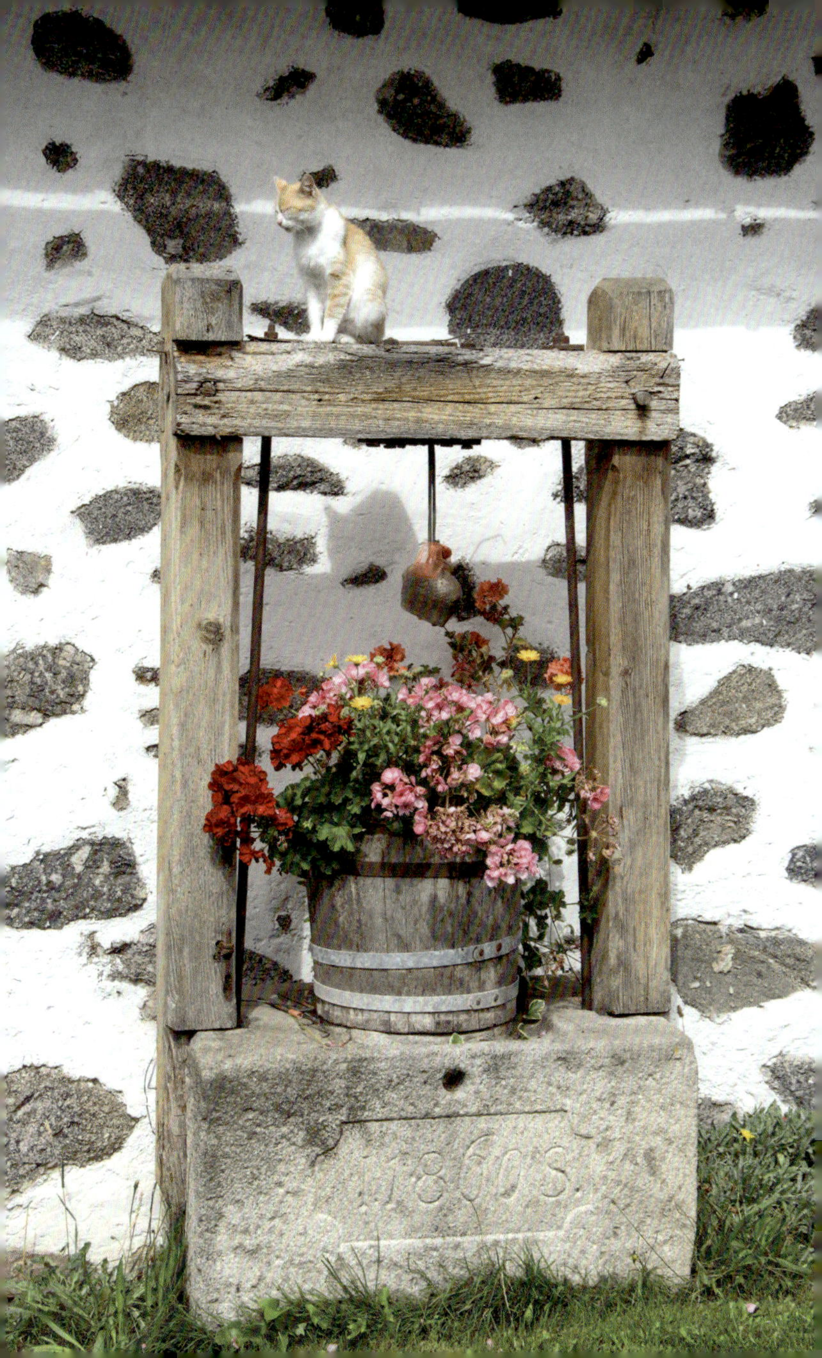
1860 S.

Gastronomie am Weg

Mühlviertel, Waldviertel und Südböhmen sind auch für Feinschmecker ein Paradies. Dominiert wird die Region vom Thema Bier. Aber auch Mohnzelten, Bündnerfleisch, Neuburger, Müllerwurst, Kräuter, Honigprodukte wie Lebkuchen und Met sowie Schnäpse sind hier einen Versuch wert, es muss nicht immer Fast Food sein.

Orte erlesener Kulinarik:
Hochficht: Gasthaus zum Überleben – Ein bayerisches klösterliches Bier ist hier immer ein Genuss.
GH Furtmühle – Kulinarik kann mit dem Besichtigen der Mühle verbunden werden.
Haslach: GH Reiter – Leinölerdäpfel mit Leinöl aus der Ölmühle Haslach gehören probiert!
Bad Leonfelden: Konditorei Kastner – weltbekannt für seine Lebkuchen.
Bäckerei Pammer – Ein doppelt gebackenes Käferbrot sollte einmal ausprobiert werden.
Vyšši Brod: Hotel Panský Dům – Das Haus erinnert noch an die Zeiten des Eisernen Vorhangs, mit alten Fotos, die Pizzen im Programm sind nicht ganz stilecht.
Konditorei Eva (www.cukrarnaeva.cz) – Die langen Menschenschlangen zeugen von der Beliebtheit dieser Konditorei, nicht nur bei den Linzern.
Restaurant Inge bei Moldau (www.pensioninge.cz) – Ein Budweiser Bier gehört zum Essen dazu.
Hirschbach: GH Dunzinger – Einen Abstecher vom NWKW über die Kräuterquelle Hirschbach ist das Kräutergasthaus sicher wert (Weg Hi7).

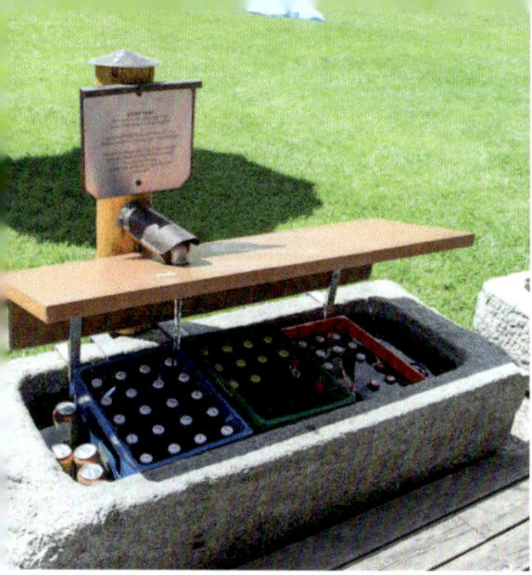

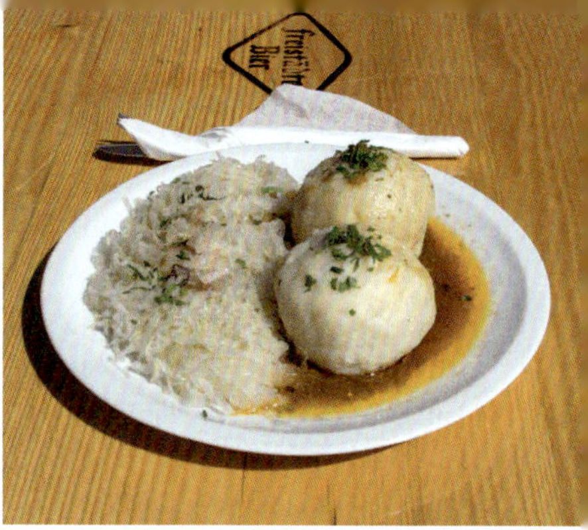

Bierkühlung à la AV-Helfenbergerhütte,
Knödl-Spezialität der AV-Braunberghütte

Freistadt: Brauhaus – Die Braucommune Freistadt ist einzigartig in Europa. 1777 gegründet, gehört die Brauerei den Innenstadtbewohnern.
Konditorei Lubinger – auch im Ausland ein Begriff am Freistädter Hauptplatz. Hier arbeitet der Konditor-Weltmeister.
Rainbach: Hotel Blumauer (www.blumauer.at) – Erweist sich als ein lohnender Abschluss nach einem Ausflug durchs Thurytal.
AV-Braunberghütte (www.alpenverein-freistadt.at/braunbergh.htm)
Der Ausblick von der Braunberghütte vermittelt ein Feeling wie in den Alpen. Hier gibt es auch oberösterreichischen Most.
Dolní Přibrání: Pension Jelení Vyhlídka – War früher eine Kaserne, jetzt ein wertvoller Stützpunkt am NWKW II mitten im Grünen Band.
Pohoří na Šumavě: GH Baronův most – Der Lost place in der Einschicht zeichnet sich durch mit alten Fotos ausgestattete Gasträume aus.
Žofín: Das neu gebaute „Sofienschloss" mit dem ältesten tschechischen Urwald in der Nähe ist eine beliebte Rast bei Mountainbikern.
Nové Hrady: Beim Rathauswirten am Hauptplatz lässt sich schon ein netter Abend verbringen.

Vorschlag einer Tageseinteilung für Hin- und Rückweg (336 km)

Tour 1	NWKW	Hochstein → Schöneben	20,3 km
Tour 2	NWKW	Schöneben → Haslach	22,7 km
Tour 3	NWKW	Haslach → Bad Leonfelden	26,8 km
Tour 4	NWKW	Bad Leonfelden → Freistadt	21,3 km
Tour 5	NWKW	Freistadt → Sandl	25,9 km
Tour 6	NWKW	Sandl → Nebelstein	25,3 km
Tour 7	NWKW+ NWKW II	Nebelstein → Pyrhabruck → Nové Hrady	19,2 km
Tour 8	NWKW II	Nové Hrady → Žofín	22,1 km
Tour 9	NWKW II	Žofín → Dolní Přibrání	25,7 km
Tour 10	NWKW II	Dolní Přibrání → Eisenhut	25,8 km
Tour 11	NWKW II	Eisenhut → Rading	26,6 km
Tour 12	NWKW II	Rading → Svatý Tomáš	28,1 km
Tour 13	NWKW II	Svatý Tomáš → Zadní Zvonková	21,9 km
Tour 14	NWKW II	Zadní Zvonková → Hochstein	21,8 km

Die Runde kann aber auch in der anderen Richtung begangen werden.

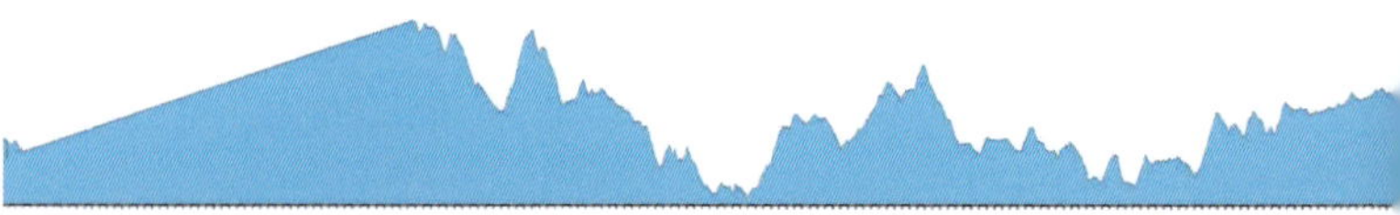

Höhenprofil des gesamten NWKWs (336 km)

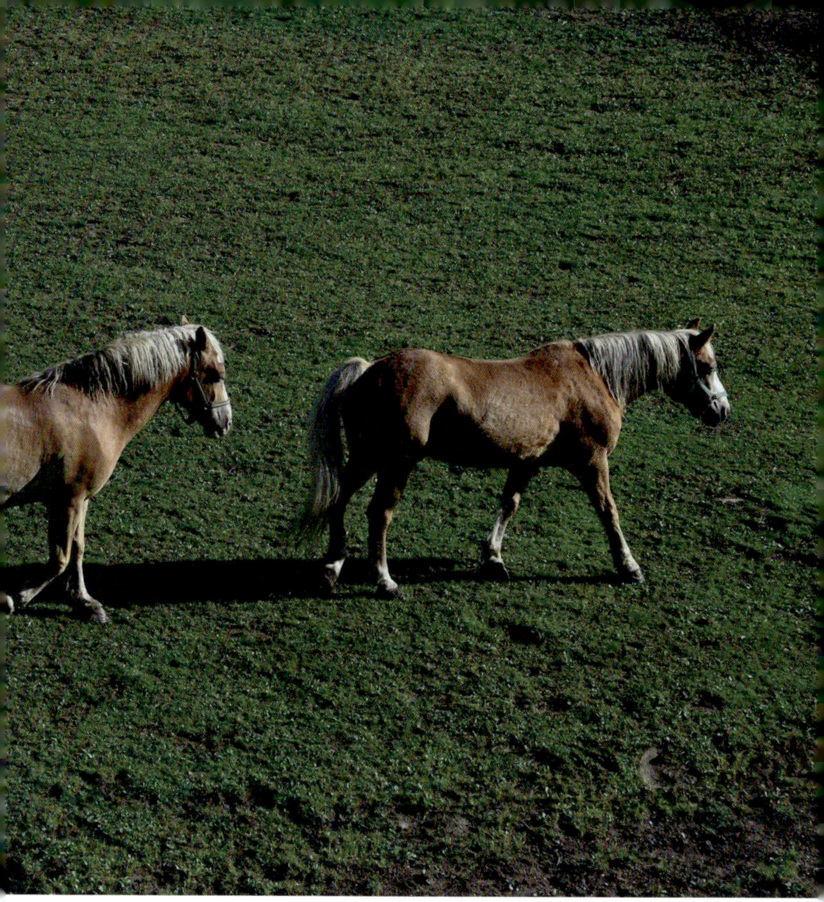

Pferde auf der Weide in Deutsch Hörschlag

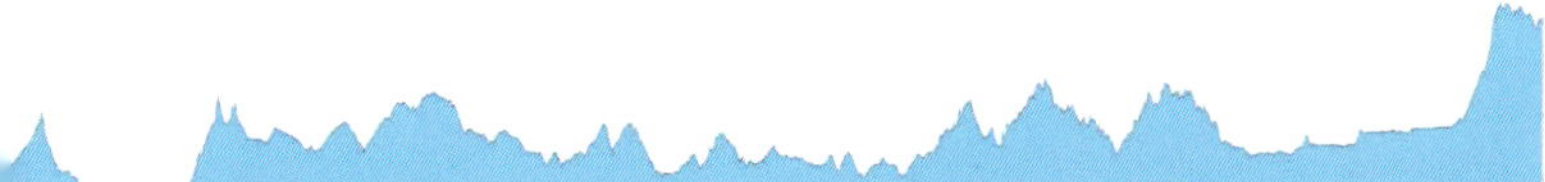

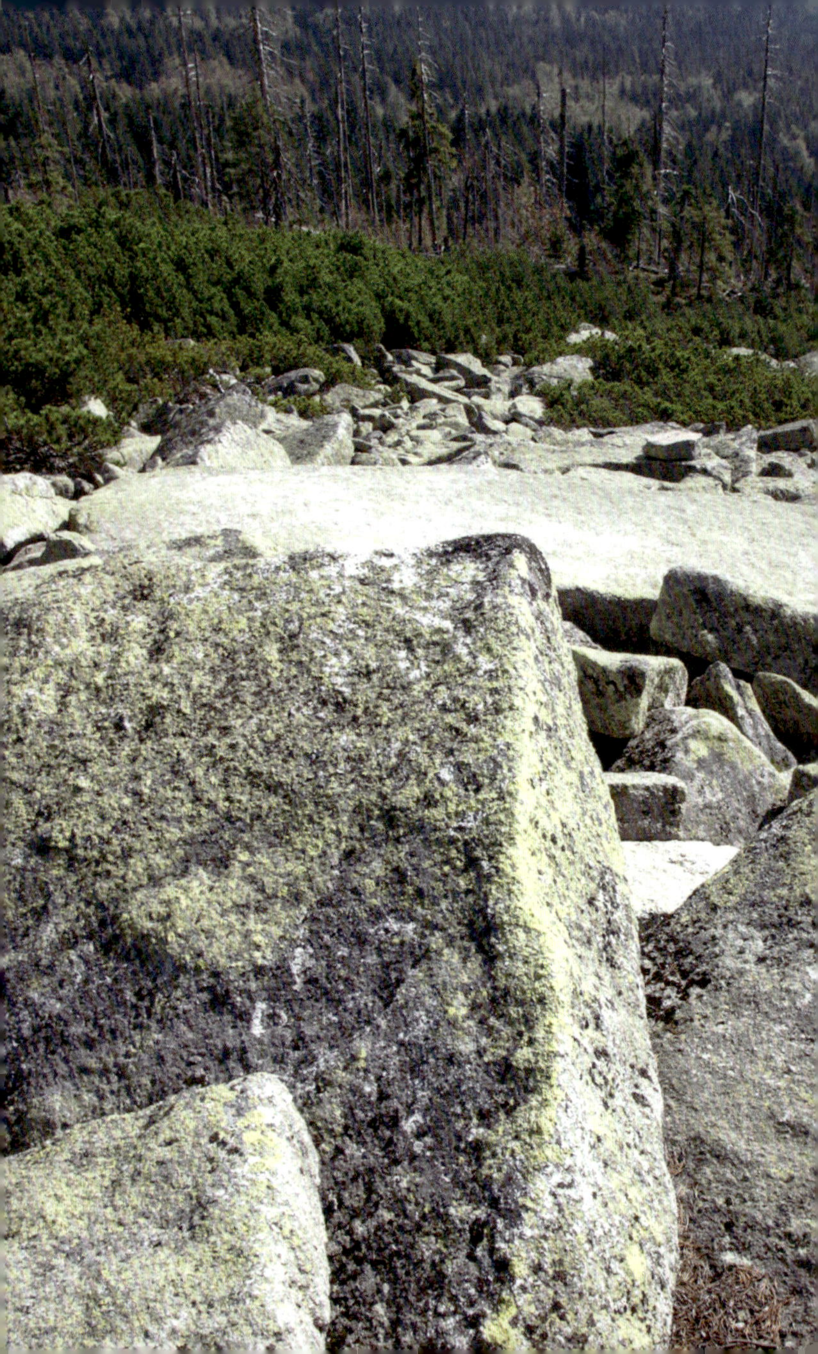

Nordwaldkammweg

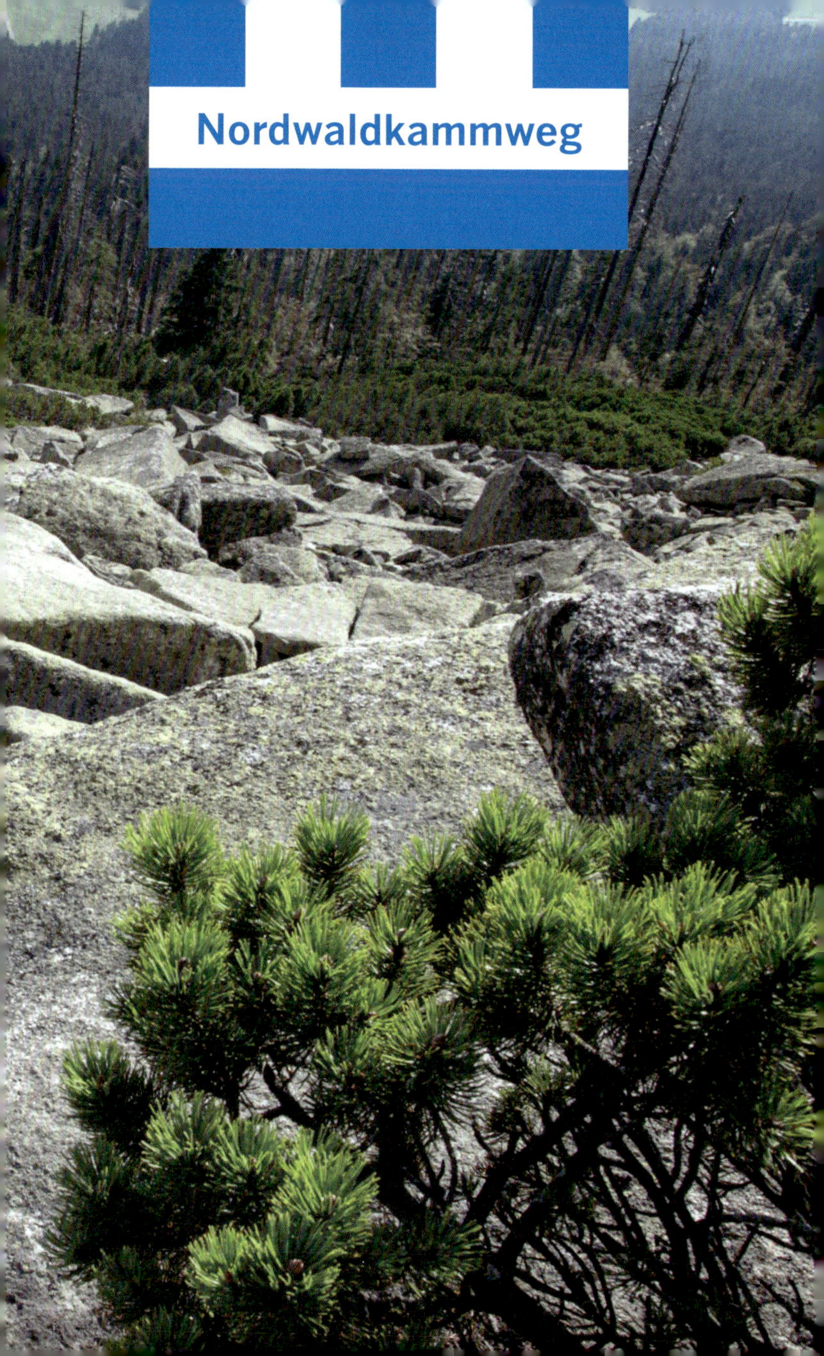

Einteilungsvorschlag klassischer NWKW (161,5 km)

Tour 1 (20,3 km)	**Hochstein → Zollhütte 8,4 km**
	V_1 Zollhütte → Hirschröhren/Říjiště 1,9 km
	Zollhütte → Holzschlag → Schöneben 11,9 km
	V_2 Schöneben → Zadní Zvonková 3,8 km
Tour 2 (22,7 km)	**Schöneben → Oberhaag 8 km**
	V_3 Oberhaag → Kyselov 5,8 km
	Oberhaag → St. Oswald 6,5 km
	V_4 St. Oswald → Koranda 3 km
	St. Oswald → Haslach 8,2 km
Tour 3 (26,8 km)	**Haslach → Helfenbergerhütte 7,3 km**
	Helfenbergerhütte → Guglwald 5 km
	V_5 Guglwald → Přední Výtoň 5,8 km
	Guglwald → Rotes Marterl 5,4 km
	V_6 Rotes Marterl → Hvězdná 0,4 km
	Rotes Marterl → Sternstein 4 km
	V_7 Sternstein → Ablege 1,3 km
	Sternstein → Bad Leonfelden 5,1 km
	V_8 Bad Leonfelden → Rading 5,9 km
Tour 4 (21,3 km)	**Bad Leonfelden → Guttenbrunn 11,3 km**
	Guttenbrunn → Freistadt 10 km
	V_9 Freistadt → Rainbach 10,2 km

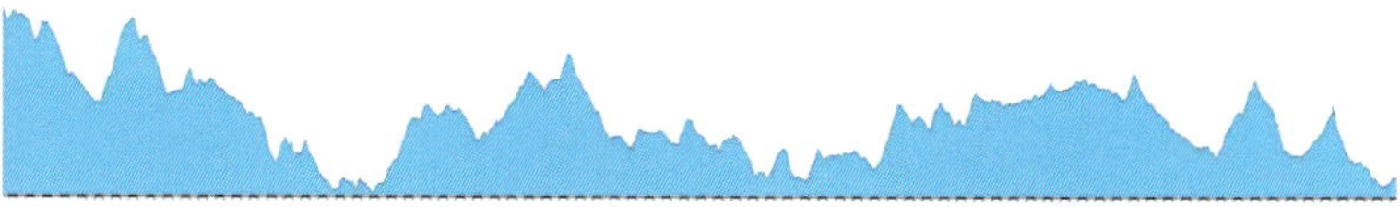

Höhenprofil NWKW (161,5 km)

Tour 5 (25,9 km) **Freistadt → Braunberg 10,9 km**

IA Freistadt → Braunberg 10,1 km

Braunberg → Sandl 15 km

Tour 6 (25,3 km) **Sandl → Schanz 4,6 km**

V_{11} Schanz → Pavlína/Paulina 1,8 km

Schanz → Stadlberg 4,6 km

V_{12} Stadlberg → Pohoří na Šumavě 1,2 km

Stadlberg → Karlstift 3,3 km

Karlstift → Joachimsthal 5,9 km

V_{13} Joachimsthal → Stříbrné Hutě 1,8 km

Joachimsthal → Nebelstein 6,9 km

V_{14} Nebelstein → Žofín 7,9 km

Tour 7 (19,2 km) **Nebelstein → Harbach 5,5 km**

V_{15} Harbach → Dobrá voda 6,9 km

Harbach → Pyhrabruck 10,5 km

V = Verbindungsweg zwischen NWKW und NWKW II

Detaillierte Wegübersicht klassischer NWKW

Tour 1

Anreise über Schwarzenberg mit Aufstieg über Haidmühle oder Černé Údolí bis Parkplatz Dreisesselberg-Hochstein (1 332 m) → Dreisesselberg-Schutzhaus → Zollhütte (Möglichkeit 1 für Wechsel zum NWKW II nach Hirschröhren) → Holzschlag (13 km), *Jugendgästehaus* oder *Gasthaus zum Überleben* → Schöneben (7 km), *Böhmerwaldarena* oder *Hotel InnsHolz* (Möglichkeit 2 für Wechsel zum NWKW II: Zvonková)

Tour 2

Schöneben → Grünwald (6 km) → Oberhaag, *Landhotel Haagerhof* (2,5 km, Möglichkeit 3 für Wechsel zum NWKW II: Weg 42 zum Schwemmkanal, dann Radweg nach Kyselov) → Wurmbrand → St. Oswald bei Haslach (7,5 km, Möglichkeit 4 für Wechsel zum NWKW II: Rosenhügel/Koranda) → Schwackerreith, *Gasthof Furtmühle* an der Schlägler Bezirksstraße → Haslach (7 km)

Tour 3

Haslach → Hörleinsödt → Oberafiesl, *ÖAV-Selbstversorger Helfenbergerhütte* (7 km) oder *Hotel Aviva* → Oberafiesl → Guglwald, *Hotel Guglwaldhof* (5 km) (Möglichkeit 5 für Wechsel zum NWKW II: Heuraffl/Přední Výtoň oder Kapellen/Kapličky) → Rotes Marterl (Möglichkeit 6 für Wechsel zum NWKW II: südöstlich von Hvězdná) → „1000-m-Platzl" → Sternstein (10 km, 1 122 m, Möglichkeit 7 für Wechsel zum NWKW II: Ablege bei Dürnau) → Waldschenke → Bad Leonfelden (5 km, Möglichkeit 8 für Wechsel zum NWKW II nach Rading/Schwedenschanze)

Tour 4
Bad Leonfelden → Schenkenfelden (6 km) → Hirtstein → Thierberg → Guttenbrunn (5,5 km), *Wirtshaus Pammer* → Waldburg (3 km) → Freistadt (7 km, Möglichkeit 9 für Wechsel zum NWKW II übers Thurytal oder mit dem Postbus: Rainbach), Kontrollstelle *Cafe Hubertus*

Tour 5
Freistadt → St. Oswald/Freistadt oder über die Alm (Variante IA) → Braunberg (11 km oder 10 km, *ÖAV-Schutzhaus* → Holzmühle (6,5 km) → Obermarreith – Pürstling (5,5 km) → Sandl (4 km)
(leider viel Asphalt ab Holzmühle)

Tour 6
Sandl → Rosenhofer Teiche → Schanz (Möglichkeit 11 für Wechsel zum NWKW II: Pavlína/Paulina 4 km) → Stadlberg (Möglichkeit 12 für Wechsel zum NWKW II: Pohoří na Šumavě/Buchers, 4 km) → Karlstift NÖ., *Gasthof-Pension Zeiler* (4 km, Kontrollstelle) → Joachimsthal (Möglichkeit 13 für Wechsel zum NWKW II: Stříbrné Hutě) → Nebelstein, *ÖAV-Nebelsteinhütte* (13 km, Möglichkeit 14 für Wechsel zum NWKW II: Žofín)

Tour 7
Nebelstein → Harbach (Möglichkeit 15 für Wechsel zum NWKW II: Dobrá voda) → Mandelstein (9 km) → Würgelhäusl → Pyhrabruck (7 km) → Rückweg über NWKW II/III über Nové Hrady

1 Vom Hochstein bis Schöneben

Tageslänge	20,3 km
Gehzeit	5 ¾ Stunden
Höhenmeter	Aufstieg: 521 m, Abstieg: 891 m
Weg	gesicherter Felssteig, Wanderweg, Asphaltstraße, Steig, Forststraße
Anfahrt	nur privat mit dem Auto möglich

Am Hochstein (1 332 m) in Bayern beginnt die erste Tagestour des Weitwanderwegs NWKW. Die Anreise ist mit dem Auto auf der Dreisesselstraße zum gebührenpflichtigen Dreisesselparkplatz möglich. Mit den öffentlichen Verkehrsmitteln kann man von Passau (D) den Bus nach Haidmühle nehmen und über die Kreuzbuchklause hochgehen, von Nové Údolí (CZ) mit dem Zug von Budweis über Krumau und über das Rosenauer-Denkmal den Ausgangspunkt erreichen oder von Linz den Zug nach Aigen-Schlägl nehmen, dann den Bus nach Schwarzenberg (A) und über den Witikosteig aufsteigen. Ab Oberschwarzenberg ist ein Zustieg aus historischen Gründen mit dem Nordwaldkammweglogo markiert, beim Grenzübergang Deutschland/Österreich mündet dieser Zustieg in den NWKW ein.

Der NWKW ist ab dem Hochstein mit dem Kammweglogo markiert. Die Borkenkäfer im Nationalpark Šumava und der Sturm Kyrill 2007 haben dafür gesorgt, dass vom Hochstein heute eine perfekte Aussicht herrscht. Hier war einmal Hochwald. Die Nepomuk-Kapelle unter dem Gipfel erinnert an Bischof Johann Nepomuk Neumann (1811–1860), einen „großen Sohn des Böhmerwaldes“,

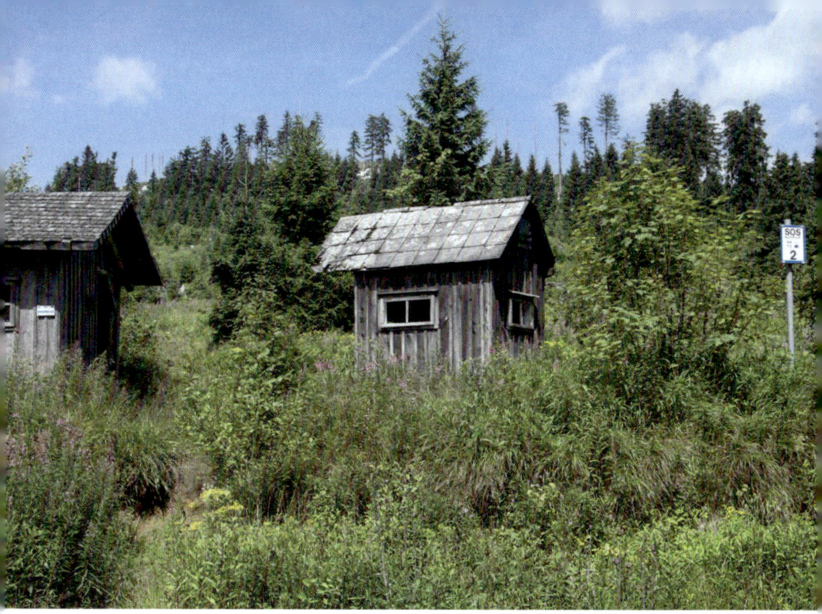

Notunterkunft Zwieselhütte beim Plöckenstein

geboren in Prachatice, Bischof von Philadelphia und 1977 heiliggesprochen. Nicht weit weg steht das Dreisesselberghaus, das leider aus feuerpolizeilichen Gründen keine Unterkunft mehr bietet.

Nach einem kurzen steileren Stück Asphalt trennen sich bei einer Waldinformationsstation [N48° 46,756, E13° 48,338'] der klassische NWKW und der NWKW II, unser Rückweg, der über den Hochkamm vom weiter östlich gelegenen Dreiländereck/Trojmezí kommt. Der erste Abschnitt des NWKWs verläuft auf dem „Adalbert Stifter Weg". Nach etwa einstündiger Gehzeit vom Dreisesselberg (auch dort war einmal Hochwald) gelangt man zum „Steinernen Meer", einer natürlichen, etwa 9 ha großen Granit-Blockhalde. Der Weg überquert dieses in einmaliger Weise von

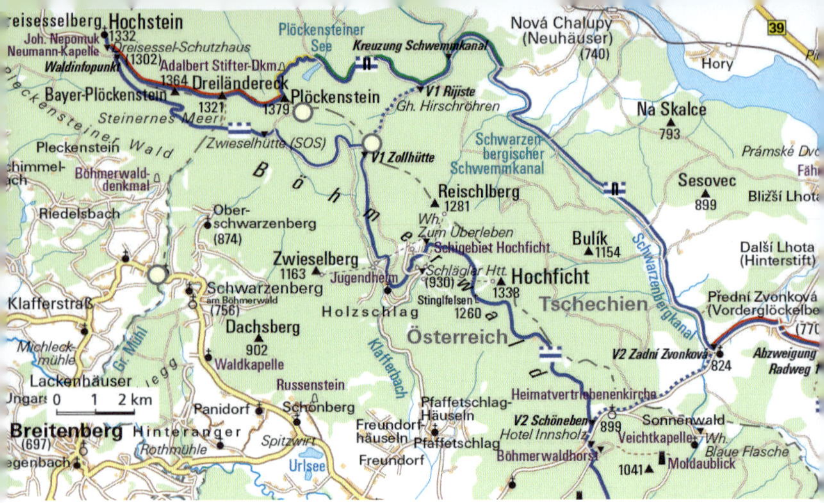

Latschen besetzte Naturdenkmal, von dem sich ein weiter Ausblick nach Süden darbietet, der u. a. tief unten die Ortschaft Schwarzenberg erkennen lässt.

Wieder in Hochwaldresten verlaufend, mündet der Weg nach kurzer Zeit in den sogenannten „Seesteig" ein, der nach einer scharfen Rechtskehre weitergegangen wird – linkerhand führt der Seesteig nach etwa 8 Minuten Gehzeit auf bayerischer Seite zum Dreiländereck, dem Grenzpunkt zwischen Bayern, Böhmen und Österreich, der am NWKW II liegt. Es ist ein beliebter Tagesausflug, vom Dreiländereck wieder zurück zum Dreisesselparkplatz zu gehen.

Dem Seesteig weiter folgend, geht man nach einer neuerlichen Linkskehre in die entgegengesetzte Richtung, am „Kleinen Steinernen Meer" vorbei, zum „Salzsteig", dem alten Handelsweg von der Donau zur Moldau. Der NWKW erreicht nunmehr den Grenzübergang zwischen

Bayern und Österreich über den sogenannten Gegenbach. Hier mündet der von Oberschwarzenberg mit dem Nordwaldkammweglogo bezeichnete Aufstieg ein. Dieser wird auch vom Natura Trail genutzt.

Wir bleiben auf dem NWKW, den Hang in östlicher Richtung bergauf querend, früher war das der Salzsteig, circa eine halbe Stunde weiter bis zur Zwieselhütte (SOS 2, Notunterkunft) [N48° 45.815', E13° 51.250']. In 40 Minuten ist von hier der Plöckenstein zu besteigen. Bei der Zwieselhütte treffen wir auf eine Forststraße mit dem Radweg 404, die wir in östlicher Richtung beschreiten. An der Zollhütte [N48° 45.733', E13° 52.955'] besteht unterwegs die Möglichkeit, über den Verbindungsweg V1 auf den NWKW II nach Hirschröhren (Radweg 801/1026) zu wechseln.
Die Nordwaldkammwegmarkierung verläuft auf der Forststraße, die auch eine MTB-Strecke ist, nach Osten. Nach einer Gehzeit von 2 Stunden ab dem Grenzübergang wird das Gebiet Hochficht-Holzschlag erreicht. Das gesamte Gelände um den Hochficht hat das Stift Schlägl auf Grund

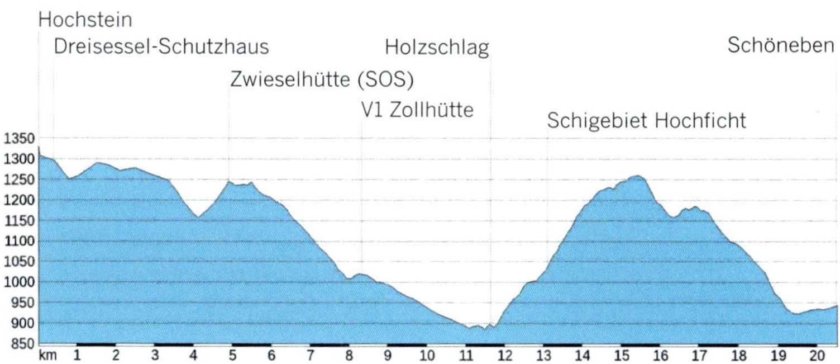

seiner guten und lang anhaltenden Schneelage zu einem Wintersportzentrum ausgebaut. Danach wurde das Schigebiet vom „Schröcksnadel-Imperium“ um eine Verbindung nach Schwarzenberg erweitert (www.hochficht.at).

Der NWKW führt gegenüber vom Jugend- und Sportheim Holzschlag leicht ansteigend im Wald weiter und mündet nach einer halben Stunde Gehzeit in eine Wiese ein, auf der man links und rechts Schleppliftanlagen und oberhalb das „Gasthaus zum Überleben“ sieht. Beim Gasthaus folgt man kurz der Schipiste und betritt dann den Hochwald. Durch diesen steigt der NWKW auf einem Karrenweg beträchtlich an und führt schließlich, nach rechts biegend, auf die unterhalb des Hochficht (1 338 m, Bergstation Vierersessellift Hochfichtbahn) liegende Schönberg-Wiese, jetzt Schipiste. In flacher Wegführung gelangt man in der Folge zur Abzweigung auf den Stinglfelsen (1 260 m).

Diese markante Felsgruppe erreicht man von der oben angeführten Abzweigung in fünf Minuten und genießt von hier aus einen prächtigen Ausblick. In Richtung Tschechien (Nordwest) ist, bei entsprechender Fernsicht, das oberhalb des Plöckensteinersees/Plešné jezero stehende Adalbert-Stifterdenkmal, ein granitener Obelisk, zu erkennen.
Der Steig führt zunächst östlich leicht ansteigend durch Hochwald, dann westseitig um den Fleischhackerberg (1 222 m) herum und mündet in einen Fahrweg. Ungefähr dort, wo man auf diesen trifft, kann man in wenigen Minuten zum Grüneiselingfelsen (tlw. markiert) abstechen, der einen lohnenden Ausblick gewährt.

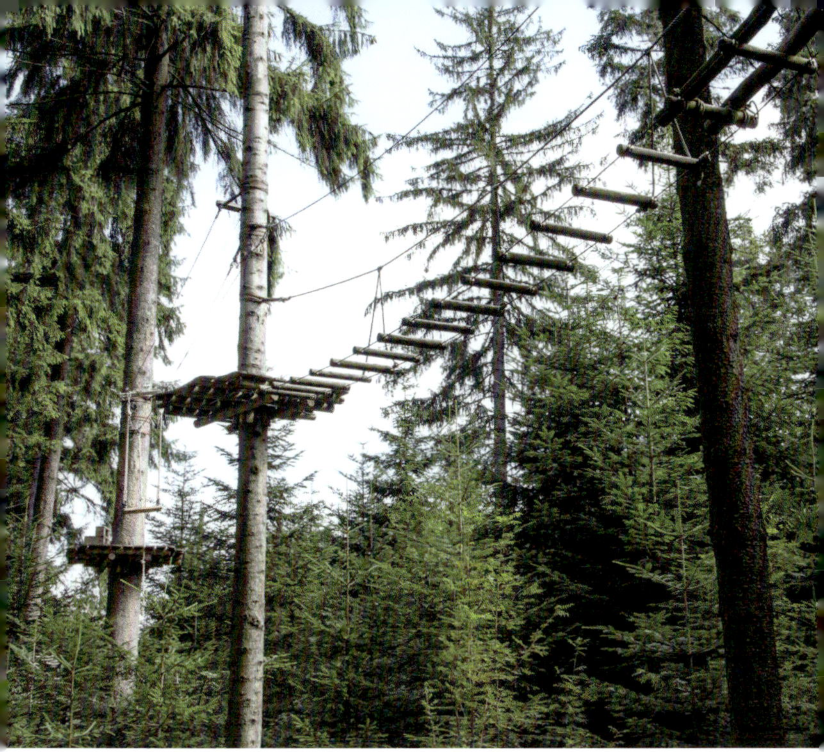

Hochseilpark Böhmerwald

Der NWKW folgt dem Forstweg (im Winter sind hier gespurte Loipen), überquert in südlicher Richtung die Schönebener Wiesen und mündet nach einem kleinen Gehölz auf die Straße, die rechts – nach etwa 500 m Länge – zur Böhmerwaldarena in Schöneben führt. Die Wegstrecke vom Stinglfelsen bis Schöneben erfordert 1 ½ Stunden Gehzeit.

Schöneben offeriert auf einem sonnigen Plateau das Waldkompetenzzentrum, einen Laden mit regionalen Produkten und Souvenirs sowie Übernachtungsmöglichkeiten

(Vitalhotel InnsHolz und Böhmerwaldhorst). Für einen Abendspaziergang bieten sich noch die beiden Aussichtswarten Moldaublick und Alpenblick an. Für besonders Erlebnishungrige wartet der Hochseilpark Böhmerwald aufs Begehen und Klettern (www.seilpark.eu). Entlang der Fahrstraße nach Tschechien ist es möglich, zum NWKW II zu wechseln (Verbindungsweg V2). Im Winter befindet sich hier das Zentrum eines weitläufigen Skilanglaufgebiets.

Waldausstellung Schöneben

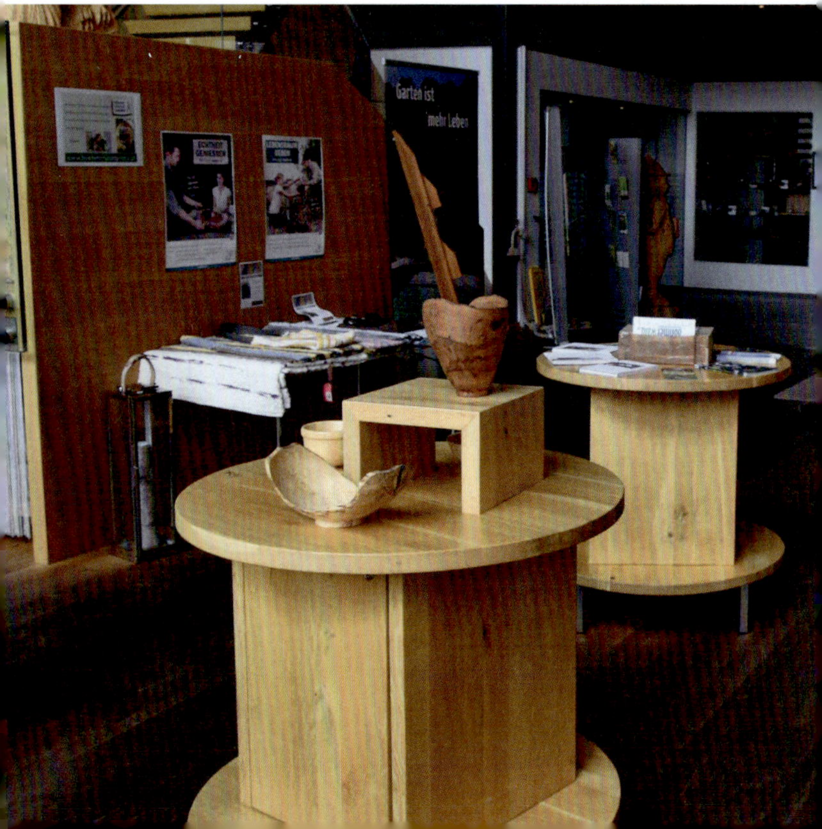

Von Schöneben bis Haslach

Tageslänge	22,7 km
Gehzeit	5 Stunden
Höhenmeter	Aufstieg: 416 m, Abstieg: 837 m
Weg	Asphalt, Wege
Anfahrt	Bus 281 von Aigen-Schlägl nach Ulrichsberg, dann nach Schöneben. Per Privat-PKW ist Schöneben ab Ulrichsberg erreichbar, aber auch von Horní Planá/ Oberplan (Fähre), Parkplätze gibt es hier viele.

Vom NWKW kann man von Schöneben ostwärts weiter auf der asphaltierten Straße Richtung Alpen- und Moldaublick gehen. Man biegt dazu nach etwa 500 m leicht ansteigend nach links und wendet sich in südöstlicher Richtung auf den Sulzberg (1 040 m), auf dessen gestreckter Nordseite man den Aussichtspunkt „Moldaublick“ [N48° 42.150, E13° 58.277] antrifft. Die Einbindung dieses Aussichtsturms in die Nordwaldkammwanderung ist also möglich; die Gehzeit hin und zurück beträgt 1 Stunde. In der Nähe des Moldaublicks befindet sich eines der vereinzelt hier vorkommenden Latschenhochmoore. Bleibt man auf der Fahrstraße und zweigt nicht links ab, kommt man zum „Alpenblick“ [N48° 41.679, E13° 56.701], dem zweiten, 2008 erbauten, 33 m hohen Aussichtsturm auf dem Sulzberg-Massiv.

Ohne den Moldaublick und den Alpenblick zu berühren, führt der NWKW vom Sulzberg abwärts, mündet nach Überquerung der oben genannten Fahrstraße in die Holzwiese ein und führt, vorbei an der Obernhof-Jagdhütte, ohne wesentliche Höhenunterschiede durch den Wald (oft

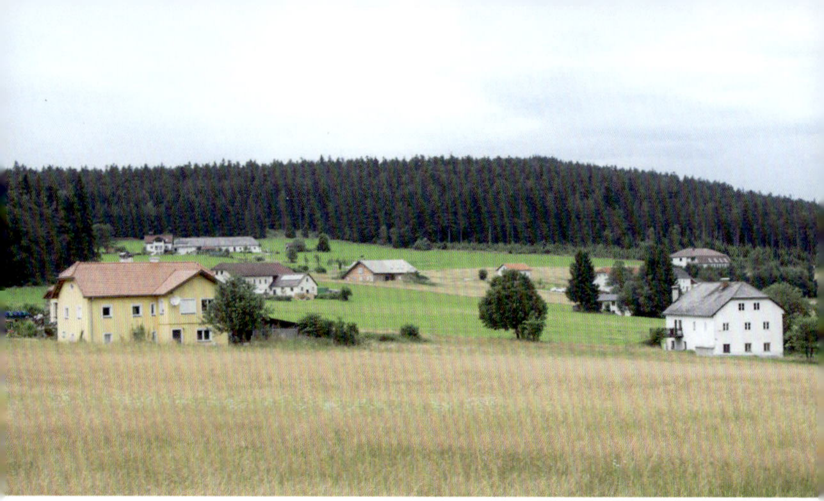

Blick auf Grünwald mit Bärenstein dahinter

hohes Gras und tiefer Untergrund) bis zu der Streusiedlung Grünwald. Die Gehzeit von Schöneben bis Grünwald beträgt 2 ½ Stunden. Im Winter ist in etwa diese Strecke die Christian-Hoffmann-Langlaufloipe, benannt nach dem ersten österreichischen Langlauf-Olympiasieger. Kurz vor Erreichen dieses Zwischenziels oder aber auch direkt ab dem Panyhaus in Grünwald nordwärts zweigt vom Kammweg links die Markierung 41 zum Bärenstein (1 077 m) ab, der in 25 Minuten bequem erreichbar ist (schöner Rundblick auf den Moldaustausee, nach Horní Planá/Oberplan, dem Geburtsort des Böhmerwald-Dichters Adalbert Stifter, und zur Ruine Vítkův hrádek/Wittinghausen). Am Bärenstein beginnt der Österreichische Weitwanderweg Nr. 10, der „Rupertiweg“ (Böhmerwald → Hausruck → Berchtesgadnerland → Rupertiwinkel → Gailtal in Kärnten), mit dem Falkensteinerweg Nr. 110 (Bärenstein → Niederranna an der Donau) als erstem Teilweg. Der Falkensteinerweg kreuzt östlich des Panyhauses den NWKW.

Dieses bereits im Jahr 1860 erbaute Gasthaus „Panyhaus" [N48° 40.331', E13° 58.702'] in Grünwald hat eine interessante Geschichte: Das nach dem Amtsschreiber des Stiftes Schlägl Josef Pany benannte Haus wurde eigentlich erst von seiner Schwester Anna Pany errichtet. Josef Pany war neben seiner Hauptbeschäftigung noch Immobilienmakler, Architekt und Bauherr. Als er 1837 vom Projekt Bundesstraße Linz–Budweis erfuhr, kaufte er rund um Grünwald Wiesen

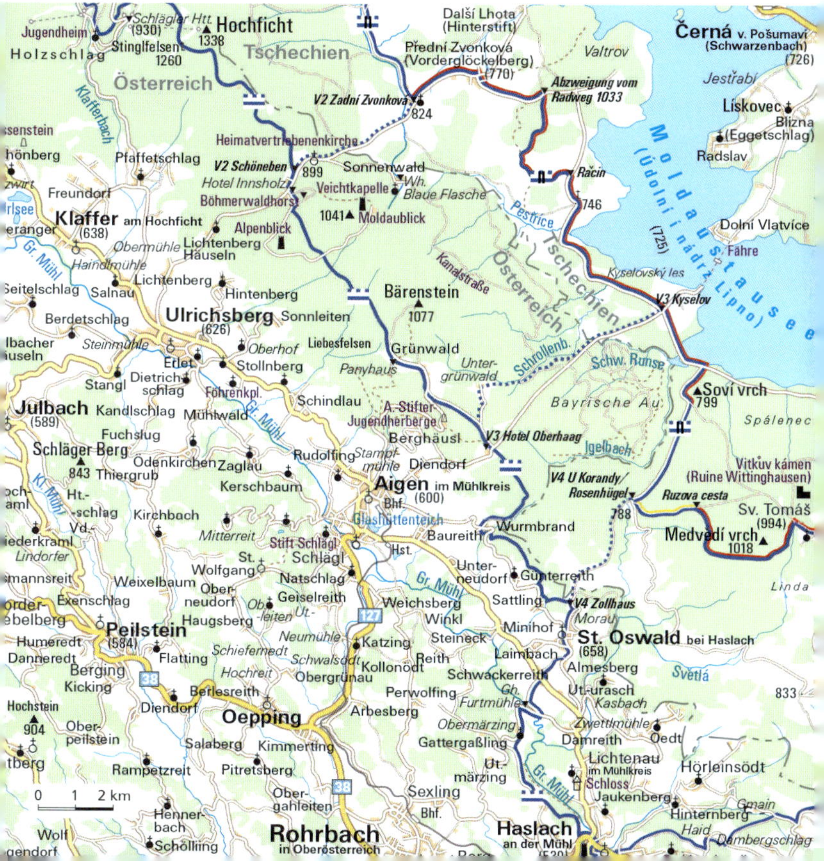

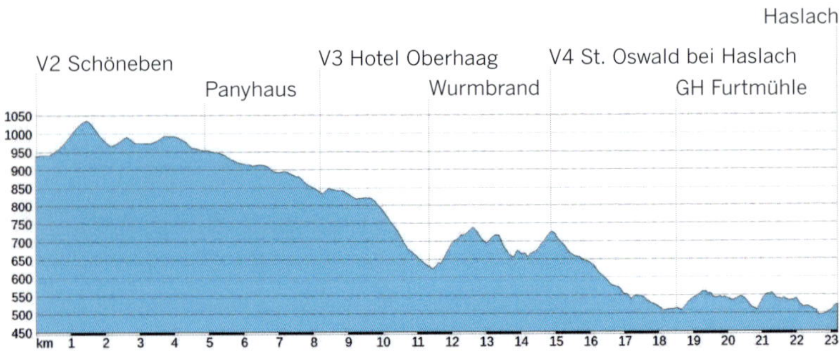

zusammen, um hier ein „glänzendes Geschäftshaus an der neuen Straße" zu errichten. Gebaut wurde diese Bundesstraße allerdings dann weiter östlich über Oberhaag. Er hatte kein einziges Objekt errichtet, als er 1850 starb. Seine Schwester setzte dann den Verlass ein Jahr später um und ließ als erstes Haus von Grünwald das Panyhaus errichten.

Derzeit gibt es in Grünwald keine Einkehr- und nur eine kleine Unterkunftsmöglichkeit, erst wieder in Oberhaag oder in der Adalbert-Stifter-Jugendherberge (kleiner Umweg). Vom Panyhaus führt der asphaltierte Güterweg Grünwald südwärts bergab in 4 km Länge nach Aigen/Schlägl. Noch bevor wir zur Adalbert-Stifter-Jugendherberge kommen, zweigt der NWKW beim Sportplatz bzw. beim Stein zur Kontinentalen Wasserscheide links zur Schwedenschanze, einer alten Wehranlage aus dem 17. Jahrhundert mit Informationsrundweg, ab (45 Minuten vom Panyhaus). Vor der Schwedenschanze beginnt der Verbindungsweg V3 (Weg 42) über den Schwemmkanal nach Kyselov und zum Hochmoor „Bayrische Au".

Vom Hotel Haagerhof [N48° 39.252', E14° 0.390] (Kontrollstelle) gleich in der Nähe in Oberhaag genießt man einen schönen Tiefblick auf Aigen/Schlägl und einen Ausblick in die weit ausladende Talsenke bis zur fernen Alpenkette. Die Straße in Oberhaag führte früher von Linz nach Krumau und hieß B50, danach B127 Rohrbacher Bundesstraße. Mit dem Bau des Moldaustausees war keine Verbindung mehr möglich und die B127 endet nun als Landesstraße in Aigen. Über den Grenzübergang Kyselov/Sarau ist jetzt aber wieder eine Autoverbindung nach Tschechien zum Moldaustausee auf dieser alten Straße möglich.

Von Oberhaag führt der Kammweg zuerst in östlicher Richtung fast bis zur tschechischen Grenze, dann geht es in südlicher Richtung auf einem Hohlweg abwärts durch Wald, bis man knapp nach dem Wald das Dorf

Blick von Wurmbrand auf Stift Schlägl

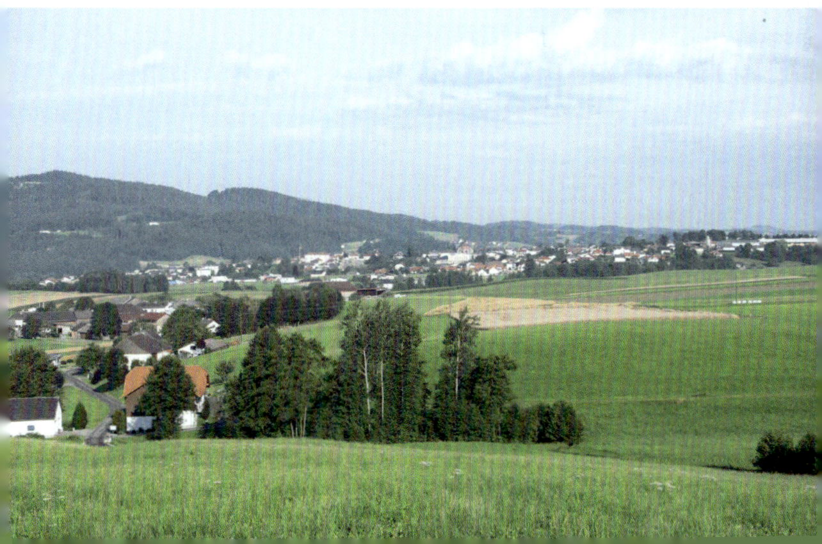

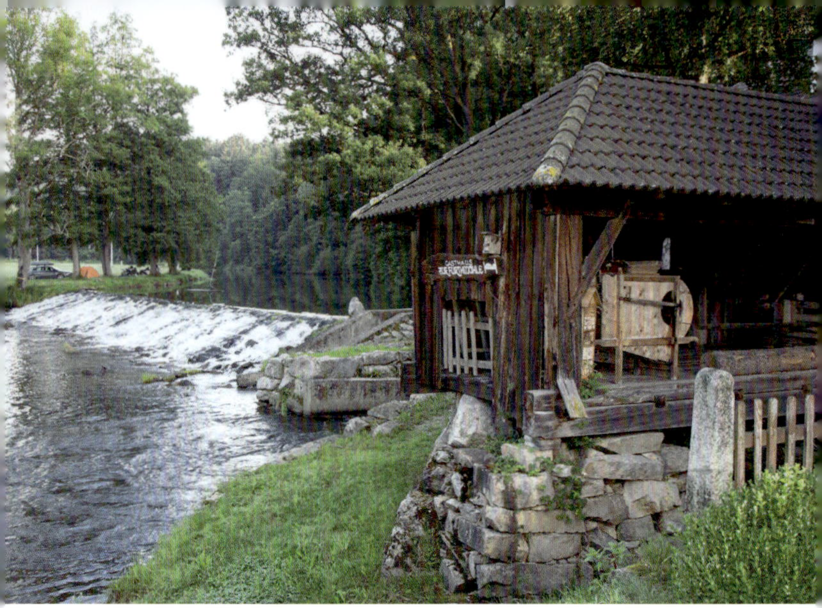

Malerische Furtmühle

Wurmbrand erreicht (Gehzeit 1 Stunde von Oberhaag). Die Markierung führt durch das Dorf, in dessen Mitte nach links bergab zur ehemaligen Wurmbrandmühle, heute Biogartenhof Mühlland, überquert nach der Häusergruppe bergauf den Radweg R5 (Grenzlandweg), stark rechts einschlagend, kommt kurz nachher auf freies Gelände und geht links abschwenkend, stark ansteigend durch Wald, bis auf der Höhe ein von links kommender Karrenweg erreicht wird. Ab Wurmbrand bis zu dieser Stelle sind es ca. 45 Minuten Gehzeit. Der Weg führt rechts weiter in das Sattlingerholz und erreicht ungefähr 150 hm tiefer östlich von Sattling bei einem Marterl wieder den Radweg R5, den es etwa 200 m Richtung Osten entlanggeht (kein Gehsteig!). Bergwärts führt der Weg dann zum Galgenberg, einer historischen Stätte mit schöner Aussicht, von dem aus das Zollhaus St. Oswald bei Haslach gleich unmittelbar bergauf über die Fahrstraße erreichbar ist. Der Verbindungsweg V4 stellt hier einen Übergang zum NWKW II nach Koranda/Rosenhügel her, wo der Schwarzenbergische Schwemmkanal die Transkontinentale Wasserscheide überwindet (Skulptur „Connect it" an der Staatsgrenze). Entlang der Fahrstraße erreicht man bergab St. Oswald bei Haslach, die Gehzeit beträgt von Oberhaag bis St. Oswald 2 ½ Stunden.

Nach St. Oswald bei Haslach, aber noch vor dem Dorf Almesberg zweigt der 105er zum Dorf Schwackerreith ab, überquert dort die Schlägler-Bezirksstraße und nimmt – leider auf Asphalt – Richtung zur noch 15 Minuten entfernten Furtmühle [N48° 36.313', E14° 1.163'] (www.furtmuehle.at) an der Großen Mühl. Das als Jausenstation einladende Gasthaus bietet sich sowohl zur angenehmen Zwischenrast an als auch zur Übernachtung (5 Zweibettzimmer und ein Schlafsaal). Nach Überschreitung der Großen Mühl geht die Markierung rechterhand des Flussbetts, die Dörfer Gattergaßling und Spielleiten streifend, dem tief abwärts und jenseits zu weiteren Häusern aufwärts führenden Güterweg folgend, weiter zum alten Webermarkt Haslach an der Mühl (501 m, Kontrollstelle), den wir nach der Querung des Flusses erreichen (Gehzeit von St. Oswald bis Haslach 2 Stunden, von Oberhaag bis Haslach 4 ½ Stunden).

3 Von Haslach bis Bad Leonfelden

Tageslänge	26,8 km
Gehzeit	7 Stunden
Höhenmeter	Aufstieg: 886 m, Abstieg: 653 m
Weg	Asphalt, Schotterwege, Wege, Steige, Fahrweg
Anfahrt	Haslach ist gut mit Bahn und Bus erreichbar, dabei ist zu beachten, dass der ÖBB-Bahnhof Haslach/Mühl 3 km vom Ort entfernt liegt.

Nachdem wir in Haslach z.B. das Heimatmuseum im Alten Turm (Windgasse 10, 4170 Haslach an der Mühl, www.haslach-erleben.at/alter-turm) [N48° 34.604', E14° 2.341'] besichtigt haben, durchschreiten wir das textile Zentrum mit verschiedenen Kultureinrichtungen und einem Museum über die regionale Geschichte der Textilindustrie. Wir holen vielleicht beim Markt noch eine Jause für tagsüber und biegen am östlichen Ortsausgang in die nach Norden führende Hörleinsödter Gemeindestraße ein, von der wir gleich wieder rechts abbiegen. Immer stark ansteigend, erreichen wir über Haid und Innenschlag, wo es leider kein Quartier mehr gibt, nach knapp 1 ½ Std. die tschechische Grenze mit einem schönen Rückblick in die Talniederung. Wenn man vor dem Queren des Scheidebaches ein paar hundert Meter den Steig Richtung Norden geht, gewinnt man einen guten Eindruck vom Grünen Band. Der NWKW erreicht schließlich die AV-Helfenbergerhütte, die etwas bergab, linkerhand des Weges liegt. Am Parkplatz der Helfenberger Hütte an der Afiesler Bezirksstraße mündet rechts der Hauptwanderweg 140, von Linz nach Afiesl führend, ein.

AV-Helfenbergerhütte

Die familienfreundliche Helfenbergerhütte [N48° 35,273', E14° 07,148'] gehört dem Alpenverein Rohrbach (www.alpenverein.at/rohrbach). Sie ist eine Selbstversorgerhütte. Als Attraktionen gibt es eine Boulderwand, einen Brunnen und eine große Liege- und Spielwiese. Die Hüttenadresse ist Oberafiesl 18, A-4170 Oberafiesl. Auskunft zur Hütte hinsichtlich Reservierungen für Nächtigungen gibt es bei Walter Stütz, Tel. +43 650-2524126, E-Mail: helfenbergerhuette.rohrbach@sektion.alpenverein.at.

Weiter auf dem Nordwaldkammweg

Nördlich von Oberafiesl (Seehöhe 840 m) mit seinen Spezialhotels, wobei im Aviva in St. Stefan am Walde auch eine Nächtigung für Wanderer möglich ist, verläuft der NWKW in östlicher Richtung über die Stelzer-Kapelle mit Blick auf den Windpark Sternwald bis zur Löffler-Säge vor Guglwald weiter. Kurz nach der Säge biegen wir scharf links ab auf die Straße, überschreiten die Brücke der „Steinernen Mühl" und wandern leicht bergauf hart an der Staatsgrenze entlang Richtung Hotel Guglwald (kein Gehsteig, Vorsicht!). Bei [N48° 35,403', E14° 10,325'] steht neben der Straße der von der Gemeinde Schönegg gewidmete Gedenkstein „Halber Weg" (bezieht sich auf den alten NWKW) zwischen Dreisesselberg und Nebelstein.

Im Süden haben wir hier die gesamte Alpenkette im Blickfeld. Dieses heidemäßige Plateaugebiet wurde um 1108 von Helfenberg her besiedelt. Es lag damals im Ostteil des Herzogtums Bayern, seit dem 12. Jahrhundert gehörte der Ort zum Herzogtum Österreich. Im Jahr 1490 wurde

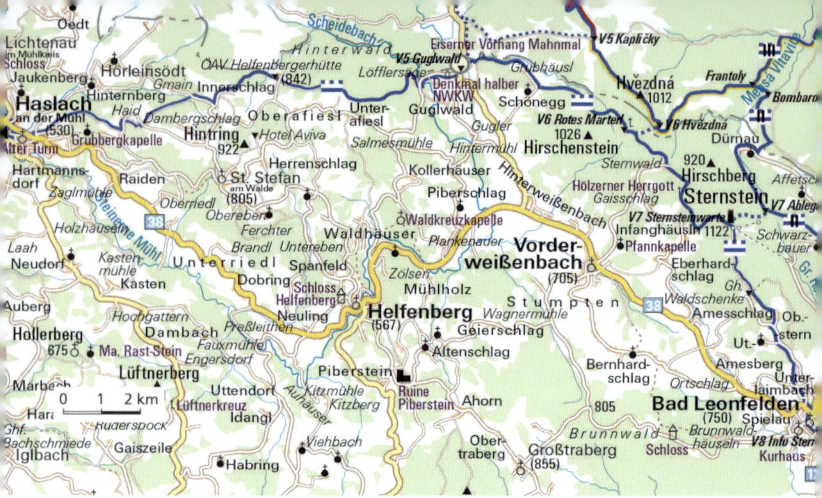

das Gebiet dem Fürstentum „Österreich ob der Enns“ übergeben. Erst im Jahr 1814 wurde es endgültig Oberösterreich übertragen. Der Eiserne Vorhang wurde im Jahr 1950 errichtet und in Guglwald 1989 abgebaut, indem am 20. Dezember 1989 die damaligen Außenminister der Tschechoslowakei und Österreichs, Jiri Dienstbier und Alois Mock, den einst trennenden Stacheldraht symbolisch durchschnitten. Der Autor durfte am 30. April 2004 hier in Guglwald den EU-Beitritt Tschechiens mit einem Feuerwerk und der Europahymne feiern (www.radio.cz/de/rubrik/begegnungen/fest-an-der-grenze).

Im Bereich des Hotelareals Guglwald ist die 1802 bis 1805 errichtete Franzosenkapelle zu sehen. Die Kapelle wurde zu einer Heimatvertriebenen-Gedächtnisstätte umgestaltet, wobei im Auftrag der ehemaligen Bewohner der Orte jenseits der Grenze die gesamte Gestaltung durch die Bildhauer Jakob Kopp und Max Stockenhuber aus Linz sehr beeindruckend ausgeführt wurde. Sie war alljährlich

Treffpunkt für die in aller Herren Länder verstreuten Heimatvertriebenen der Gemeinden Kapellen, Heuraffl, Friedberg, Malsching, Kienberg und Hohenfurth. Heute ist die Franzosenkapelle ein gefragter Ort zum Heiraten, hat man doch auch gleich den ganzen Komfort eines guten Hotels dabei.

Vom Hotel Guglwald wandern wir noch ca. 150 m entlang der Straße bis zum Grenzübergang (Verbindungsweg V5 nach Přední Výtoň oder Kapličky ab dem alten Zollhaus) [N48° 35.404', E 14° 10.520'], an diesem vorbei hinunter zum Freibach und dann ansteigend zum Mahnmal Eiserner Vorhang. 10 Jahre nach dem Fall der Berliner Mauer am

Denkmal halber Nordwaldkammweg bei Guglwald

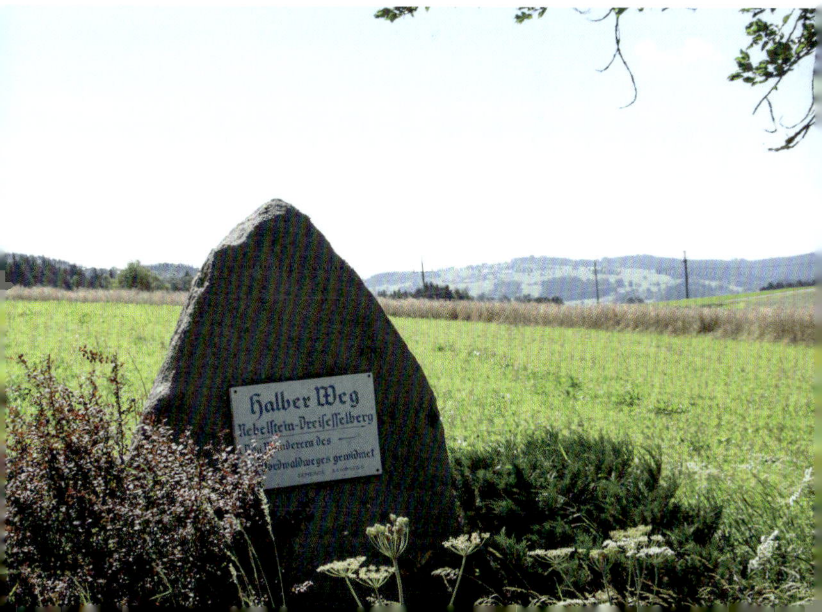

9. November 1989 und der Öffnung des Eisernen Vorhangs in Folge wurde ein Teil des Stacheldrahtverhaus zwischen Österreich und Tschechien als Mahnmal wieder aufgestellt. Auf Schautafeln in einem nachgebauten Schießstand kann man sich über jenes Bauwerk, das Europa jahrzehntelang in Ost und West trennte und Vorläufer der vielen Grenzzäune in der heutigen Welt war, informieren.

Wir folgen vom Mahnmal dem Weg, der zuerst bergab zu einem Bauernhaus an der Grenze und dann ansteigend durch den Wald führt. Bald ist die Streusiedlung „Sternwaldhäusel" erreicht, kurz nach dem letzten Haus, das links des Weges liegt, steigen wir nach rechts auf einem Waldweg bergan, der an der Nordflanke des Hirschensteins (1 126 m) mit dem Windpark Sternwald zum „Roten Marterl" entlangführt. Hier können wir wieder zum NWKW II wechseln (V6). Der Weiterweg führt am Bildbaum „Hölzerner Herrgott" vorbei und wendet sich dann

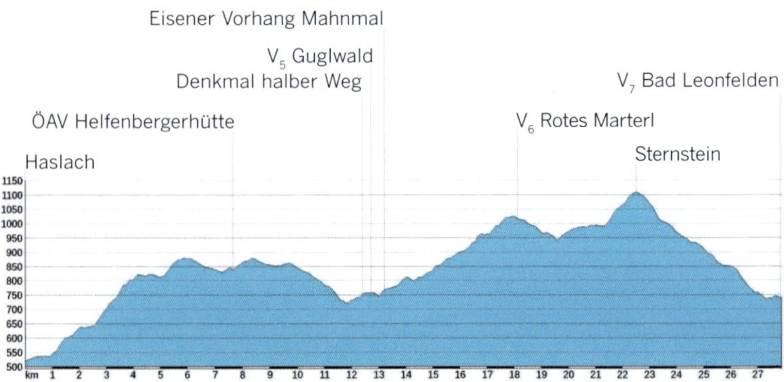

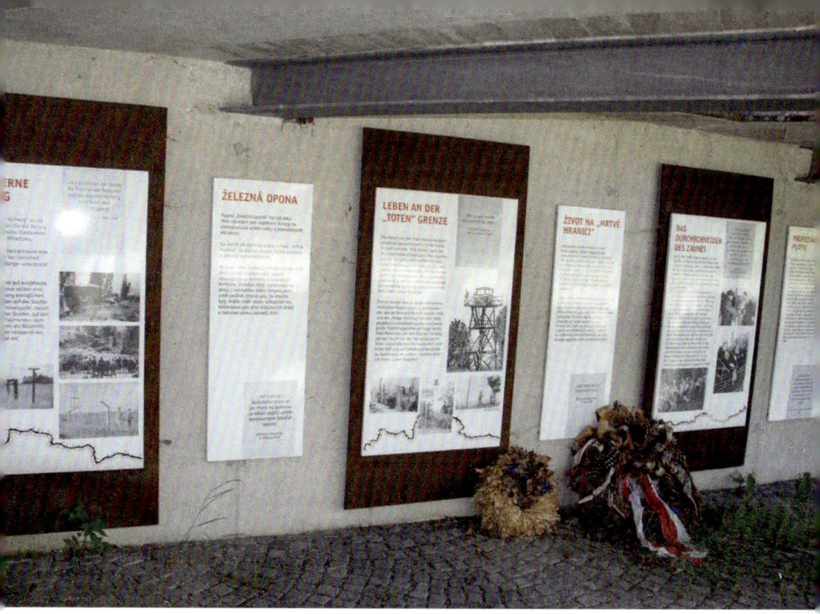

Mahnmal Eiserner Vorhang Guglwald

nach Südosten. Dort, wo wir zum Wanderweg Nr. 24 kommen, biegen wir scharf nach links ab. Wer eine Rast vor dem kommenden Aufstieg braucht, geht noch 50 m geradeaus und nutzt das nette „1 000 m Platzl“. Nach der Pausenmöglichkeit steigen wir ca. 30 Min. bergan zur Aussichtswarte auf dem Sternstein (1125 m) [N48° 33.479', E14° 15.316']. Von der „Kaiser Franz Joseph Jubiläumswarte“, die 1898/99 vor der Gemeinde Leonfelden erbaut wurde, haben wir einen herrlichen Rundblick ins Böhmerland zum Schöninger, über den 1 111 m hohen Viehberg bei Sandl im Osten und den Breitenstein im Süden bis zum Ameisberg im Westen. Bei klarer Sicht zeigt sich von Südost bis Südwest die Kette der Nördlichen Kalkalpen vom Schneeberg (höchster Berg Niederösterreichs) bis zum Schigebiet Unterberg bei Gutenstein/NÖ. Die Warte wird vom

Alpenverein Bad Leonfelden betrieben, eine Möglichkeit zum Essen oder für eine Übernachtung besteht nicht, in den Wintermonaten November bis März ist die Warte aus Sicherheitsgründen geschlossen.

Am Sternstein beginnt der Weitwanderweg Nr. 09 (Salzsteigjochweg). Am Osthang des Sternsteins gibt es Schiabfahrten, die von einem Sessel- und Schlepplift erschlossen sind. Zwei Wanderloipen „Rund um den Sternstein" ergänzen dieses ideale Wintersportgebiet. Vom Sternstein absteigend, erreichen wir nach ca. 30 Min. den Gasthof „Zur Waldschenke" am Sternstein (Einmündung des Weges Nr. 142 von Oberneukirchen über Brennwald, Nächtigungsmöglichkeit) [N48° 32.824', E14° 16.317'].

Weiter bergab führt die Wanderung durch Waldstücke, auf Feldwegen und über Lichtungen. Beim Austritt aus dem Wald haben wir vom „Lug ins Land" einen umfassenden Ausblick auf Bad Leonfelden und seine Umgebung. Wer noch nicht genug hat vom Tag, kann in der Kletterhalle Bad Leonfelden diesen ausklingen lassen.

Von Bad Leonfelden nach Freistadt 4

Tageslänge	21,3 km
Gehzeit	5 Stunden
Höhenmeter	Aufstieg: 409 m, Abstieg: 594 m
Weg	Asphalt, Forstweg, Steig, Wiesenwege, Fahrwege
Anfahrt	Busverbindungen von Linz, Freistadt und Rohrbach, schlecht von Tschechien

Wir verlassen Bad Leonfelden am südöstlichen Ortsausgang bei der Kletterhalle [N48° 31.188', E14° 18,314'] nördlich der Einmündung des Wanderweges Nr. 160 (Linz – St. Magdalena über Hellmonsödt) und folgen der Hagauerstraße bis zur Aumühle im Tal der Großen Rodl. Kurz nach der Brücke biegen wir nach links ab und wandern bergan durch das Bannholz nach Schenkenfelden (735 m). Am Ortseingang links erinnert am Bauernhaus eine Gedenktafel an Freiherrn Georg von Harrucker, den Feldzeugmeister des Prinzen Eugen von Savoyen (1663–1736), einen der bedeutendsten österreichischen Feldherren und Staatsmänner zur Habsburgerzeit.

Auf der Straße nach Reichenthal kommen wir zum Kreuzweg, dem wir bis zum Kalvarienbergkirchlein am Hang des Thierberges folgen. Das Kirchlein im Friedhof ist beachtenswert: Es wurde von Georg von Harrucker in Auftrag gegeben, Baumeister war Johann Michael Prunner aus Linz. Für jeden Kunstinteressierten reizvoll: die barocke Inneneinrichtung, die Kreuzigungsgruppe, kleine Alabasterbildwerke in Glaskästen, die schmerzhafte Mutter Gottes und Christus an der Martersäule! Eine Runde um die Kirche zeigt barocke Kapellen.

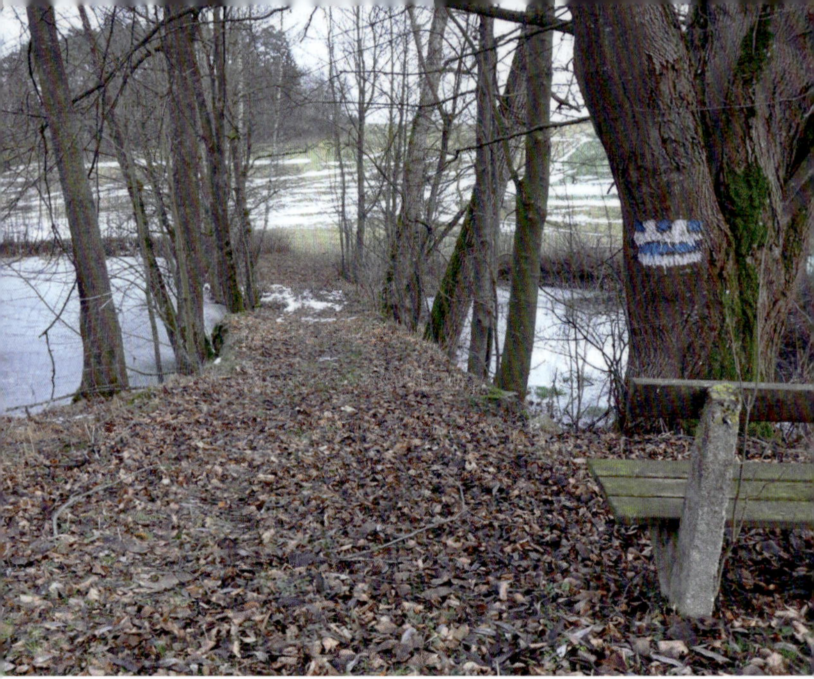

Guttenbrunner Teiche unterhalb des Gasthauses Pammer

Vom Friedhof führt der Weg leicht ansteigend vorbei an Gewürzfeldern auf den Thierberg. Am Nordwesthang treffen wir auf den „Märchenwanderweg". Am Thierberg mündet auch der Zubringerweg 61 von der Kamplmühle im Norden, der durch einen Hochwald führt, ein. Auf der Höhe angelangt, verlassen wir den Hauptweg, denn in 3 Minuten Entfernung bietet uns der Hirtstein (833 m) einen lohnenden Gipfelfelsen mit Gipfelkreuz. Zurückgekehrt wandern wir durch Wald bergab und kommen, dem Nordwaldkammweglogo folgend, zu den Kräuterfeldern in Oberdorf. Hier könnte man, dem Weg Hi7 bzw. der Straße zur B38 folgend, die Kräuterkraftquelle Hirschbach [N48° 31.106', E14° 23.162'] (www.kraeuterkraftquelle.at) an der B38 und den Kräuterwirt Dunzinger [N48° 30.841', E14° 24.063'] (www.kraeuter-wirt.at) neben dem Flughafen Hirschbach besuchen. Der Hi7 führt weiter nach Guttenbrunn zum Gasthof Pammer [N48° 30.287', E14° 24.266'] (Gemeinde Hirschbach, Kontrollstelle). Auf der normalen Route kommt man entlang des NWKWs über Wiesen- und Feldwege und einen kleinen Weiher zum schönen, typisch mühlviertlerischen Stoabloß-Gasthaus Pammer in Guttenbrunn.

Dort wird die Hirschbacher Straße überquert, ein Wiesenweg führt zu einem schönen Fotomotiv mit NWKW-Markierung ein kurzes Stück zum Teich bergab und dann leicht ansteigend zum Vierhöfergut. Von dort gehen wir auf einem Güterweg nach Harruck (Gem. Waldburg). Wir verlassen Harruck, vor uns liegt ganz nahe Waldburg, am Horizont sehen wir den Viehberg bei Sandl mit der Windkraftanlage Spörbichl, den Stiftungsberg und den

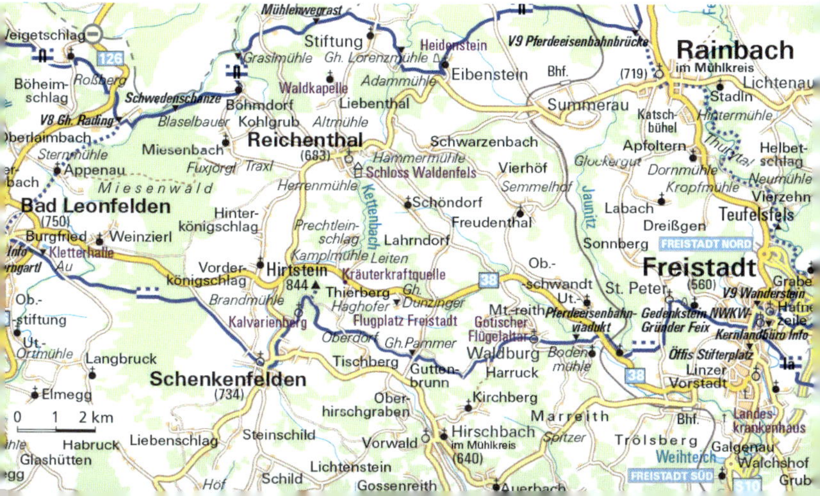

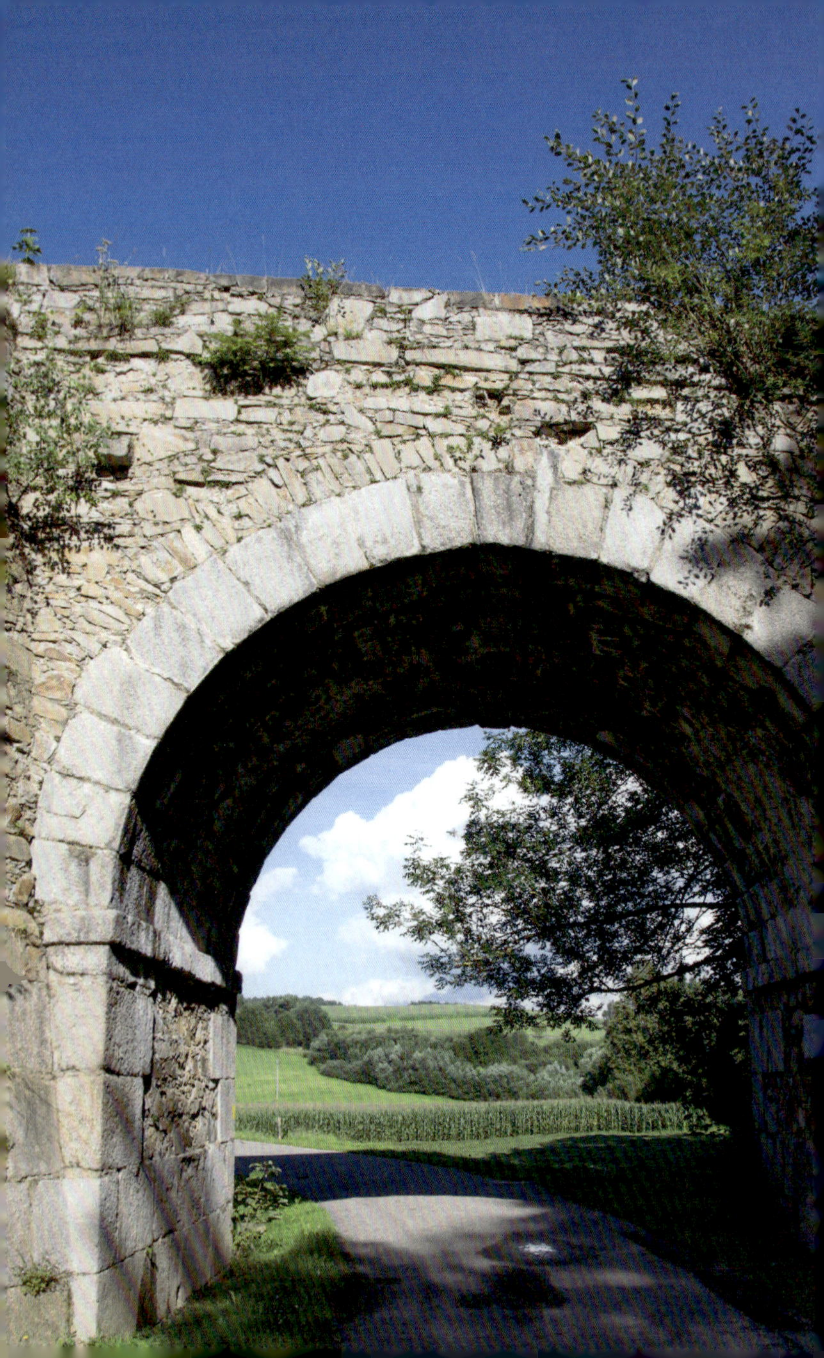

Braunberg, wobei wir zu Letzterem wandern wollen. An einem alten Bildstock vorbei erreichen wir das schön gelegene Waldburg mit seinen drei spätgotischen Flügelaltären in der Kirche [N48° 30.500', E14° 26.390']. Am östlichen Ortsausgang zweigen wir von der Hauptstraße links ab (schöne Aussicht nach Osten), gehen bergab zur Bachmühle und stehen bald vor dem Viadukt der Pferdeeisenbahn, das den Kronbach und die alte Straße in zwei Bögen überspannt. Die 1832 eröffnete, auf Holzschienen geführte Pferdeeisenbahn Linz–Budweis war die erste Bahnverbindung auf dem europäischen Kontinent. Der gelb markierte Pferdeeisenbahnweg kreuzt hier den NWKW.

Kronbachbrücke der Pferdeeisenbahn;
Ausblick von Waldburg

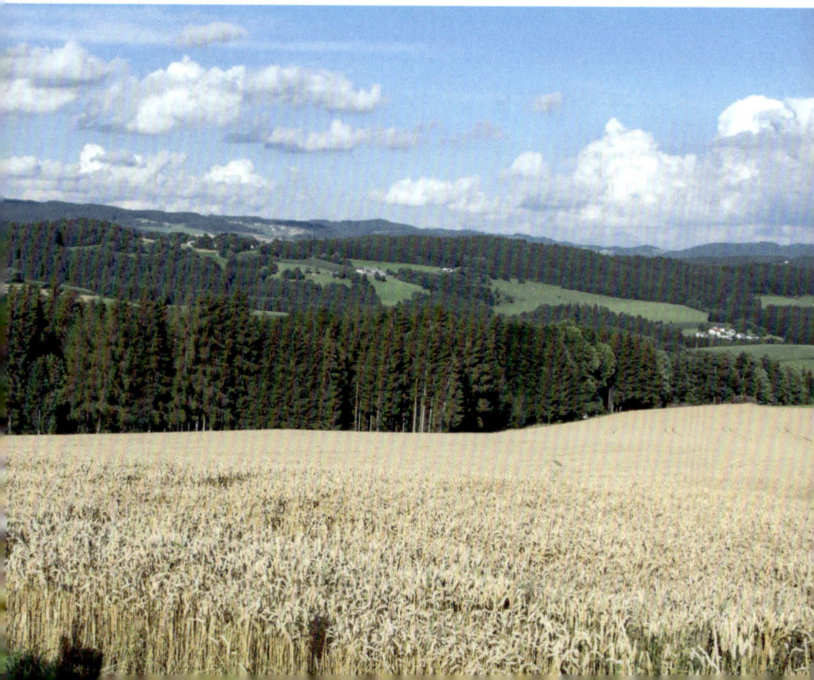

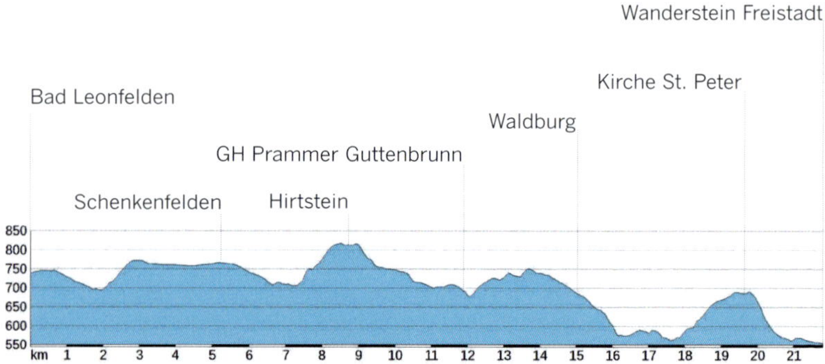

Dieser führt durch ein Viadukt weiter bergauf zur Sternwald-Bundesstraße B38 von Bad Leonfelden nach Freistadt. Jetzt folgt der gefährlichste Abschnitt des NWKWs entlang der B38 ohne Gehsteig: die Querung der Bahnstrecke Freistadt–Summerau. Die Ansuchen des Alpenvereins bei der oberösterreichischen Landesstraßenverwaltung auf Errichtung eines Gehsteigs auf diesen 250 Metern wurden bisher immer abgewiesen.

Nach der Überquerung wandert man am Lengauergut vorbei zur Brücke über den Jaunitzbach beim Fischteich und zur alten Reichenthaler Straße. Diese wird ebenfalls überquert, es geht auf einem Wiesenweg bergauf bis zur Weide. 2010 wurde hier der NWKW zum Steinkellnergut auf den östlichen Weiderand verlegt und so verbüchert. Danach bewegen wir uns ein kleines Stück auf der Straße durch eine neue Siedlung nach St. Peter zur dortigen sehenswerten Kirche. Diese ehemalige gotische Friedhofskirche von Freistadt liegt auf einem Höhenrücken westlich der Stadt.

Von St. Peter aus wandern wir entlang der Kreuzwegstationen steil bergab nach Freistadt zum Wanderstein am Stadtgraben [N48° 30.790, E14° 30.176]. Dabei kommen wir am Nordwaldkammweg-Denkmal [N48° 30.886', E14° 28.935'] zu Ehren des Wegerfinders Dipl.-Ing. Hellmuth Feix, Wegewart und 1. Vorsitzender des Alpenvereins Linz, vorbei. Der Tag lässt sich nach einem Rundgang um die Altstadt mit dem Besuch des Brauhauses der Braucommune Freistadt oder eines Innenstadtgasthauses gut beschließen.

Blick auf Freistadt

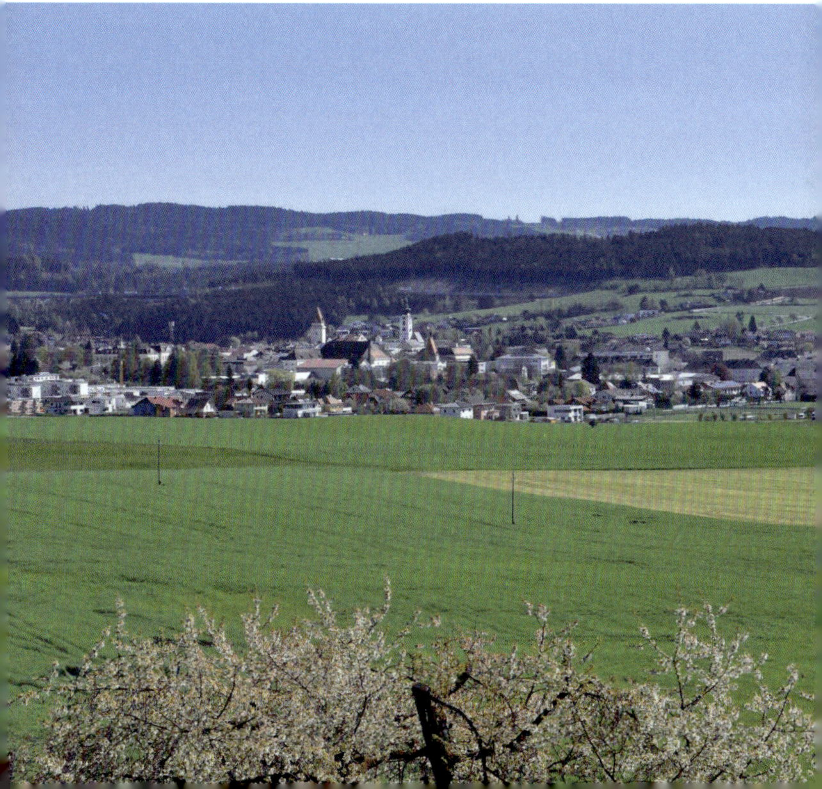

5 Von Freistadt nach Sandl

Tageslänge	26,2 km
Gehzeit	6 Stunden
Höhenmeter	Aufstieg: 823 m, Abstieg: 450 m
Weg	Asphalt, Forstwege
Anfahrt	Nach Freistadt gelangt man per Summerauerbahn oder per Postbus ab Linz und Budweis sehr gut

Die Tagesetappe beginnt in Freistadt beim Wanderstein (in der Nordwestecke des Stadtgrabens nahe dem Scheiblingturm) [N48° 30.790', E14° 30.176]. Man geht den Stadtgraben entlang Richtung Böhmertor nach Osten. Bei der Feldaistbrücke östlich der Liebfrauenkirche gilt es zu entscheiden, ob man über die Zelletau und St. Oswald oder über die Alm zum Braunberg wandern möchte (die Strecke über die Zelletau ist 1 km länger).

Wählen wir den Weg über die Zelletau, folgen wir ein kurzes Stück der Oswalderstraße, vorbei an der alten Weißgerberei Böck – jetzt Kulturzentrum –, gehen dann bei der ersten Rechtskurve geradeaus und auf der alten Straße steil bergauf weiter.

Wo die alte Straße die neue wieder trifft, stehen zur rechten Hand eine Kapelle und daneben ein sehenswerter Bildstock. Hier wurde im Zuge des S10-Schnellstraßenbaus der NWKW neu trassiert. Es gibt jetzt entlang der Oswalderstraße links einen Gehsteig, der oberhalb des S10-Tunnels nach links zum Forsthaus und zum FLAPS Fit- und Laufweg in der Zelletau abzweigt. Wir gehen der Markierung nach, die Zelletau entlang durch Wälder und Wiesen bis zur Ortschaft Reikersdorf (Kreuzung mit Ortsmarkierung O5). Der Weg führt nun zum Modlbauern bzw. auf

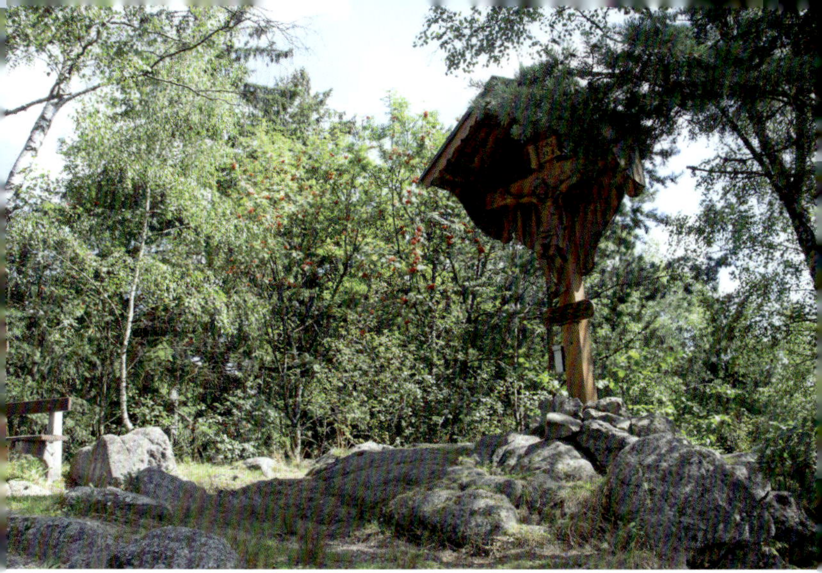

Braunberg Ostgipfel

der Straße nach Etzelsdorf. Vor dem Modlbauern führt die Straße bergwärts zum Jugendgästehaus Rannahof der Naturfreunde. Auf dem weiteren Weg sehen wir St. Oswald vor uns und sind dem Braunberg schon ganz nahe.

Von St. Oswald folgen wir der Kammweg-Markierung, vorbei an der spätgotischen Kirche, zuerst leicht, dann an der Schattseite des Braunbergs stärker ansteigend (im Winter gutes Skigelände), über Unter- und Oberreitern zur Braunberghütte – von Freistadt sind es 11 km. Dabei genießen wir den schönen Ausblick auf St. Oswald, das Tal der Feistritz gegen Florenthein, Lasberg, den Hussenstein und den Viehberg.

Am Braunberg bietet sich gegen Süden eine prachtvolle Aussicht auf die Alpenkette (Großer Priel, Totes Gebirge).

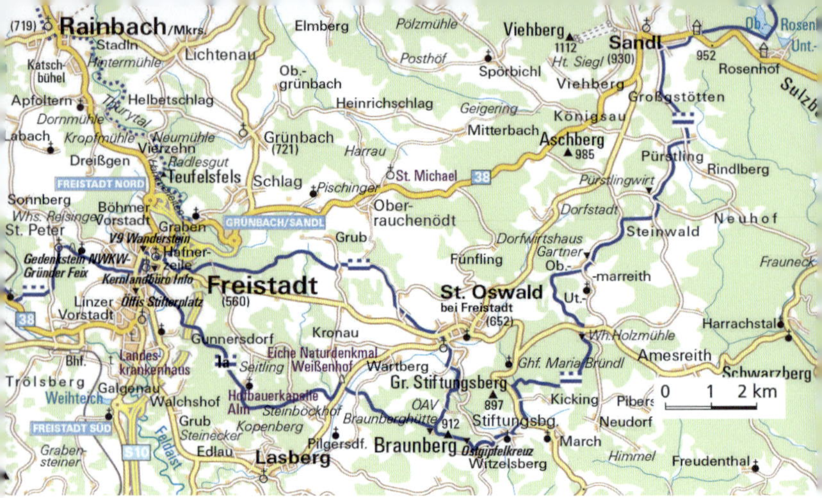

Die Braunberghütte der AV-Sektion Freistadt (902 m) [N48° 28.815', E14° 35.070'] liegt auf der Südkuppe des Braunbergs auf 902 m Seehöhe. Sie ist in der Zeit vom 1. April bis 30. Oktober bewirtschaftet, Montag ist Ruhetag. Die Hütte ist das einzige Schutzhaus des Alpenvereins im Unteren Mühlviertel und seit mehr als 80 Jahren eine Herberge. Sie bietet dem Wanderer eine bequeme Nächtigungsmöglichkeit, es stehen 30 Schlafplätze in Mehrbettzimmern und einem Matratzenlager zur Verfügung, für gute Verpflegung in der neuen, gemütlichen Gaststube ist gesorgt. Die Hütte ist mit Fließwasser, elektrischer Beleuchtung, freiem WiFi, Einzeldusche und modernen WC-Anlagen sowie Behinderten-WC ausgestattet.

Von der Braunberghütte kann man auf einem blau markierten Weg nach ungefähr 2 Stunden Gehzeit den Ort Kefermarkt erreichen, in dessen Kirche sich der weltberühmte gotische Flügelaltar befindet, und in etwa 1 ½ Stunden den Buchberg oberhalb von Lasberg mit dem neuen

Buchberghaus. Hier kreuzt sich der NWKW mit dem von den Naturfreunden betreuten Weg Nr. 170 Karlstift–Mauthausen.

Variante NWKW Ia über die Alm (Alternative)

Bei der Feldaistbrücke in Freistadt besteht als Wegalternative, der Feldaist talwärts bis zur Dachdeckerei Nowak zu folgen und dann bergauf durch die Siedlung Manzenreith zum Bauernhaus Gänsecker zu wandern. Dort sieht man schon die Galerie der S10-Umfahrung vor sich, die rechts überschritten wird. Nach dem Bauernhaus Brandstätter geht es in den Wald zur Alm. Die Hofbauernkapelle auf der kürzesten Verbindung zwischen der Marktgemeinde Lasberg und Gunnersdorf ist einen Blick wert, ehe es nach Haugenödt hinuntergeht (Lochstein am Weg gleich danach). Die Straße zum Steinbruch Lasberg wird beim Abwärtsgehen gequert. Beim Transformator (574 m) erreichen wir die Straße Lasberg–St. Oswald, der wir bis zum Naturdenkmal Weißeneiche, einer am Straßenrand allein stehenden alten Eiche, die zum Weißenhof in Kronau

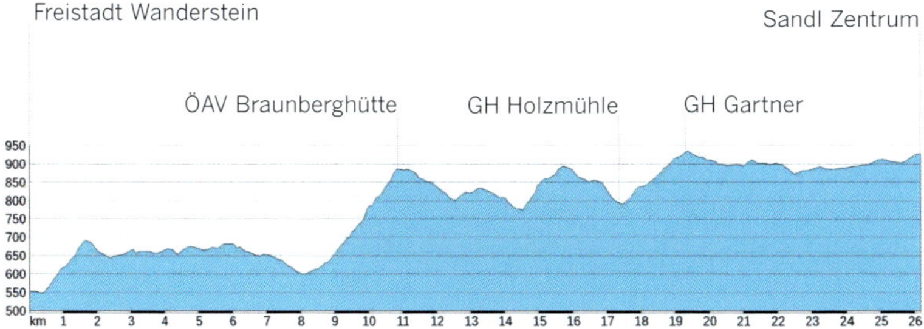

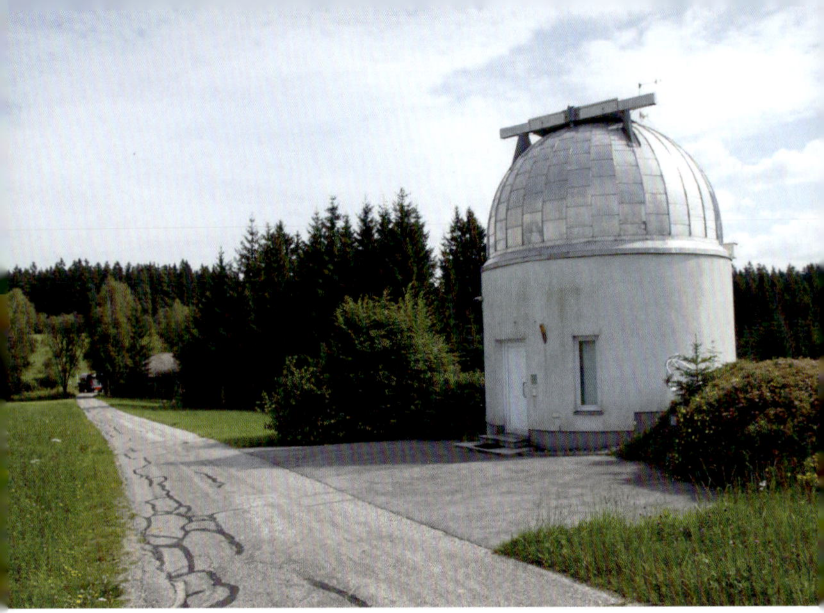

Sternwarte Freiwald in der Lambartsau

gehört [N48° 29.250', E14° 37.730'], folgen, ehe es wieder nach Südosten geht. Nach mehr als 300 hm ist bei einer keltischen Opferschale (vorchristlicher Kraftplatz bei N48° 28.825', E14° 35.004') die Braunberghütte fast erreicht, von Freistadt sind es 10 km.

Weiter am NWKW

Der NWKW führt von der Braunberghütte weiter in östlicher Richtung zum Braunberg-Ostgipfel und dann steil bergab durch ein Waldstück in das Dorf Witzelsberg (Parkplatz der Braunberghütte). Von dort folgt der NWKW bis Rosenau einem asphaltierten Güterweg, wobei wir in Stiftungsberg rechts abzweigen. Nachdem etwas ansteigend die Straße St. Oswald–March erreicht ist, biegt in Richtung St. Oswald der NWKW nach etwa 100 m in eine kleine bergan führende Straße zum Bauernhaus Haider ab. Von dort gelangt man über Feld- und Wiesenwege sowie nach einem kurzen Waldsteig zum Försterhaus Rosenau. Von Rosenau folgen wir einem schmalen Fahrweg, den wir linkerhand bald verlassen und auf bequemerem Weg (Waldweg) der Holzmühle zusteuern. Beim Gasthaus in der Holzmühle überqueren wir die Straße und gelangen, vorbei an einem Wildgatter, mehreren Bauernhöfen und einem neuen Gedenkkreuz, hinauf nach Obermarreith. Die Ortschaft, die 950 m hoch liegt, wird durchwandert, beim Feuerwehrdepot zweigen wir links auf einen kurzen Wiesenweg ab, der uns auf einer Hochfläche zum ehemaligen Gasthaus Pürstling bringt. In der Folge überqueren wir auf der Fahrstraße den Kollerbach bzw. die Harbe Aist, wandern auf der Fahrstraße zwischen Feldern und Wiesen über ein Hochmoor und gelangen in die Lambartsau. Dort nimmt uns ein Hochwald auf und nach einer bequemen Wanderung erreichen wir das Forsthaus Lambartsau. Wir gehen auf dem Güterweg weiter und bald sehen wir den Kirchturm von Sandl – unser Tagesziel.

Leider besteht der Abschnitt von Holzmühle bis Sandl praktisch nur aus Asphaltstraßen, es wird daher empfohlen, ab Pürstling den Weg S8 über die Sternwarte zu benutzen.

6 Von Sandl zum Nebelstein

Tageslänge	25,3 km
Gehzeit	5 ½ Stunden
Höhenmeter	Aufstieg: 433 m, Abstieg: 369 m
Weg	Asphaltstraßen, Forststraßen, Wald-/Wiesenweg, Fahrweg
Anfahrt	per Auto auf der Böhmerwaldstraße B38 mit ausreichend Parkplätzen beim Viehberglift. Bus ab Linz über Freistadt oder ab Gmünd über Karlstift

Der NWKW führt uns von Sandl ca. 1 km ostwärts Richtung Rosenhofer Teiche. Er wurde wegen des starken Verkehrsaufkommens auf der B38 von der Hauptstraße auf einen südlichen Nebenweg verlegt. Wo dann der Wald beginnt (links das Forsthaus Czernin-Kinsky) und die Böhmerwald Bundesstraße B38 eine Rechtskurve macht, zweigen wir ab und folgen geradeaus einer für den öffentlichen Verkehr nicht zugelassenen Forststraße über den Hengstberg. Vor dem Schloss Rosenhof – eines der größten neuzeitlichen Mühlviertler Schlösser mit dem charakteristisch auf drei Seiten umbauten Hof – wurde der NWKW von der Kinsky'schen Forstverwaltung 2015 etwas nach Süden verlegt, weil die wunderschöne Kastanienallee sehr gefährlich hinsichtlich abbrechender Äste geworden war. Am östlichen Ende der Kastanienallee wenden wir uns der Forststraße links zu, die zu den Rosenhofer Teichen führt. Nach ungefähr ½ km kommen wir links der Straße zum großen oberen Teich (Baden verboten!), etwas abseits liegt auf der rechten Seite der Straße der kleine oder untere Rosenhoferteich (Bademöglichkeit, Weg S2 als Zugang benutzen). Wir nähern uns immer mehr der tschechischen

Staatsgrenze und damit dem Verbindungsweg V11 nach Pavlína/Paulina und der empfehlenswerten Besteigung des Kamenec (1 072 m) in Tschechien.

Geht man von der Rechtskurve des NWKWs [Quote 986, N 48° 34.870', E 14° 40.382'] einige Meter den Weg S10 nach Westen, steht man vor einem hohen Zaun, der aber rechts einen Fußgängerdurchgang hat, sodass man den Weg dahinter (S10) weitergehen kann. Diesem Weg folgt man rund 300 m bis zum nächsten querenden hohen Zaun. Er wird nicht durchstiegen (wäre der S10), sondern es wird rechts entlang des Zaunes 100 m zur dort startenden grünen KČT-Markierung gegangen, die über den Kamenec nach Pohoří na Šumavě/Buchers oder auf der anderen Seite nach Pavlína/Paulina zum NWKW II führt (V11). Diesen grün markierten Weg kann man auch für einen Abstecher zum Kamenec (1 072 m) nutzen.

Schloss Rosenhof bei Sandl

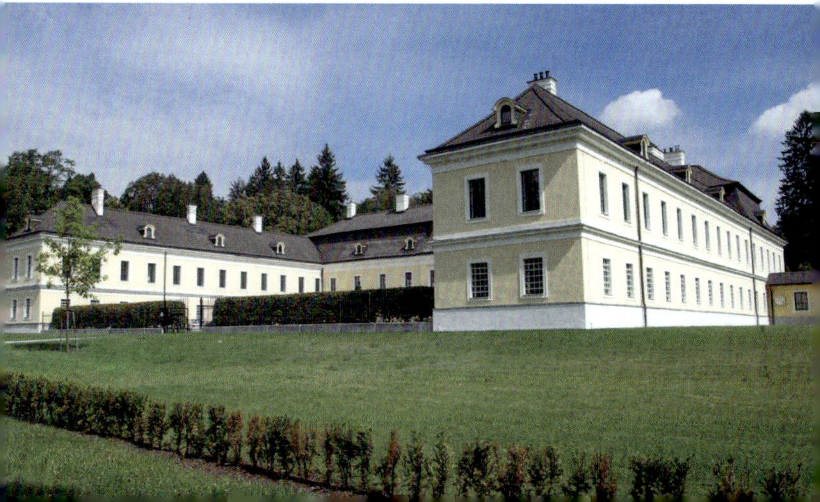

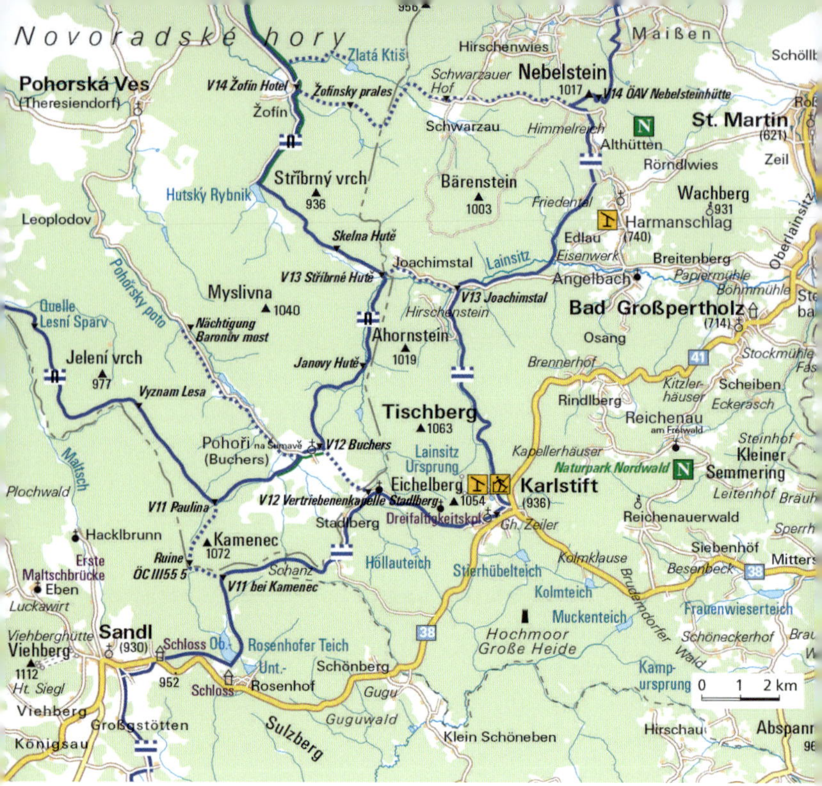

Weiter am NWKW

Bei der Quote 986 wechselt der NWKW die Wegrichtung von Nord auf Ost und man kommt bald zu einer Weggabelung der Forststraße. Dort sollte man nicht der rechten Forststraße folgen, sondern den Durchstieg durch den hohen Zaun nehmen und in Grenznähe bleiben! Auf dieser Forststraße, die wechselnd durch Wald und Wiesen führt, erreichen wir jene Stelle, auf der einst das Wirtshaus „Auf der Schanz“ stand (Schanzberg 1004 m). Interessant ist der Gedenkstein, der an der Grenze Oberösterreich–Niederösterreich steht.

Wir kommen schließlich an einzelnen Bauernhäusern vorbei und erreichen nach einer Stunde Gehzeit von der Schanz weg Stadlberg mit seiner Vertriebenenkapelle. In dieser alten Streusiedlung unmittelbar an der Grenze zu Tschechien bestanden früher eine einklassige Volksschule und ein Zollhaus.

An dieser Stelle ist es jetzt auch mit dem Auto möglich, zum NWKW II nach Pohoří na Šumavě/Buchers zu wechseln (V12). Früher wurde dieser Grenzübergang nur am 15. August zu Maria Himmelfahrt für die Prozessionen von Österreich zur Kirche nach Pohoří na Šumavě/Buchers geöffnet.

Um das nächste Wanderziel, Karlstift, von Stadlberg aus zu erreichen, folgen wir der Kammwegmarkierung auf der

Dreifaltigkeitskapelle am Eichelberg

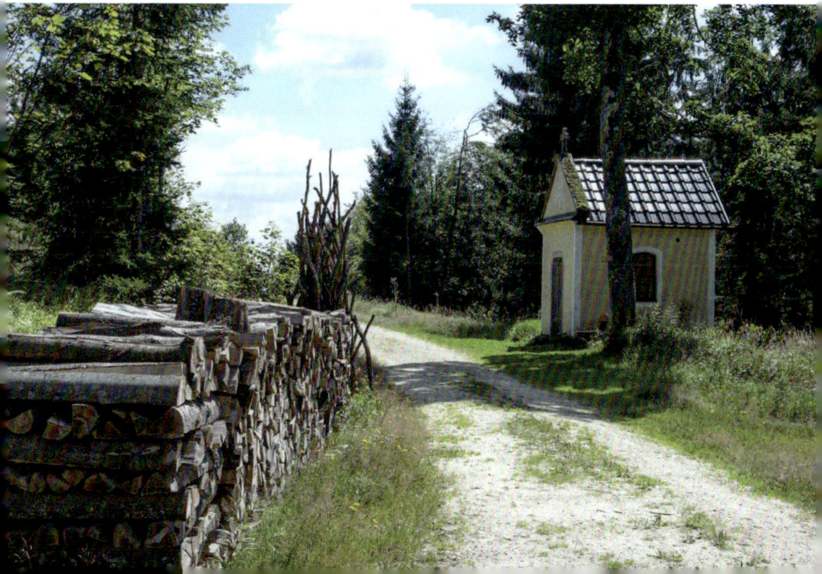

Bezirksstraße, die von Pohoří na Šumavě/Buchers kommt, und gehen vorbei am aufgelassenen Zollhaus bis zum ehemaligen Forsthaus (Jagahäusl). Hier verlassen wir die Bezirksstraße, queren die Landstraße Christianaberg–Karlstift und gehen geradeaus, der Trasse der Lichtleitung in der Falllinie folgend, bergan, vorbei an der Dreifaltigkeits-Kapelle und am Gemeindewasserwerk. In diesem Bereich bietet sich ein schöner Ausblick auf Karlstift, die Liebenau und die oberösterreichischen Grenzberge. Die Gehzeit von Stadlberg bis Karlstift beträgt 1 ½ Stunden. In Karlstift mündet der NWKW in den Nord-Süd-Weitwanderweg ein und läuft unter der AV-Nr. 605 zum Nebelstein weiter. Gleichzeitig beginnt hier auch der Hauptwanderweg Nr. 170, der ein Stück auf dem Nord-Süd-Weitwanderweg verläuft.

Auf dem NWKW gehen wir parallel links neben der Hauptstraße in die Sattelsenke und biegen rechtwinkelig nach links ab in eine Forststraße (Schranken). Am Waldrand kommen wir an einem Forsthaus vorbei und wenden uns jetzt in das Einsiedeltal abwärts. Dem Einsiedelbach folgen wir auf einer Forststraße bergab bis kurz vor seiner Mündung in die Lainsitz/Lužnice bei Hirschenstein-Joachimsthal. Nach links

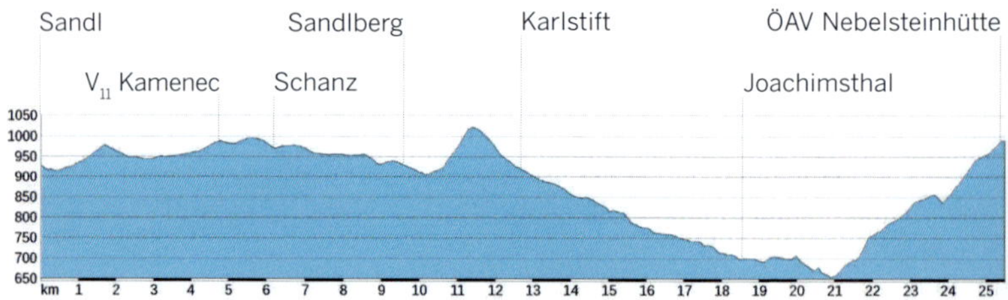

beginnt entlang der Lainsitz/Lužnice der Verbindungsweg V13 nach Stříbrné Hutě/Silberberg am NWKW II. Wir gehen nun von Joachimsthal rechts, den Waldrand entlang, bis zur Bezirksstraße und auf dieser etwa 1 km bis zur Abzweigung in den Wald (Pfeil nach links). Ein Fußweg führt hier zu einer Überquerung der Lainsitz/Lužnice. Wir folgen der Lainsitz/Lužnice bis zum ehemaligen Eisenwerk. Dieses (Gießerei und Hammerwerk) war eine Zweckeinrichtung zur Verwertung des Holzes, gehörte dem Schlossbesitzer von Weitra, Fürst Fürstenberg, und wurde 1870 aufgelassen. Kurz nach dem ehemaligen Eisenwerk weist uns eine Markierungstafel nach links. An einem Haus vorbei geht es bergan, bei einem zweiten Haus überqueren wir eine Brücke und wandern rechts auf einem schmalen Weg durch den Wald über eine Waldblöße. Vor uns liegt das Friedental mit drei Häusern.

Der NWKW führt uns wieder in den Wald. Nach einer Viertelstunde kommen wir über einen Höhenrücken und sehen die Häuser von Althütten vor uns. Der Name Althütten stammt von einer ehemaligen Glashütte. Links darüber sehen wir unser Ziel, den Nebelstein. Wir benützen etwa 300 m die Asphaltstraße, gehen bergan, zweigen links ab und kommen am Himmelreich vorbei. Dieser Name stammt vermutlich von der schönen Aussicht. Nach kurzem, steilem Weg gelangen wir zum Parkplatz der Nebelsteinhütte.

Der Aufstieg zur Nebelsteinhütte dauert 10 Minuten. Diese Hütte, von der ÖAV-Sektion Waldviertel 1947 erbaut, liegt etwas unterhalb des Gipfels. Sie hat fünf modern eingerichtete Schlafzimmer für 14 Personen und zwei Matratzenlager mit zusammen 35 Schlafplätzen. Zum Aufenthalt stehen ein Tagesraum und eine Terrasse zur Verfügung. Für Speisen und Getränke ist gesorgt. Bei größeren Gruppen ist eine Voranmeldung zu empfehlen. Der Nebelsteingipfel (1 015 m) bietet einen weitreichenden Rundblick ins obere Waldviertel mit den Orten Harbach, Weitra, Gmünd und Schrems sowie nach Gratzen in Tschechien (Nové Hrady) mit seinen Teichen, weiters zum Mandlstein, Manhartsberg, und bei recht guter Sicht weitet sich der Blick bis zum Schöpfl, Ötscher, Hochschwab, Gesäuse usw. Den Gipfel zieren ein großes Holzkreuz und ein Kriegerdenkmal für die Gefallenen der umliegenden Orte.

Wieder besteht eine Verbindungsmöglichkeit zum NWKW II (V14), diesmal mit 6,9 km etwas länger als die anderen Verbindungen, aber landschaftlich recht interessant: Über den Schwarzauerhof (814 m) wird die Grenze nach Tschechien erreicht (neuer Radweg, bitte die Benützungszeiten beachten!) und dann der Urwald Žofín/Sophienwald.

ÖAV-Nebelsteinhütte der Sektion Waldviertel

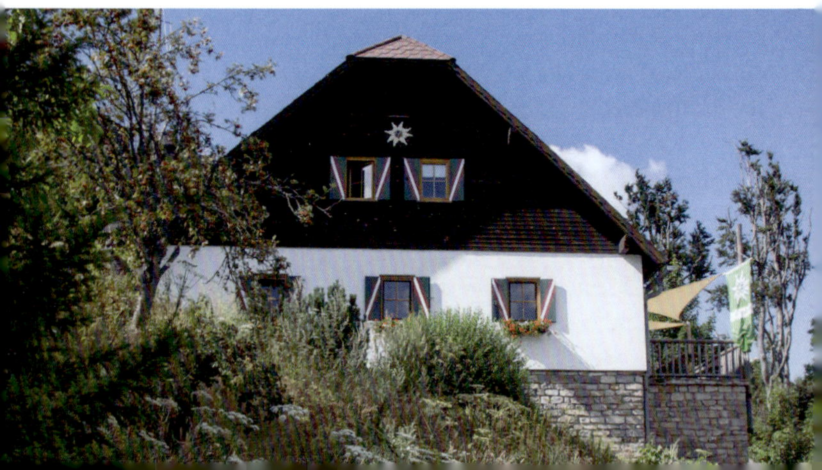

Vom Nebelstein nach Nové Hrady

Tageslänge	19,2 km
Gehzeit	5 Stunden
Höhenmeter	Aufstieg: 302 m, Abstieg: 751 m
Weg	Steig, Asphaltstraße, Weg, geschotterter Fahrweg
Anfahrt	nur mit PKW, ausreichend Parkplätze

Der klassische NWKW endete am Nebelstein. Dann wurde er von der Sektion Waldviertel bis zum Aussichtsplatz Mandelstein (874 m) erweitert, ehe er 2007 im Zuge des aus EU-Mitteln geförderten Interregprojektes IIIA „Wegherstellung und Wandererinfo NWKW/Šumavská hřebenová cesta“ von der Sektion Waldviertel bis Pyhrabruck verlängert wurde. In Zusammenarbeit mit dem Club der tschechischen Touristiker entstand dann der NWKW II als Rückweg durch das grüne Band mit der Variante III über den alten Ausgangsort des Kammweges in Rosenberg an der Moldau.

Von der Nebelsteinhütte (1 000 m) [N48° 40.373', E14° 46.730'] führt der Steig nach Osten steil bergab, die Markierung der Loipe rund um den Nebelstein querend, nach Sagberg (850 m) und dann entlang des Hirschenwiesenbaches über Holzmühle nach Harbach (683 m), bekannt durch seine Kuranstalt, die wir links vom Weg auf einer Anhöhe sehen. Vor uns erblicken wir bereits den Mandelstein, nach links ginge die Fahrstraße nach Tschechien über Šejby nach Dobrá voda (Verbindungweg V15) weg. Bei der Höhenquote 719 dürfen wir endlich wieder die Asphaltstraße verlassen und durch den Wald zum Mandelstein aufsteigen. Planen Sie unbedingt einige Zeit ein, um

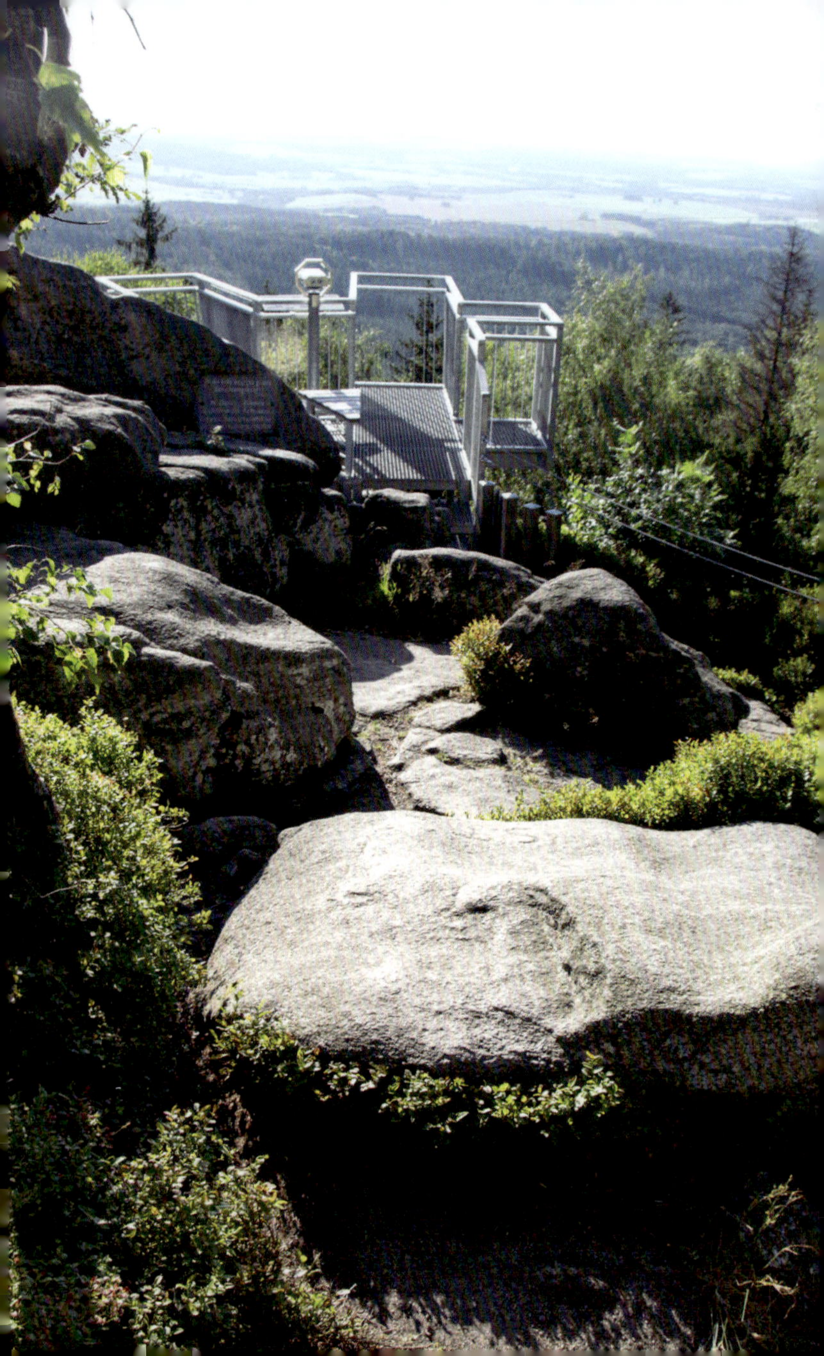

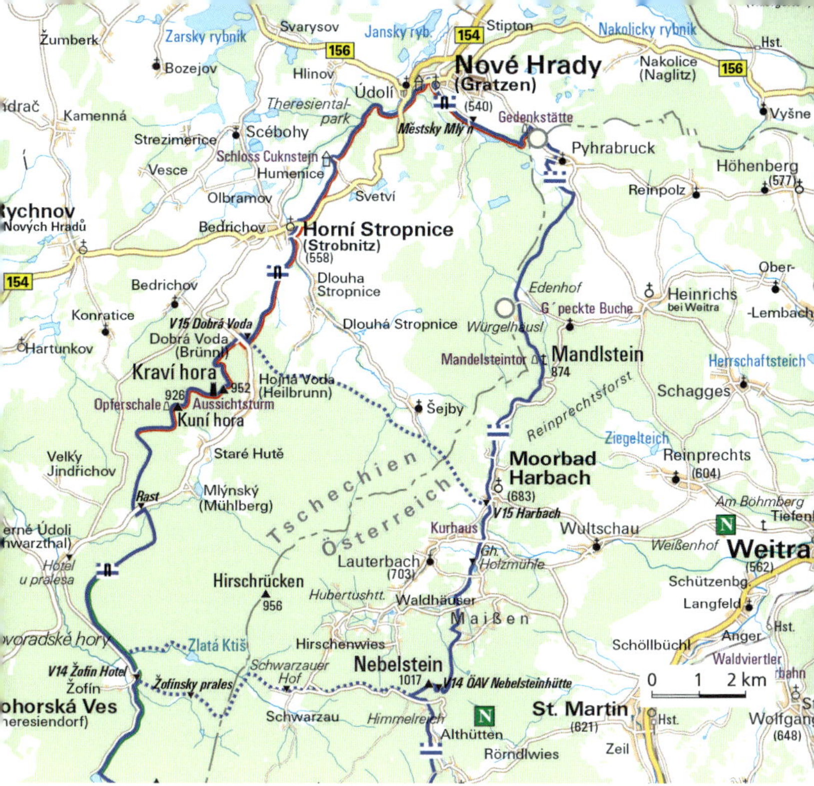

das Mandelsteintor zu erforschen (rote Markierung 8 Minuten rund um den Gipfel) und von der neuen Aussichtsplattform die Gegend ringsum zu bestaunen!

Vom Mandelstein geht es immer hart an der Grenze bergab durch den Wald zu den Würgelhäusern und vorbei an einer Mühle auf dem Radweg 1048 nach Pyhrabruck (543 m). Bei Pyhrabruck wird erstmals die Grenze nach Tschechien überschritten, wir haben somit den nördlichsten Punkt des NWKWs erreicht. Gmünd wäre nicht weit entfernt mit den sehenswerten Sgraffitohäusern und dem alten Rathaus

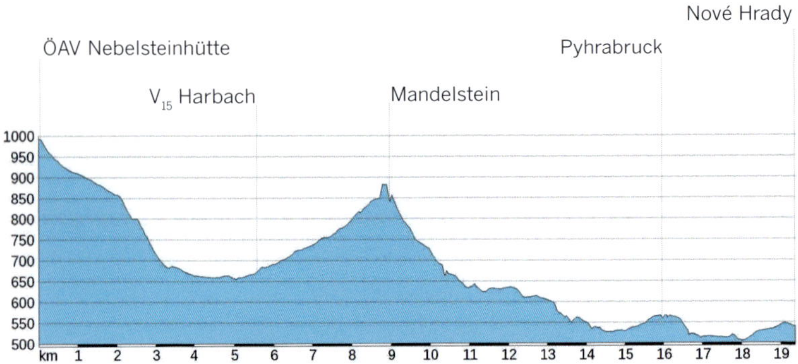

aus dem 16. Jahrhundert sowie der berühmten Blockheide. Es ist auch nicht weit in das Grüne Band, welches wir hier erstmals kennenlernen können, sowie in die alte südböhmische Stadt Nové Hrady (3,5 km). Von hier aus sieht man auch schon das nächste Zielgebiet, Novohradské hory, das Gratzener Bergland.

Gleich an der Grenzstation Pyhrabruck erinnern auf tschechischer Seite ein Mahnmal mit Stacheldrahtverhau und eine Ausstellung an den Eisernen Vorhang – Muzeum Skanzen ochrany státní hranice a železné opony [N48° 41.078', E14° 40.800']. Wir folgen dem spärlich rot markierten Panzerweg nach Süden, bis er steil bergab geht. Ziemlich am Ende des Gefälles heißt es aufpassen! Recht unscheinbar zweigt nach rechts die rote Markierung ab [N48° 46.650', E14° 48.349'] in einen Fahrweg, der uns zum Teich Zevlův führt, einem Anglerparadies. Umfassend renoviert wurde die Mühle Městský Mlýn [Orientierungspunkt N48° 46.945', E14° 47.389'], von der es nicht mehr weit ist bis zum Busbahnhof und zum Schloss Nové Hrady. Der Ort bietet ein paar Möglichkeiten, den 7. Tag – und damit den halben Weg – zu feiern. Danach ist es vielleicht noch interessant, bei einem Abendspaziergang die zehn Holzfiguren/ Dřevěné skulptury, die im Jahre 2006 bei einem internationalen Künstlertreffen entstanden sind, aufzuspüren.

Schloss Nové Hrady

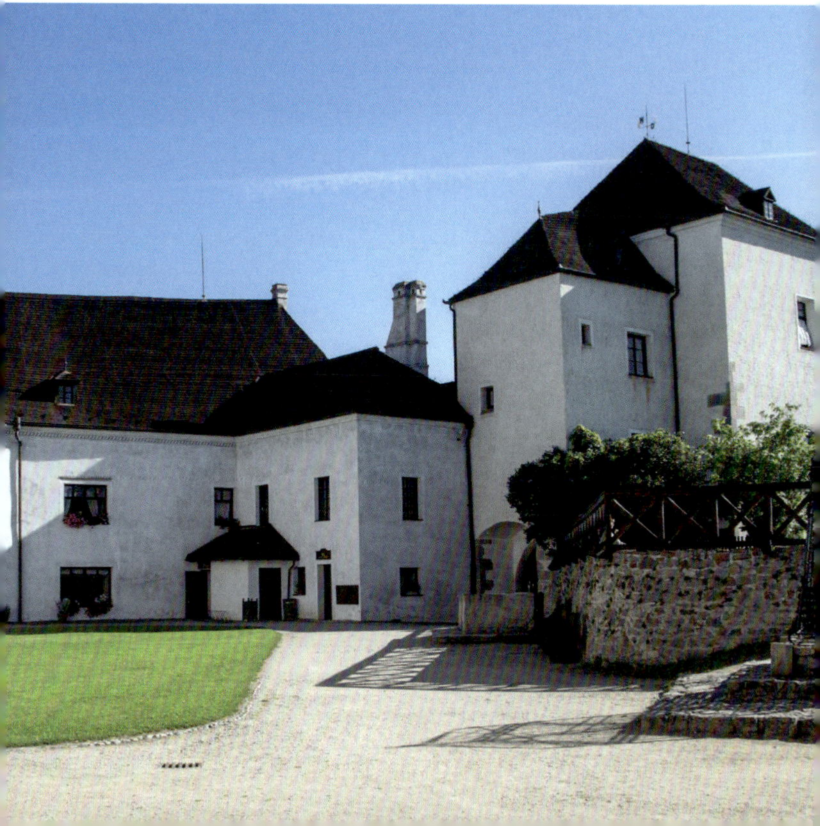

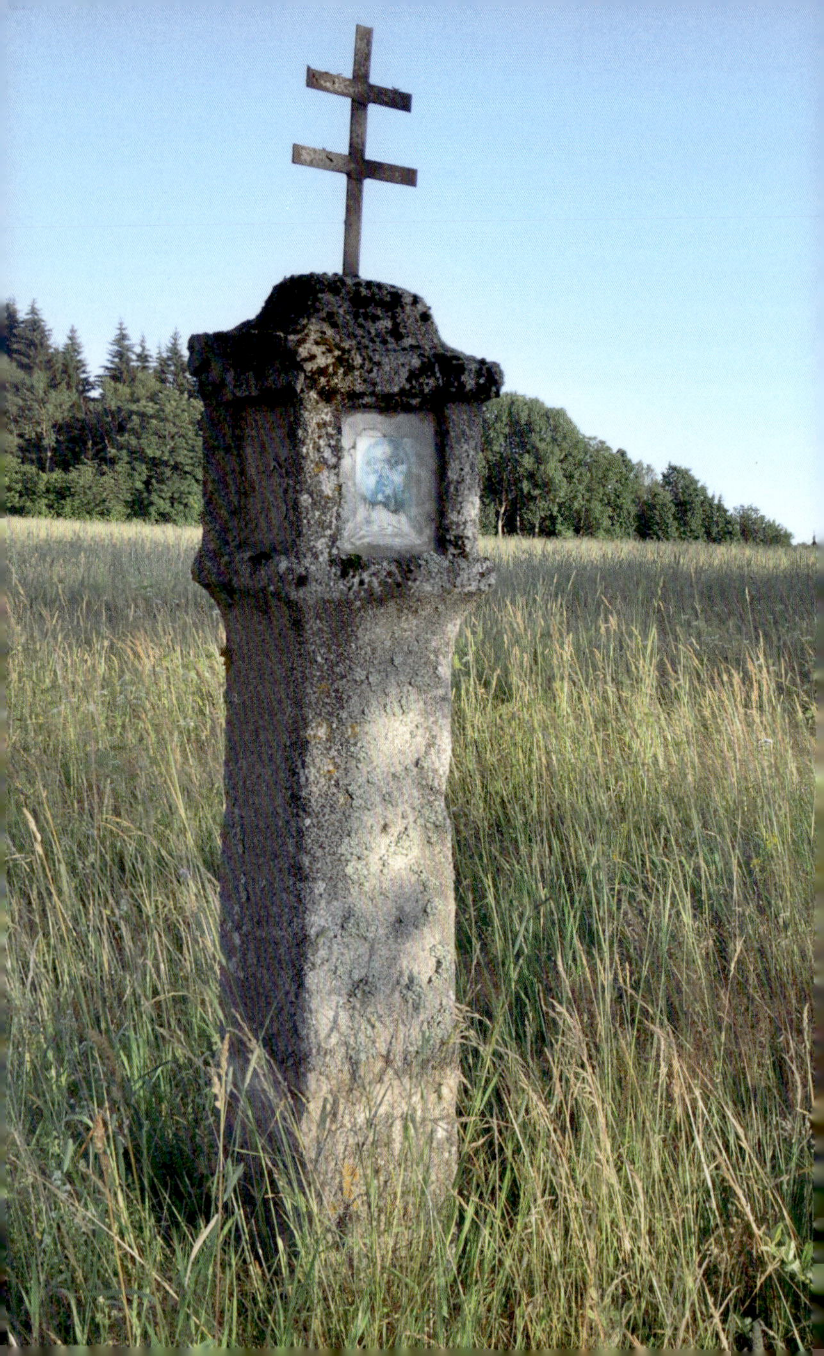

Nordwaldkammweg II

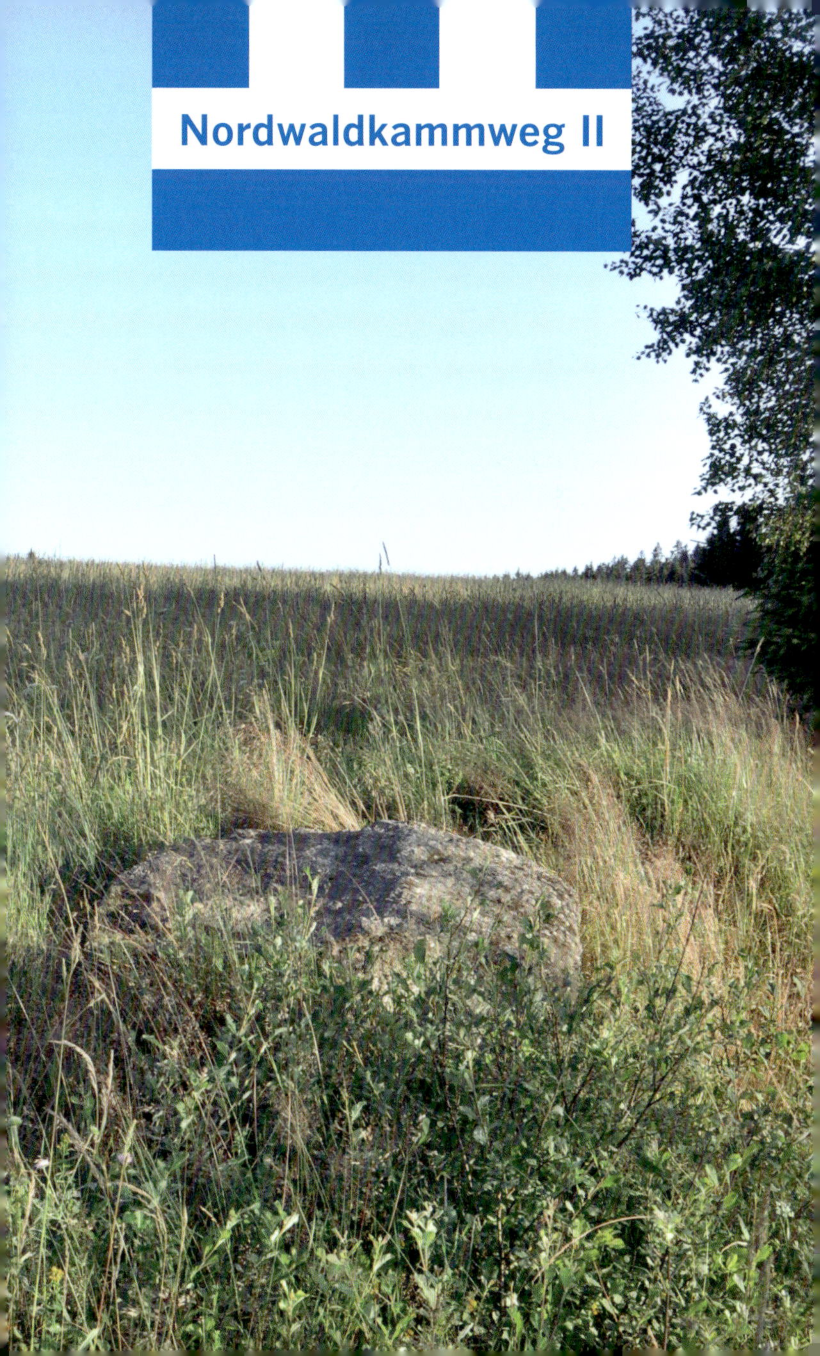

Kurze Wegbeschreibung des NWKWs II

Der klassische NWKW vom Dreisesselberg bis Nebelstein wurde den neuen Gegebenheiten (Fall des Eisernen Vorhangs 1989) angepasst und nach einer langen Planungsphase ab 2003 und Umsetzungsphase ab 2007 im Jahre 2012 durch einen rund 175 km langen Rückweg, der diesseits und jenseits der böhmischen Grenze „pendelt“, feierlich eröffnet (NWKW II). Der NWKW II benutzt fast ausschließlich bereits bestehende Wege, Ziel des Projekts war die Verbindung lokaler Wege zu einer überregionalen Tour.

Dieser Weg verwendet dabei in Tschechien das unbebaute Grenzgebiet („Grünes Band“). In Tschechien und im Bezirk Rohrbach ist er mit lokalen Markierungen versehen, in Österreich und am Abschnitt Deutsch Hörschlag bis Eisenhut in Tschechien mit dem Kammlogo und dem Zusatz „II“. Der klassische NWKW verläuft immer südlich vom NWKW II, der NWKW III nördlich davon.

Der NWKW II beginnt am Grenzübergang Pyhrabruck und führt nach Besuch der alten Stadt Nové Hrady und des Naturdenkmals Theresienpark in das Gratzener Bergland mit den Gipfeln Kraví hora (953 m) und Kuna hora (925 m). Der älteste Urwald Tschechiens (Žofín), Hochwälder, schöne Weiher, Moore sowie keltische Opferschalen liegen am Weg über den Leopoldschlägerberg (879 m) zum Heidenstein (738 m). Die nächsten Gipfel warten mit dem Windpark Sternwald (Hvězdná 1 012 m) und der Ruine Wittinghausen (1 035 m, Vítkův kámen), ehe es als

Abschluss entlang des berühmten Schwemmkanals zum Plöckensteinersee (1 090 m) und über den Aussichtsberg Plöckenstein (1 379 m) zum Dreisesselberg zurückgeht (Hochstein 1 335 m).

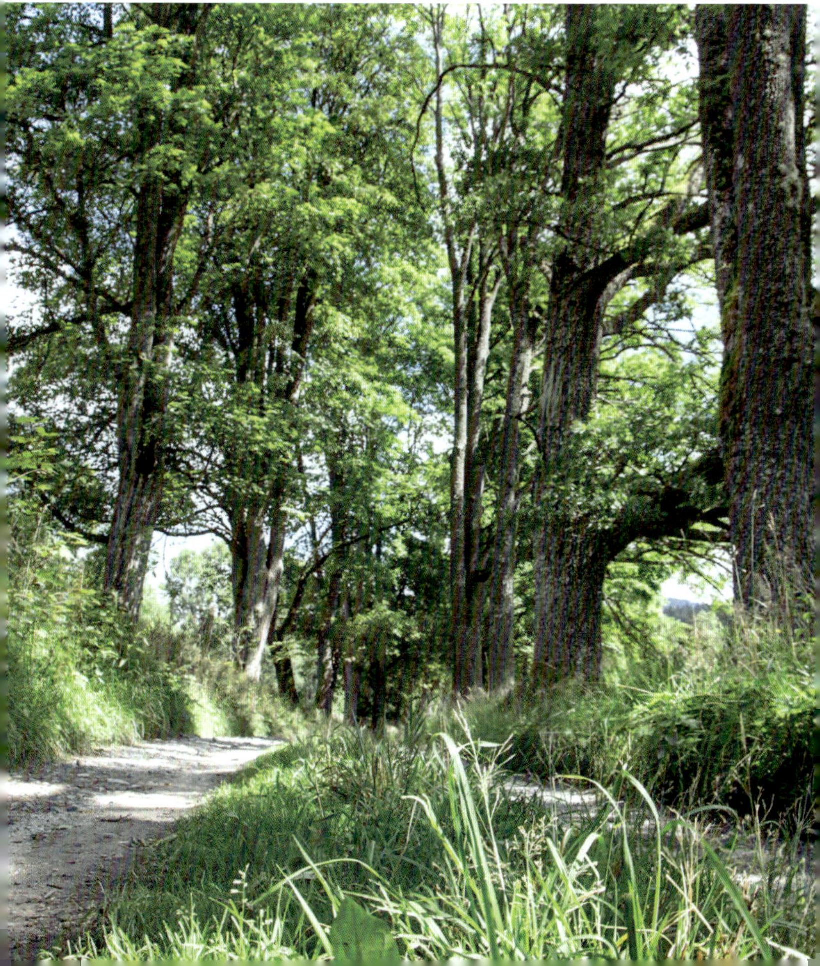

Einteilungsvorschlag NWKW II (173,8 km)

Tour 7	**Pyhrabruck → Nové Hrady 3,2 km**
Tour 8 (22,1 km)	**Nové Hrady → Dobrá voda 9,2 km**
	V_{15} Dobrá voda → Harbach 6,9 km
	Dobrá voda → Žofín 12,9 km
	V_{14} Žofín → Nebelstein 7,9 km
Tour 9 (25,7 km)	**Žofín → Stříbrné Hutě 6 km**
	V_{13} Stříbrné Hutě → Joachimsthal 1,8 km
	Stříbrné Hutě → Pohoří na Šumavě 5,5 km
	V_{12} Pohoří na Šumavě → Stadlberg 1,2 km
	Pohoří na Šumavě → Pavlína/Paulina 5,8 km
	V_{11} Pavlína/Paulina → Schanz 1,8 km
	Pavlína/Paulina → Dolní Přibrání 8,4 km
Tour 10 (25,8 km)	**Dolní Přibrání → Windhaag 10 km**
	Windhaag → Leopoldschlag 8,5 km
	Leopoldschlag → Eisenhut 7,3 km
	V_{10} Eisenhut Grenze → Trojany 5,7 km
	Eisenhut → Český Heršlák 3,1 km
Tour 11 (26,6 km)	**Český Heršlák → Kerschbaum 5 km**
	Kerschbaum → Rainbach 2,6 km
	V_9 Rainbach → Freistadt 10,2 km
	Rainbach → Rading 15,9 km
	V_8 Rading → Bad Leonfelden 5,9 km

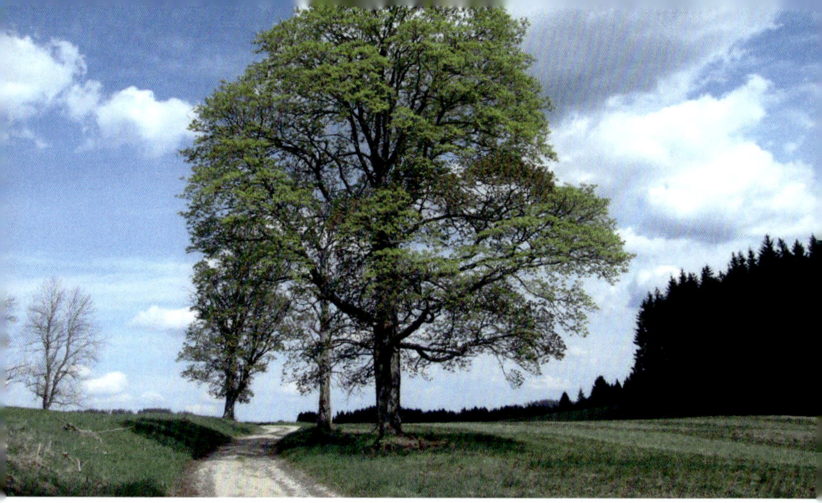

Tour 12 (28,1 km) **Rading → Ablege 4,3 km**
V_7 Ablege → Sternstein 1,3 km
Ablege → Hvězdná 7,4 km
V_6 Hvězdná → Rotes Marterl 0,4 km
Hvězdná → Přední Výtoň 9,7 km
V_5 Přední Výtoň → Guglwald 5,8 km
Přední Výtoň → Svatý Tomáš 6,7 km

Tour 13 (23,7 km) **Svatý Tomáš → Koranda 5,6 km**
V_4 Koranda → St. Oswald 3 km
Koranda → Kyselov 6,7 km
V_3 Kyselov → Oberhaag 5,8 km
Kyselov → Zadní Zvonková 12,1 km
V_2 Zadní Zvonková → Schöneben 3,8 km

Tour 14 (21,8 km) **Zadni Zvonkova → Říjiště 12 km**
V_1 Říjiště → Zollhütte 1,9 km
Říjiště → Hochstein 9,8 km

V = Verbindungsweg NWKW II → NWKW oder NWKW III

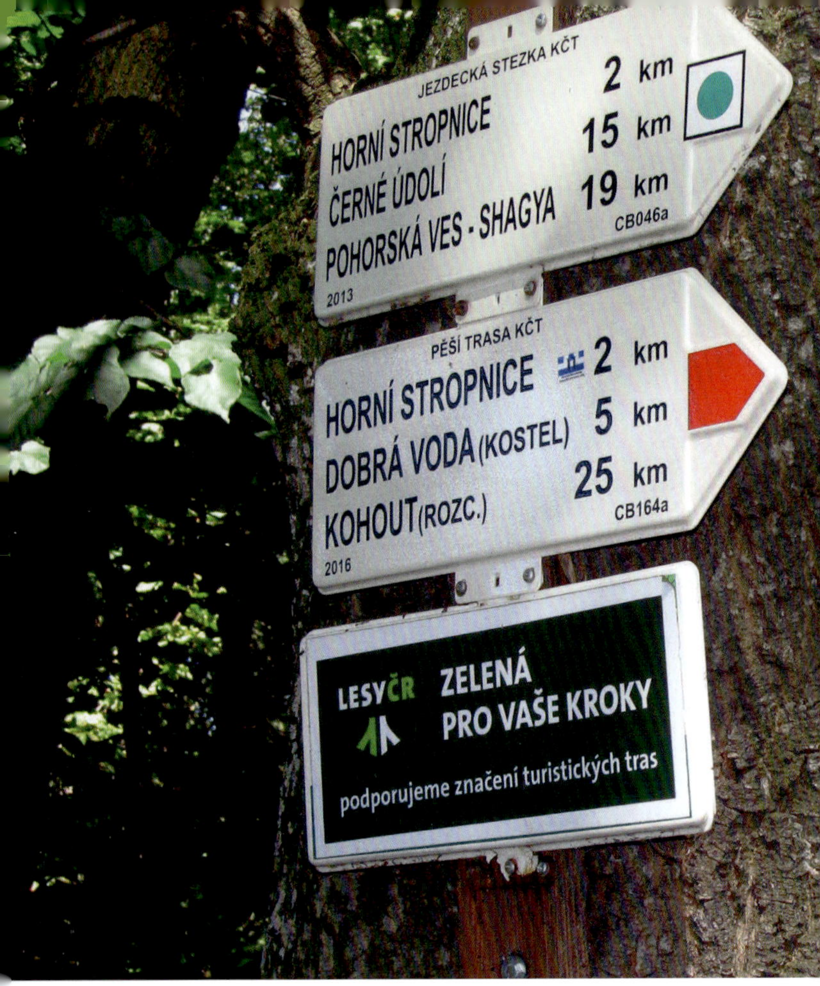
JEZDECKÁ STEZKA KČT
HORNÍ STROPNICE 2 km
ČERNÉ ÚDOLÍ 15 km
POHORSKÁ VES - SHAGYA 19 km
CB046a
2013
PĚŠÍ TRASA KČT
HORNÍ STROPNICE 2 km
DOBRÁ VODA (KOSTEL) 5 km
KOHOUT (ROZC.) 25 km
CB164a
2016
LESY ČR
ZELENÁ PRO VAŠE KROKY
podporujeme značení turistických tras

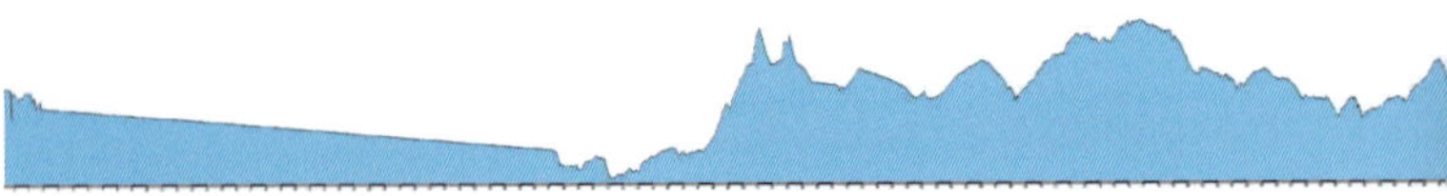

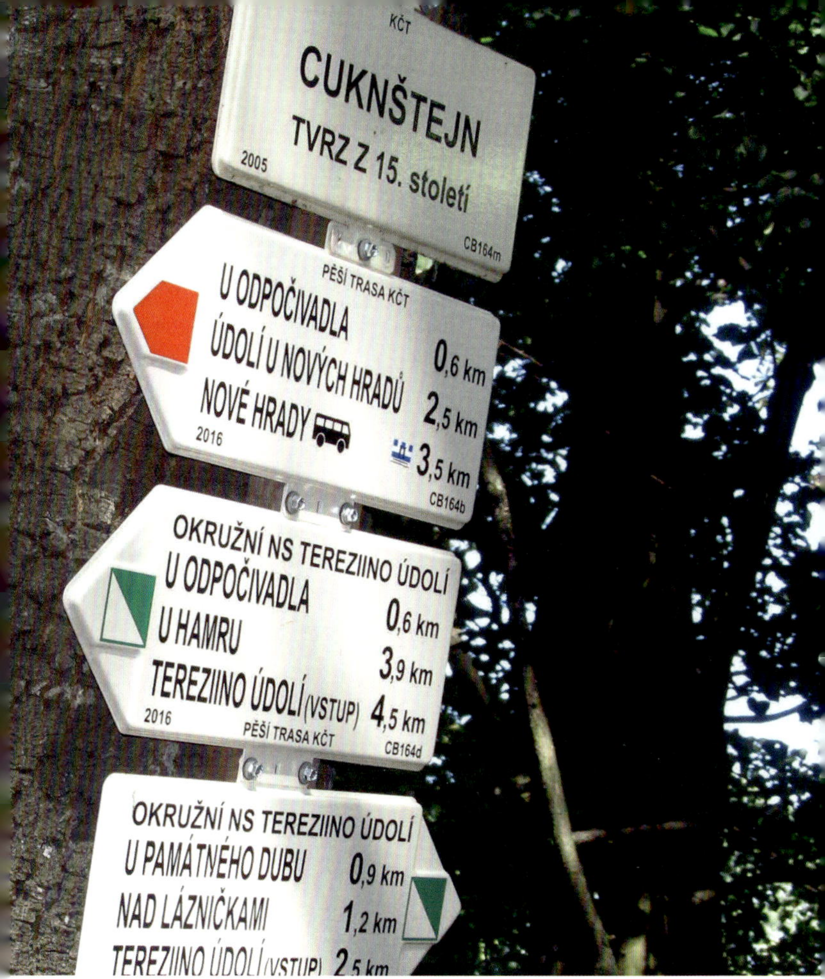

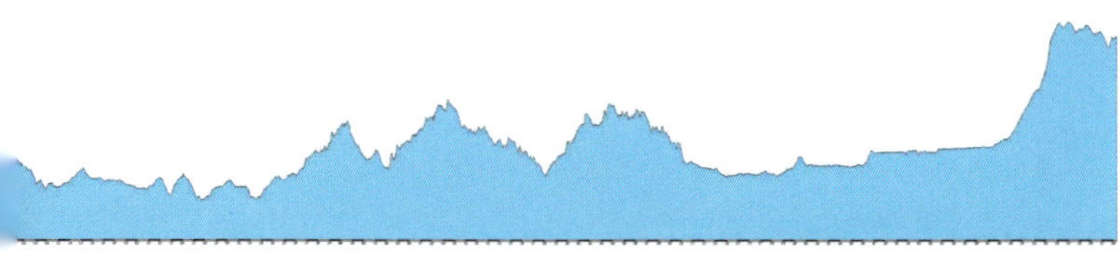

Höhenprofil NWKW II (173,8 km)

8 Von Nové Hrady nach Žofín

Tageslänge	22,1 km
Gehzeit	5 Stunden
Höhenmeter	Aufstieg: 631 m, Abstieg: 441 m
Weg	Asphaltstraßen, Parkweg, Steig, Forststraße
Anfahrt	Parkplatz bei Busstation, nur tschechische Busse!

Nach der Nächtigung in Nové Hrady ist der Ausgangspunkt des Wegs in der Nähe des Hotels May bei [N48° 47.419', E14° 46.888'], der uns auf roter Markierung zum Hauptplatz führt. Hier kann noch schnell auf dem Weg zur Kirche ein Blick in die barocke Apotheke aus dem 17. Jahrhundert geworfen, die Touristeninformation im Rathaus oder die gotische Burg besucht werden, ehe der Weg südlich der Burg auf der roten Markierung steil bergab nach Údolí führt [Orientierungspunkt N48° 47.235', E14° 46.314'].

Jetzt erleben wir einen besonders schönen Abschnitt des NWKWs II, nämlich die Durchquerung des Naturdenkmals Terčino údolí/Theresienthal. Gräfin Therese von Buquoy ließ im 18. Jahrhundert das wildromantische Tal der Strobnitz mit künstlichem Wasserfall, Wenzelsbad mit Kneippanlage, Blauem Haus, Schweizerhaus und anderen Attraktionen umgestalten. Heute ist dieses interessante Beispiel früher Landschaftsarchitektur auf einem Gebiet von rund 140 ha einer der bedeutendsten historischen Parks Tschechiens, auch wenn er in den letzten Jahrhunderten immer wieder von Hochwassern heimgesucht wurde. Bei der in Privatbesitz befindlichen Burg Cuknštejn [Orientierungspunkt bei N48°

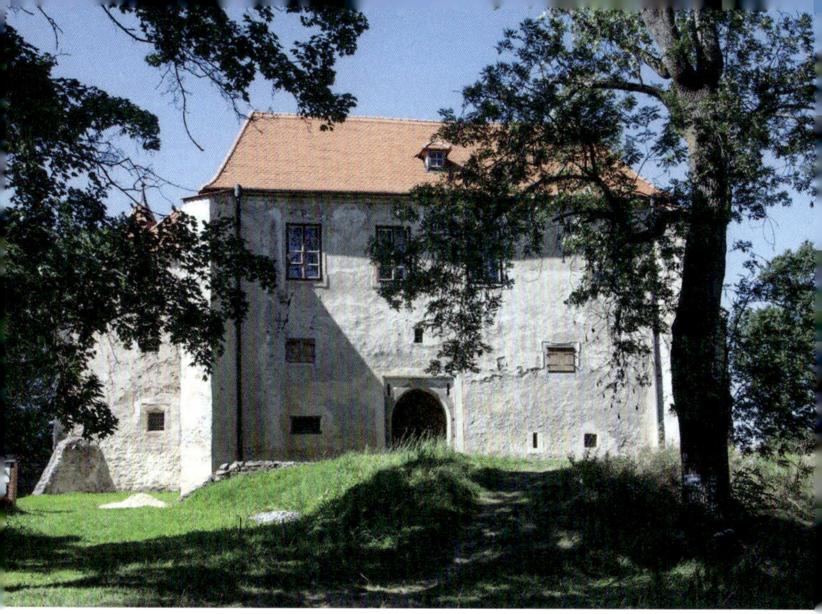

Burg Cuknštejn

46.467'. E 14°.45.091'] verlassen wir am anderen Ende den Naturpark. Eine wunderschöne Allee liegt am Weiterweg vor uns, von der wir uns allerdings gleich am Anfang zugunsten eines rot markierten Wiesenwegs Richtung Horní Stropnice abwenden. In Horní Stropnice stoßen wir am Ortseingang auf das Museum Sýpka Stropnice (facebook.com/sypkastropnce), bevor wir den Kirchenplatz erreichen [N48° 45.694', E14°44,189'] und dann, weiter nach Südosten auf der roten Markierung bleibend, wandern. An schönen Tagen bietet das neue Freibad am Ortsrand kostenlose Abkühlung und Labung [N48° 45.459, E14° 44.285'], ehe es auf einem Wiesenweg bergwärts geht.

Der NWKW II erreicht das Gratzener Bergland/Novohradské hory beim viel besuchten Wallfahrtsort Dobrá

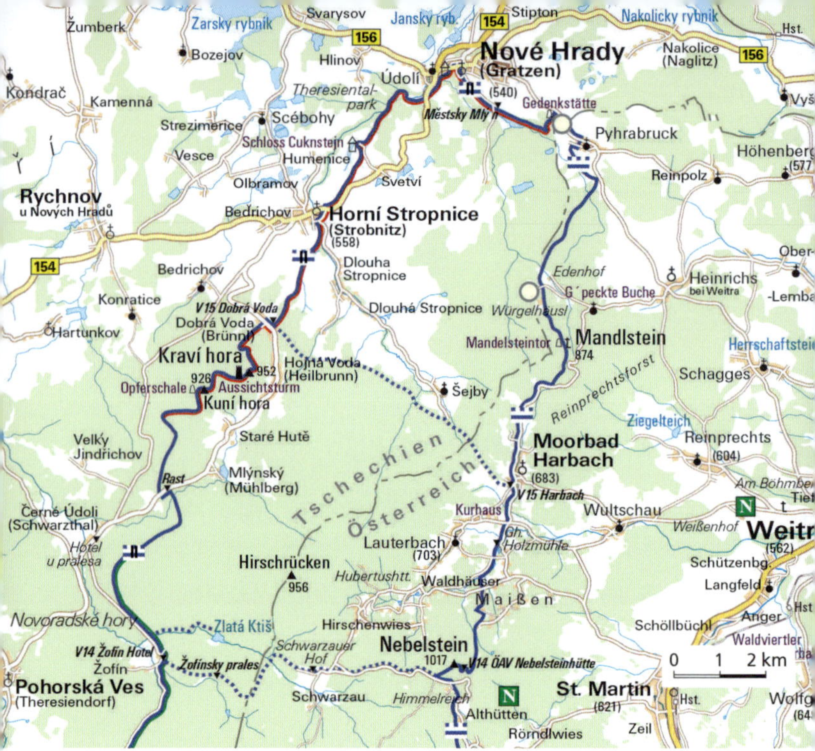

voda [N48° 44.447', E14° 43.404'] (9,2 km von Nové Hrady, 695 m). Die zwei Brunnbecken vor der Kirche sind immer von Besuchern frequentiert, die das heilende Wasser in Flaschen abfüllen und mitnehmen. Im Jahr 2015 ist die gotische Wallfahrtskirche Maria Trost in Brünnl/Dobrá voda 300 Jahre alt geworden. Im Jahre 1701 erschien dem Matthias Egidi aus Friedrichschlag bei Strobnitz der Gekreuzigte gemeinsam mit der Schmerzensmutter und bat ihn, er möge hier bei der Quelle eine Kirche erbauen und diese auf den Namen Maria Trost segnen lassen. Schon 1702 kam es zu Genesungen von Kranken und damit einer Zunahme des Pilgerstroms, sodass bereits 1706 mit den

Spenden der Geheilten und Getrösteten der Grundstein für das heutige Barockjuwel gelegt werden konnte. Von Dobrá voda wäre es möglich, über den Verbindungsweg V15 über Šejby/Scheiben auf Asphaltfahrstraßen nach Moorbad Harbach zurückzukehren.

Wir wechseln auf die grüne Markierung bergauf zum Kraví hora. Die Aussicht von der Warte auf diesem Berg (953 m) [N48° 43.893', E14° 43.119'] ist herrlich, sie reicht unter anderem bis zum unseligen Atomkraftwerk Temelín bei Budweis. Auf dem nun wieder rot markierten Weiterweg erreichen wir bergab den Sattel Pod kraví horou [N48° 43.659, E14° 42.651], wo ein Abstecher auf die grüne Markierung nach Hojná voda mit Besichtigung der neuen Glocke

Neues Glockendenkmal in Hojná voda

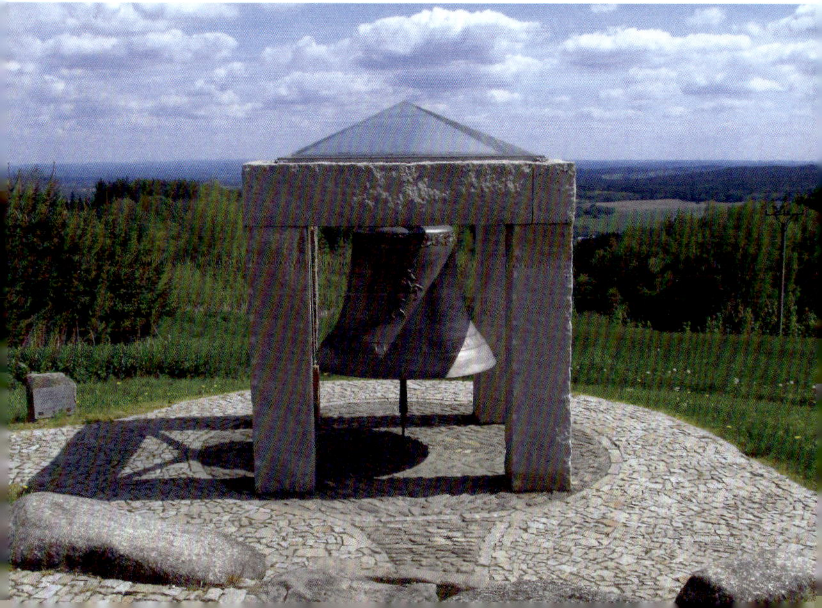

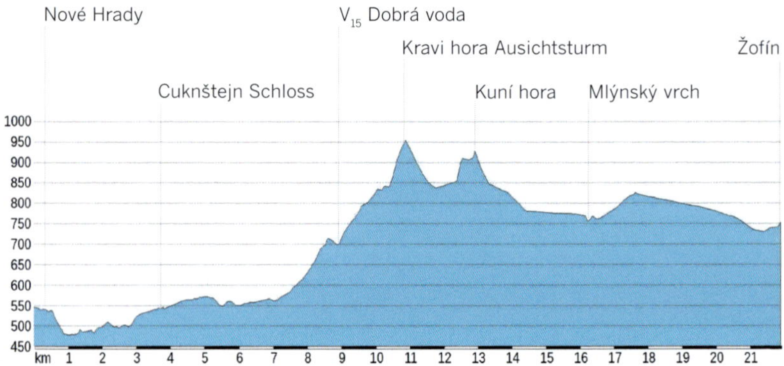

und Einkehr bei einem der beiden Gasthäuser interessant sein könnte. Zurückgekommen gilt es nun auf rot markiertem Weg den Kuní hora (925 m, keltische Opferschale) zu überschreiten, bis zum Orientierungspunkt Pod kuní horou [N48° 43.317, E14° 41.994]. Von dort wechseln wir nach Osten und folgen der rot markierten Forststraße, bis diese die nächste Forststraße quert. Letztere ist nun 1,9 km unser Weiterweg Richtung Süden. Nach etwa 100 m verlässt die rote Markierung bei N48° 43.261, E14° 41.515' „unsere" Forststraße, wir gehen nach Westen zum Orientierungspunkt Nad Liščím Dolem [N48° 43.367, E14° 41.281']. Jetzt kommt ein Abschnitt ohne Markierungen – übrigens der einzige am ganzen NWKW II. Man kann auch einfacher ab dem Orientierungspunkt Nad Liščím Dolem der Asphaltstraße Richtung Süden nach Černé Údolí folgen, dabei allerdings einige Höhenmeter verlieren. Der nächste Punkt ist ein Parkplatz mit Rastmöglichkeit an der Straßenverbindung Dobrá voda – Černé Údolí namens Starý Holland [N48° 42.505', E14° 41.883']. Dazwischen liegt „unser" Forstweg nach 600 m auf der GPS-Position N48° 43.005', E14° 41.794'. Bitte mit der Landkarte oder dem GPS-Gerät/Smartphone gehen, damit man die Forststraßen findet, oder den kleinen Umweg auf der Straße, die nach einem guten Kilometer grün markiert ist, über Černé Údolí wählen (Quartiermöglichkeit). Ab dem Rastplatz Starý Holland führt eine asphaltierte Forststraße nach Süden, 1,4 km bergauf bis zur Kreuzung bei N48° 41.897', E14° 41.814'. Dort wird nach Westen abgezweigt und auf der geschotterten Forststraße nach 1 ½ km die von Černé Údolí heraufführende grüne Markierung erreicht [N48° 41.676, E14° 40.717']. Diese Markierung führt eben zum Orientierungspunkt Na Žofinské silnici, von wo sie der asphaltierten Autostraße folgt.

Tagesziel ist die Ortschaft Žofín/Sofienschloss, wo es nicht nur ein Quartier, sondern auch vor Erreichen des Ortes die unmarkierte Ausflugsmöglichkeit zum Stausee Zlatá Ktiš gibt. Von Žofín aus erreicht man auch in kurzer Zeit den Urwald Žofin/Žofínský prales. Das Quartier Penzion Lesovna ist gut ausgebaut, es stellt auch einen beliebten Treffpunkt für die vielen Mountainbiker in der Gegend dar. Die Abendstimmung mit Blick auf die Wiesen vor dem Hotel erinnert uns daran, dass wir im Grünen Band Europas wandern. Der Verbindungsweg V14 führt ab hier über Žofínský prales und Schwarzau zum Nebelstein (7,9 km).

9 Von Žofín nach Dolní Přibrání

Tageslänge	25,7 km
Gehzeit	6 Stunden
Höhenmeter	Aufstieg: 441 m, Abstieg: 378 m
Weg	Asphaltwege, Forststraßen, asphaltierter Radweg
Anfahrt	nur mit Privat-PKW, ausreichend Parkplätze

In Žofín sind wir im Grünen Band Europas angekommen: Ruinen ehemaliger deutscher Dörfer liegen am Weiterweg nach Pohoří na Šumavě/Buchers und Dolní Přibrání/Sinetschlag. Zuerst gehen wir von Žofín am asphaltierten Radweg 34 entlang der grünen Markierung längere Zeit bergauf durch den Wald bis zum Hut'ský rybník [N48° 39'25.071“, E14° 40'55.915“, KČT-Orientierungspunkt], einem sehr romantischen Plätzchen. Dann biegen wir dort nach links auf den asphaltierten Radweg 1193 ab (Achtung, Radwegnummernwechsel!). Der nächste Abschnitt ist ohne Wanderwegmarkierung, jetzt zählen die Radwegtafeln mit den NWKW-II-Pickerln. Nach 1,6 km kommt der nächste Punkt, wo es gilt aufzupassen, damit man nicht wieder über Žofínský prales zurück nach Žofín marschiert. Bei N48° 38.830', E14° 41.735' wechselt der Radweg 1193 rechts auf den geschotterten Fahrweg. Bergab beginnt ab dem ehemaligen Ort Skleněné Hutě/Glashütten eine wunderschöne Allee, die fast bis zum ehemaligen Dorf Stříbrné Hutě [N48° 38'16.753“, E14° 43'6.718“] führt. Von hier kann man nach links über die tschechisch-österreichische Grenze nach Joachimsthal zum Forsthaus (0,5 km) abbiegen und würde nach etwa 3 km den klassischen NWKW erreichen (Verbindungsweg V13).

In Stříbrné Hutě befindet sich ein Rastplatz. Kurz nach diesem kann man sich auf einer Informationstafel über die Gratzener Urwälder kundig machen.

Der Bach, der in Stříbrné Hutě über die Grenze fließt, ist die Lužnice/Lainsitz, der wir fast bis zur Quelle (tschechischer Lužnice-Ursprung beim Grenzübergang Stadlberg) aufwärts folgen, zuerst auf einem geschotterten Fahrweg, dann auf einer asphaltierten Straße ohne Verkehr, alles bezeichnet als Radweg 1193. Dabei queren wir zwei Mal die

Pohořský rybník

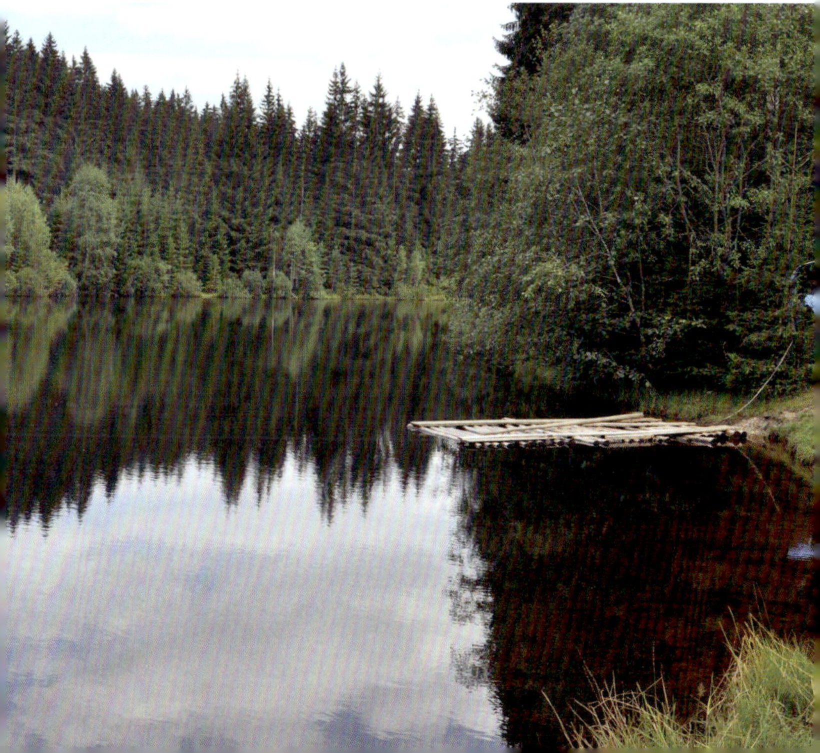

Lužnice/Lainsitz, das zweite Mal mit Straßenschild bei der Brücke. Wer ein angenehmes Bad nehmen möchte, folgt als Abstecher der Lužnice/Lainsitz von der Querung aufwärts bis zum Stausee Kapelníkův rybnik (1 km) [N38° 36.778', E14° 42.770']. Auf unserem Weiterweg erinnert eine Tafel an den ehemaligen Ort Janovy Hutě. Bei der folgenden Kreuzung halten wir uns geradeaus. Sobald wir den Wald verlassen, sehen wir über die moorigen Wiesen den Ort Pohoří na Šumavě/Buchers (918 m), wir haben damit einen rund 200 Höhenmeter lang gezogenen Aufstieg hinter uns. Bei der ehemaligen Polizeistation führt der Verbindungsweg V12 geradeaus nach Stadlberg, wir aber zweigen rechts ab nach Pohoří na Šumavě/Buchers auf der von Stadlberg kommenden grünen KČT-Markierung und besichtigen die rekonstruierte Kirche Panna Marie Sněžná. Auch hier besteht wieder eine Bademöglichkeit am Pohořský rybník [N48° 37.103', E14°

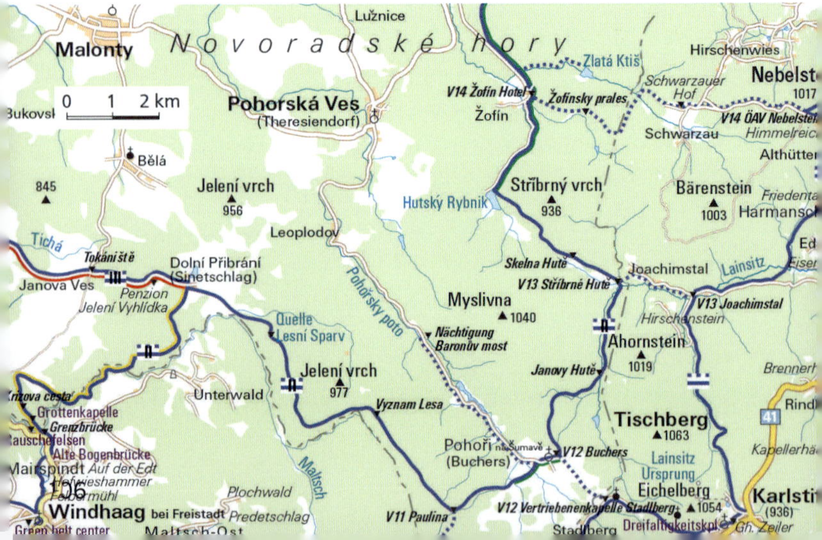

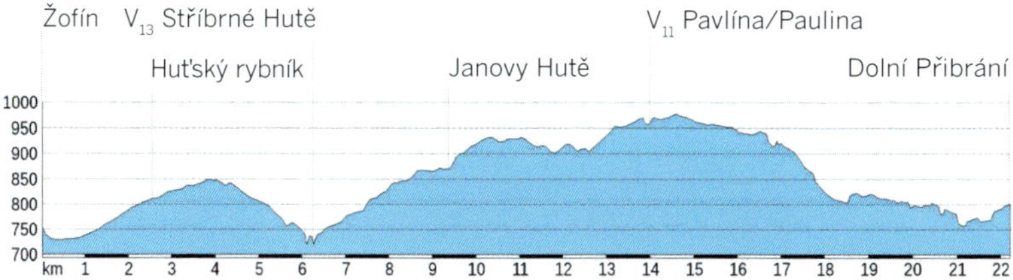

40.350'] (2,7 km von Pohoří na Šumavě/Buchers, Radweg 1192), am halben Weg zur Einkehr und Nächtigungsstätte Penzion Baronův Most [N48° 37.848', E14° 39.462'] (Radweg 1192), nördlich an der Straße nach Pohorská Ves.

Der Weitermarsch nach Dolní Přibrání/Sinetschlag folgt dem Radweg 1193, in der Nähe von Sinetschlag gibt es jetzt statt der ehemaligen Kaserne ein gutes Hotel. Dort zweigt der NWKW III über Tichá und Dolní Dvořiště nach Rožmberk ab.

Dazu nehmen wir am Südende von Pohoří na Šumavě beim KČT-Orientierungspunkt [N48° 36.228', E14° 41.780'] den grün markierten Radweg 1193 Richtung Pavlína/Paulina. Über Wiesen erreichen wir nach knapp 900 Metern die Position N48° 35.926' E14° 41.340', wo die grüne Markierung vom Radweg 1193 links zum Kamenec abzweigt. Der NWKW II folgt dem Radweg 1193, es besteht aber auch die Möglichkeit, der grünen Markierung auf den Gipfel Kamenec zu folgen und dann den Verbindungsweg V11 nach Pavlína/Paulina abzusteigen. Wir bleiben auf dem Radweg 1193 und erreichen durch den Wald den geschliffenen deutschen Ort Pavlína/Paulina. Hier besteht eine Verbindungsmöglichkeit

V11 zur Schanz mit der Option, den sehenswerten Gipfel Kamenec (1 072 m) zu besteigen und in Sandl zu nächtigen [Abzweigepunkt N48° 35.709, E14° 40.260']. Im Winter führt eine Langlaufloipe von Pohoří na Šumavě/Buchers zum Kamenec, die teilweise den NWKW II nutzt.

Der in diesem Abschnitt asphaltierte Radweg 1193 bleibt unsere Route am Weiterweg bergab nach Westen. Bei N48°

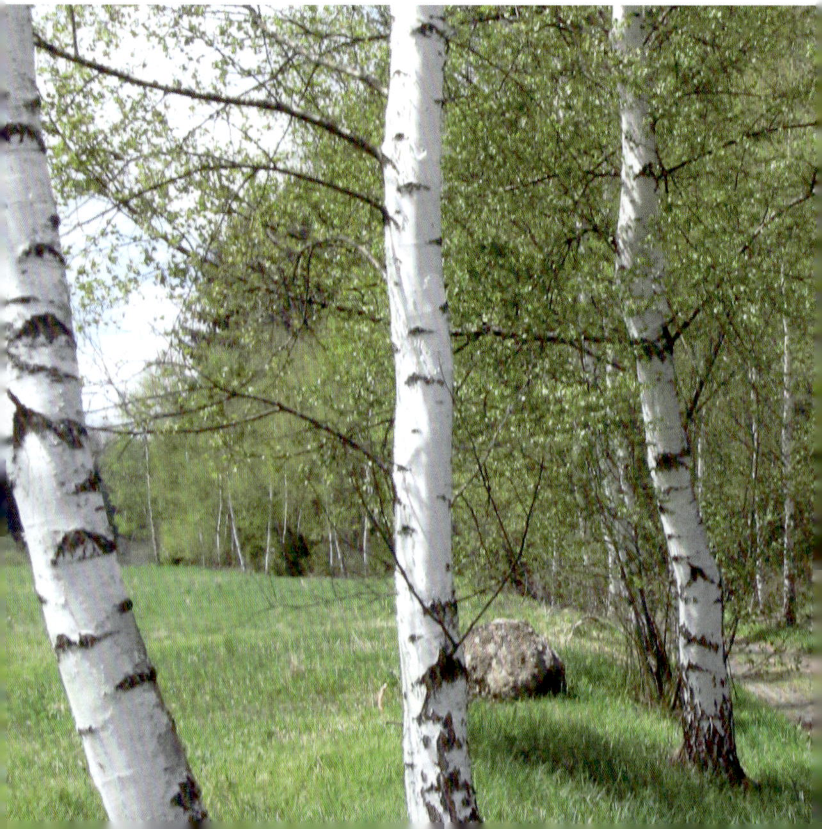

37.428', E14° 37.160' kommen wir 6,2 km ab Pavlína/Paulina an der Raststation Lesnica mit erfrischender Quelle vorbei. Jetzt ist es nicht mehr weit bis zum Zielort Dolní Přibrání/ Sinetschlag (2,3 km). Von der Wegkreuzung Dolní Přibrání [N48° 38.078', E14° 36.015'] gehen wir noch ein kleines Stück zur Unterkunft Penzion Jelení Vyhlídka [N48° 37.983', E14° 35.218'], wobei wir hier sinnvollerweise den NWKW III nutzen (rot markiert).

Birkenallee bei Dolní Přibrání

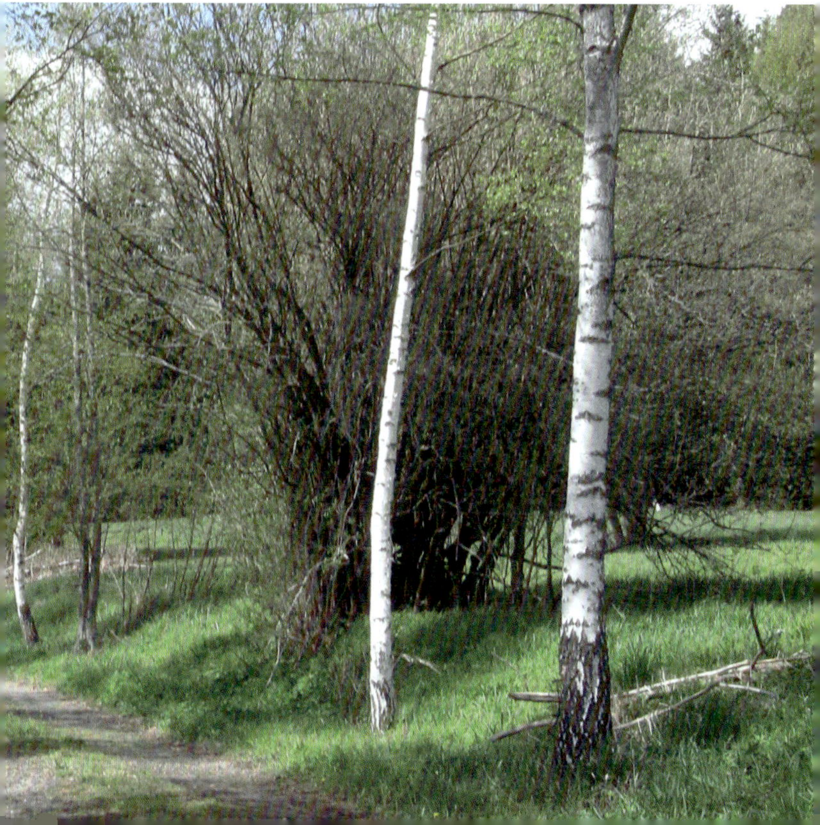

10 Von Dolní Pribrání nach Eisenhut

Tageslänge	25,6 km
Gehzeit	5,5 Stunden
Höhenmeter	Aufstieg: 569 m, Abstieg: 633 m
Weg	Forststraßen/-wege, Steige, Wege, Asphalt
Anfahrt	sehr schlecht erreichbar, Privat-PKW können bei Penzion Jelení Vyhlídka parken

Bei Dolní Přibrání/Untersinetschlag [Orientierungspunkt N48° 38.084', E14° 36.017'] zweigt der NWKW III vom NWKW II ab. Von hier ist der Weiterweg durch den Wald nach Cetviny/Zettwing grün gekennzeichnet. Dieser Weg wurde 2007 vom KČT im Zuge des NWKW-Euregioprojektes markiert, er wird heute auch als Radroute genutzt und folgt dem alten Treppelweg im Grünen Band. Kurz nach Dolní Přibrání erreicht man eine Hochebene mit Wiesen, von der man nach Süden einen Ausblick auf die Höhen des Freiwaldes bei Unterwald in Österreich hat. Wer die Nacht in der Penzion Jelení Vyhlídka [N48° 37.984', E14° 35.219'] (Kontrollstelle 14) verbracht hat, kommt beim Orientierungspunkt Svatý Jan nad Malší [N48° 37.257', E14° 34.802'] wieder auf den grün markierten NWKW II.

Die grüne Markierung verläuft im Wesentlichen parallel zur Maltsch/Malše, einige Male auch entlang der Kante des Steilhanges hinunter zum Fluss, den man tief unten rauschen hört. Einmal kommt man ihm ganz nahe, es wären nur wenige Meter hinunterzusteigen (empfehlenswert). Auf Höhe des Berges Na Čepici kommen wir aus dem Wald heraus und genießen das Grüne Band rund um Janova ves mit einem Blick auf ausgedehnte Wiesen. Hat

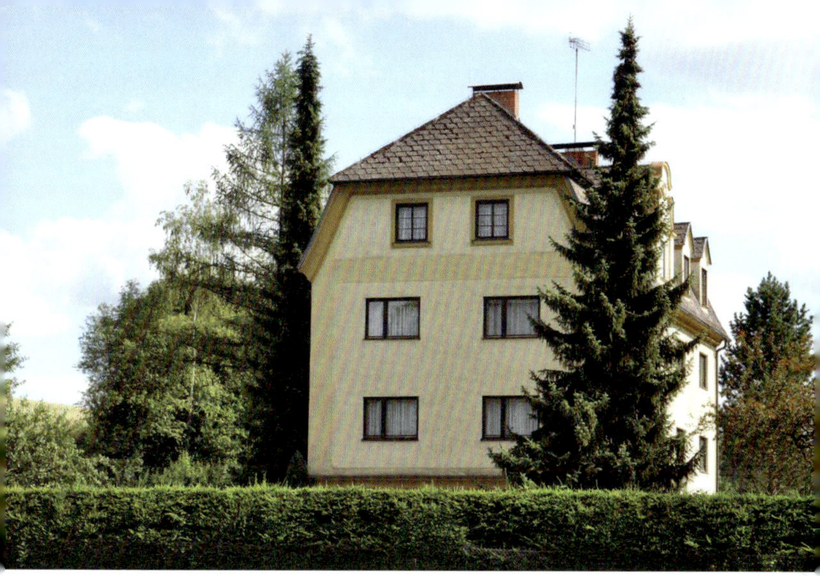

Zollhaus Mairspindt

man den Markierungspunkt U Cetvin erreicht, so lohnt sich ein kurzer Abstecher auf der gelben Markierung zur Kirche von Cetviny/Zettwing.

Sonst geht man knapp vor Cetviny/Zettwing (Orientierungspunkt U Cetvin) [N48° 36.896', E14° 33.020'] links bergauf mit der gelben Markierung über eine Wiese am Kreuzweg zur Kapelle Panny Marie Lurdské [N48° 36.298', E14° 33.613']. Der Kreuzweg wurde von Schülern einer kunsthandwerklichen Schule aus Český Krumlov/Krumau gestaltet. Vor der Grenze befindet sich auf tschechischer Seite ein Gedenkstein an einen tschechischen Zollwachebeamten, der im Jahre 1938 irrtümlich von zwei Kollegen erschossen wurde. Sehenswert ist die alte Brücke über die Maltsch [N48° 36.213', E014° 33.741'], die den Grenzübergang Mairspindt bildet. Gleich dahinter sieht man am

Weiterweg das Zollhaus Mairspindt. Wir nehmen den Weg W2, besichtigen vielleicht den alten Hofwieshammer [N48°35.590', E014°33.766'] (www.ooemuseumsverbund.at/museum/150_hofwieshammer) oder die Venetianersäge [N48°35.527', E014°33.852'] (www.ooemuseumsverbund.at/museum) sowie die Felbermühle und erreichen leicht

Wettershuttle von Gerhard Eilmsteiner am Wasserscheiden-Skulpturenweg bei Windhaag

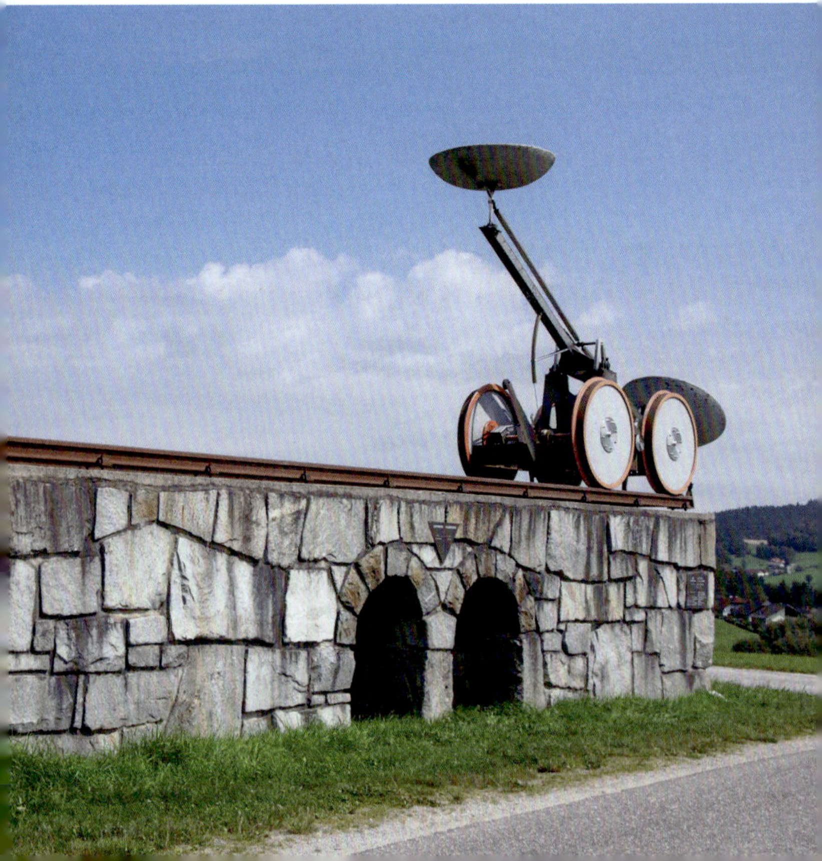

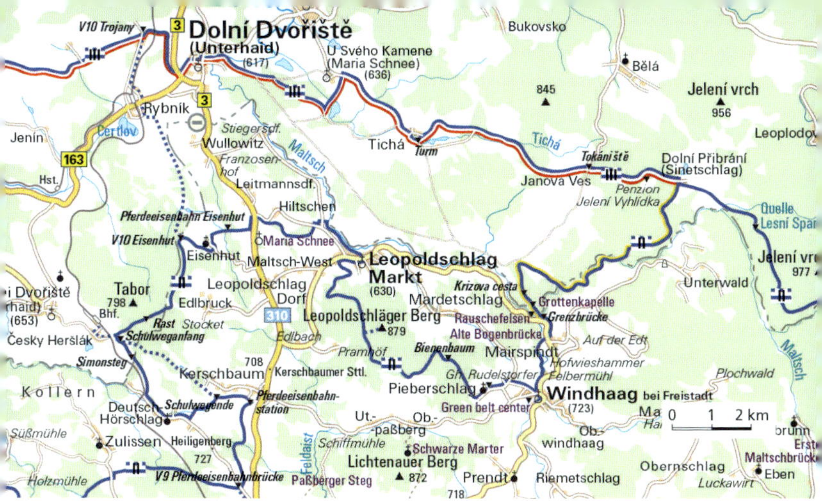

ansteigend den Ort Windhaag bei Freistadt. Die Kontrollstelle befindet sich im Green Belt Center [N48° 35.182', E14° 33.716'] (www.greenbeltcenter.eu), wo die Ausstellung über das Grüne Band Europas eigentlich für Wanderer am NWKW sehr interessant sein müsste. Das Green Belt Center will als Begegnungs- und Informationsstätte spannende Geschichten in einer Grenzregion authentisch erzählen und mit sanftem Tourismus regionale Wertschöpfung erzielen. Es bietet auf insgesamt 1000 Quadratmetern Platz für Ausstellungen und Informationen rund um die Natur, die Geschichte und die Zukunft des Grünen Bandes. Die Besucher können so die Besonderheiten der Grenzregion kennenlernen, bevor sie zu einer persönlichen Entdeckungsreise starten.

Jetzt folgt ein Stück Asphaltstraße bergauf Richtung Pieberschlag mit der Möglichkeit, den Wasserscheide-Skulpturenweg zu besuchen. 19 Kunstwerke aus Granit des Windhaager Bildhauers Gerhard Eilmsteiner wurden in

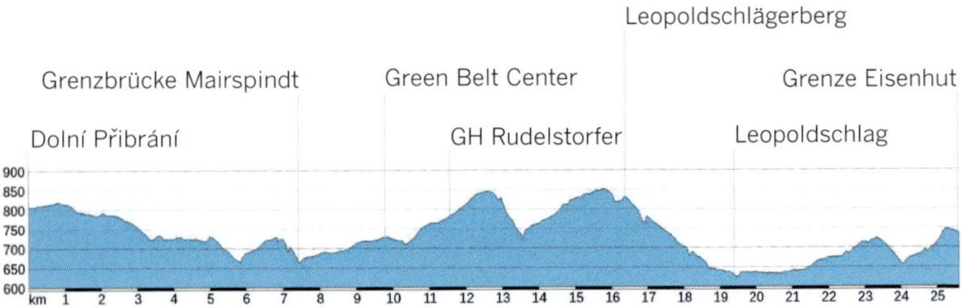

der Nähe des Wettershuttles an der Europäischen Wasserscheide malerisch in der Landschaft platziert.

Von Pieberschlag aus wird der Höhenrücken zum Reisingerberg (886 m, Waldlehrpfad, Opferschale, Bienenbaum im Abstieg) überschritten. Danach besteht die Möglichkeit, den Weg W2 zum Gasthaus Pammer in Mardetschlag als Abstecher zu begehen. Am NWKW II wird der Leopoldschlägerberg (879 m) mit seinen schönen Opferschalen bestiegen und dann Leopoldschlag beim Quartier Lias am Berg erreicht. Im Ort Leopoldschlag (Hafnerhaus, Wanderschuh. Grenzlandbühne) wird auf den Wanderweg L2 gewechselt, der über Hiltschen/Maria Schnee nach Eisenhut führt. Dabei wird die Maltsch/Malše erreicht (lokaler Wanderweg L2: Europaschutzgebiet Natura 2000, Töpferweg).

Hier bieten die Maltschauen unberührte Natur und einen Besichtigungsstand für Wasserbüffel im Natura2000-Bereich. Nicht weit weg vom NWKW II, im Ort Hiltschen, steht am Weiterweg die neue Kirche Maria Schnee, von der aus man auf der tschechischen Seite die alte Kirche Maria Schnee (am NWKW III) sehen kann. In Hiltschen gibt es auch Reste der Pferdeeisenbahn.

Wir bleiben am Weg L2 bzw. am Pferdeeisenbahnweg, sehen am Weg bergab nach Eisenhut eine Pferdeeisenbahnbrücke, passieren den Ort und erreichen bergwärts die tschechische Grenze. Über den Pferdeeisenbahnweg könnte man nach Trojany zum NWKW III wechseln (Verbindungsweg V10).

Naturbeobachtungspunkt Natura2000 Maltschauen

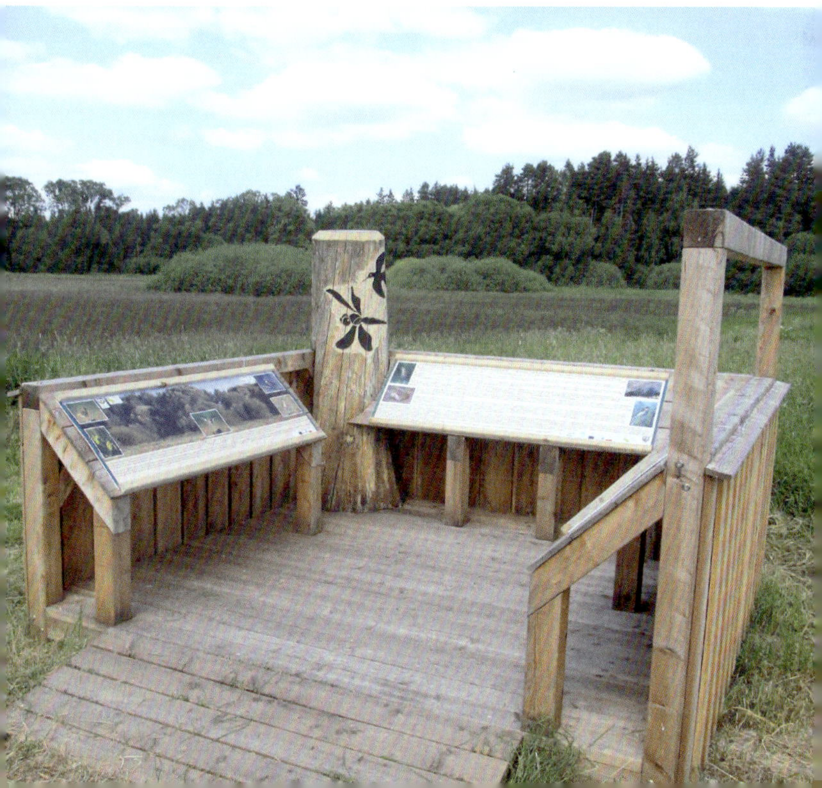

11 Von Eisenhut nach Rading

Tageslänge	26,6 km
Gehzeit	5,5 Stunden
Höhenmeter	Aufstieg: 529 m, Abstieg: 516 m
Weg	Steige, Treppelweg, Asphalt, Wege, Fahrwege
Anfahrt	ausreichend Parkplätze für den Privat-PKW per Bus: Ausstiegsstelle Dorf Leopoldschlag der Strecke Freistadt–Wullowitz plus anschließendem Fußmarsch

Ausgehend vom Ort Eisenhut, folgt der NWKW II bergwärts dem gelb markierten Pferdeeisenbahnweg bis zur Landesgrenze. Ab dem Grenzübergang Eisenhut bleibt der NWKW in Grenznähe (Grenzerweg) bis zum Grenzstein III/18, wo nach Tschechien gequert wird. Der NWKW II führt in Tschechien – markiert mit dem blau-weißen Kammlogo samt Zusatz II – bis zum Treppelweg bergab, dem er 5 Minuten bis zu einer Raststelle nach Westen folgt. Nach dieser führt er weiter bergab bis zum Orientierungspunkt Nad Českým Heršlákem [N48° 35.987', E14° 25.835']. Es besteht hier die Möglichkeit, als Abstecher der gelben KČT-Markierung zum Bahnhof Horní Dvořiště zu folgen (Summerauerbahn). Der NWKW II folgt aber der Forststraße nach Süden bis zur Stelle, wo das alte Forsthaus stand und man eine schöne Aussicht Richtung Zulissen und zum Sternstein hat [N48° 35.864', E14° 26.026'].

Wir befinden uns hier in jenem Wegabschnitt, in dem der NWKW II wegen Schwierigkeiten mit der Kerschbaumer Jägerschaft über Český Heršlák und Deutsch Hörschlag umgeleitet werden musste. Der alte Schulweg von Kerschbaum

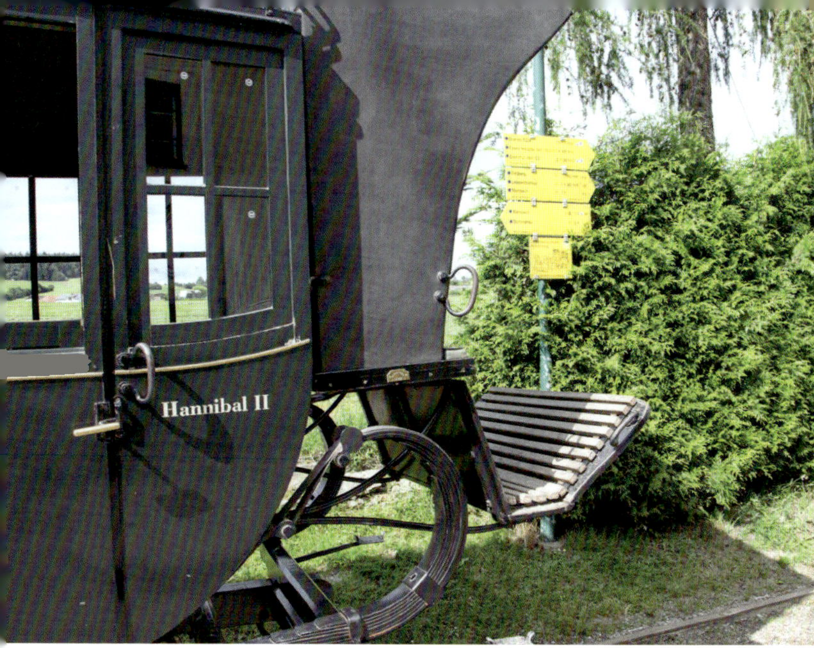

Pferdeeisenbahnwagen in Kerschbaum

nach Český Heršlák musste leider aufgegeben und der Weg über Deutsch Hörschlag geführt werden. Die GPS-Daten für den alten Schulweg (öffentlicher Grund ab der Grenze bis Kerschbaum) sind verfügbar, auch in der beiliegenden Karte ist dieser Weg eingezeichnet. Er ist schöner zu wandern als der offizielle NWKW II. Beim ehemaligen alten Forsthaus zweigt also bei N48° 35.864', E14° 26.026' der alte Schulweg ab und erreicht oberhalb von Kerschbaum [N48° 35.206', E14° 27.738'] wieder den offiziellen NWKW II.

Wer nicht dem alten Schulweg folgt, geht talwärts entlang der Markierungen bis zum Grenzbach (Simonsteg). Die Bahnlinie der Summerauerbahn ist zwar in der Nähe, wird aber nie überquert. Man bleibt auf der Südseite der

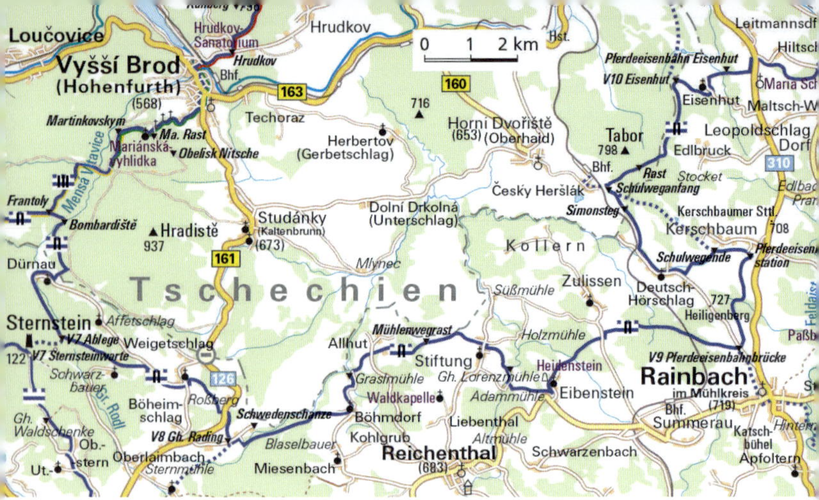

Bahntrasse und folgt ihr bis zur Durchfahrtsstelle der Summerauerbahn am Beginn von Deutsch Hörschlag. Der Ort wird bis knapp vor der Ortsendetafel durchwandert, dann marschiert man beim Ende der Häuser bergwärts zum Kerschbaumersattel. Bei der nächsten asphaltierten Querstraße geht es 200 m nach links (hier kommt der alte Schulweg von links), über die Wiese und durch eine Dorfgasse zu den Gleisen der Pferdeeisenbahn, 200 m die Eisenbahngeleise entlang zum Pferdeeisenbahnmuseum in Kerschbaum. Das Museum kann besucht und auch ein Stück Pferdeeisenbahn befahren werden.

Wir bleiben danach am gelb markierten Pferdeeisenbahnweg auf der Pferdeeisenbahntrasse Linz–Budweis bis zur Pferdeeisenbahnbrücke bei Rainbach (es sind nur 15 Minuten bis Rainbach, Nächtigungsmöglichkeiten, Übergangsmöglichkeit V9 zum klassischen NWKW nach Freistadt), wo wir auf den Weg R9 treffen, diesem kurz folgen und dann durch die Birau bis Eibenstein wandern. Dort wird die alte Kultstätte Heidenstein besucht (keltische Opferschale) und am prämierten Chakraweg entspannt. Dann geht es bergab zur Adam- und Lorenzmühle (Markierungsgrenze Freistadt–Bad Leonfelden).

Von der Lorenzmühle (Einkehrmöglichkeit) am Kettenbach führt der Weiterweg über Stiftung (Altes Zollhaus)

Ausblick vom Heidenstein

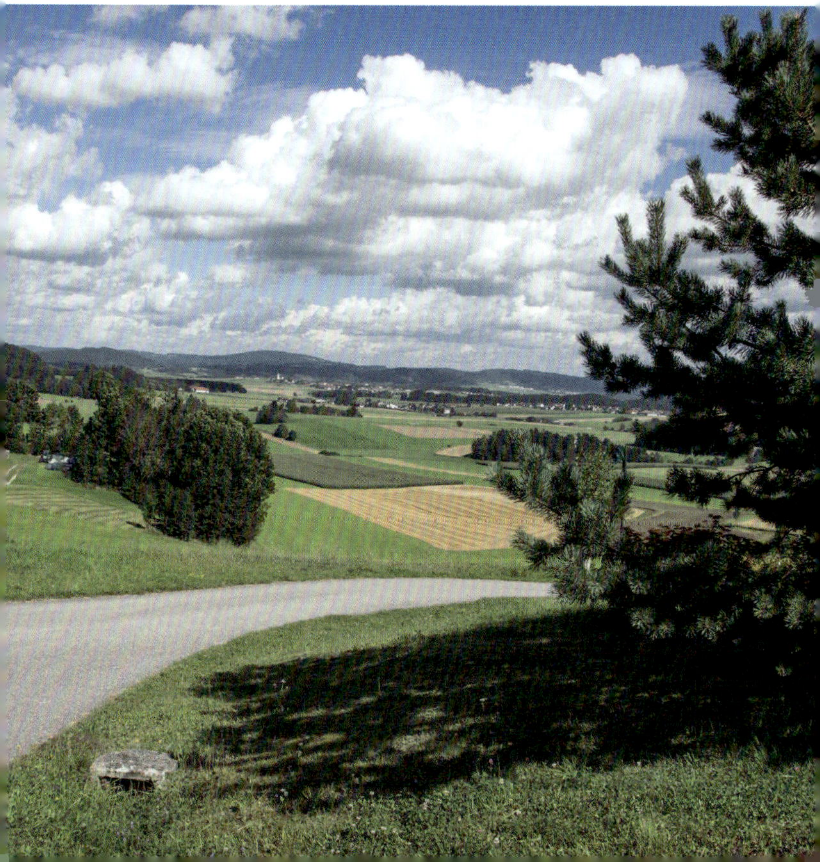

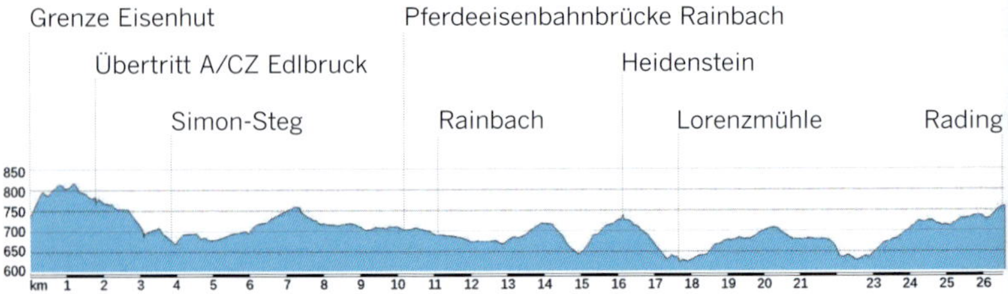

sowie über Allhut (Rastplatz) zur romantischen Grasslmühle mit Wasserrad. Es ist eine gut renovierte alte Mühle an der Einmündung des Granitzbachs in den Grasslbach. Hier führt wie schon bei der Lorenzmühle der 10-Mühlen-Wanderweg (Wanderweg 154) vorbei. Es geht nun bergauf nach Böhmdorf. Gleich nach dem Dorf zweigt der NWKW auf einem geschotterten Fahrweg rechts ab. Wenn wir nach der Walddurchquerung die Fischteiche sehen, befinden wir uns schon nahe bei Rading mit der Möglichkeit, 700 m vom Weg abzweigend, zum mittelalterlichen Bollwerk Schwedenschanze an der tschechischen Grenze (Grenzübergang für Fußgänger, Radfahrer und Reiter, alter Salzweg) zu wandern, ehe wir uns zu Fuß am Verbindungsweg V8 oder per Taxi zur Nächtigung nach Bad Leonfelden aufmachen.

Ziegenbock Ronaldo von der Lorenzmühle

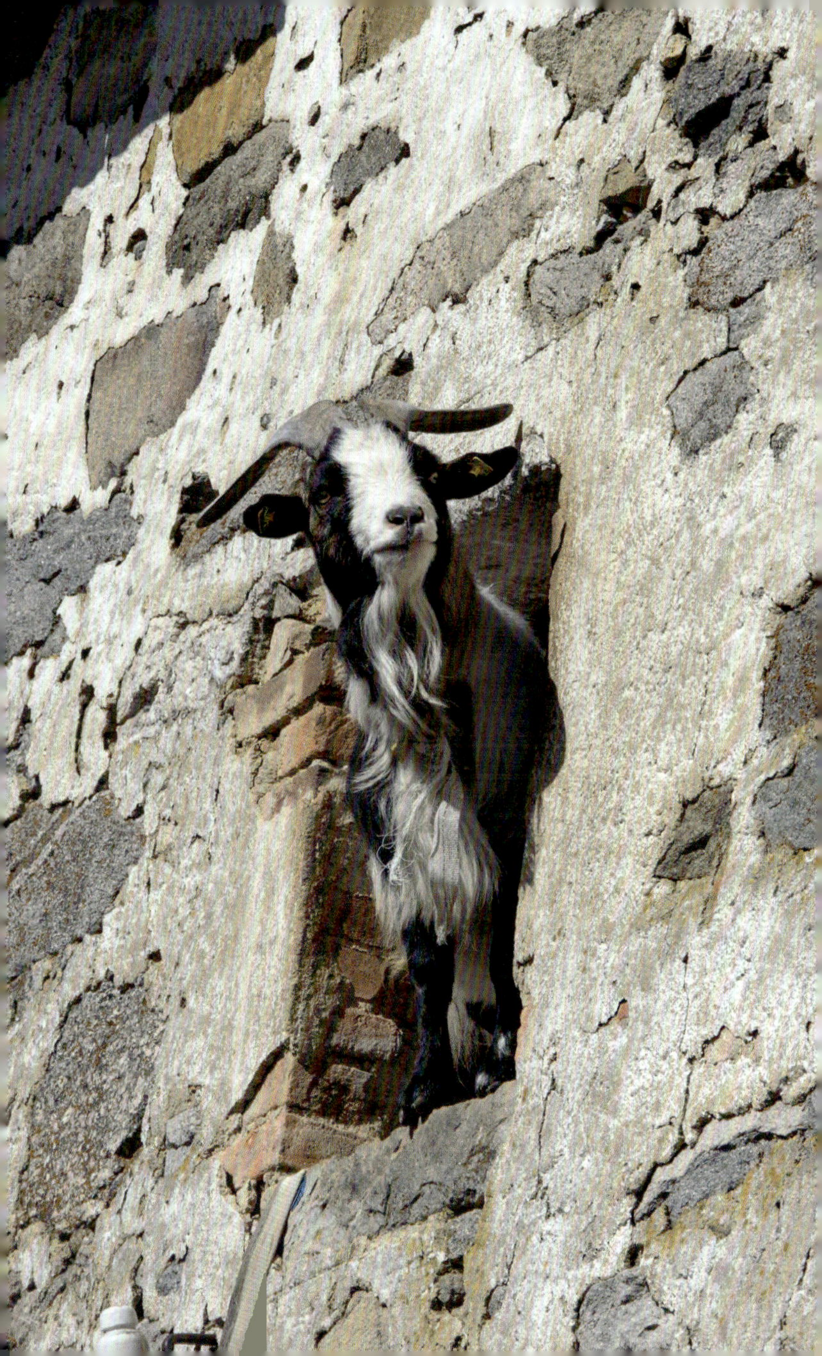

12 Von Rading nach Svatý Tomáš

Tageslänge	28,1 km
Gehzeit	6 Stunden
Höhenmeter	Aufstieg: 963 m, Abstieg: 746 m
Weg	Schotterwege, Asphalt
Anfahrt	Parkmöglichkeit für Privat-PKW beim Gasthaus Rading oder beim Parkplatz Schwedenschanze, Bus der Strecke Bad Leonfelden – Vyšší Brod–Český Krumlov betrieben von ČSAD-Autobusy

Der Ort Rading (Einkehrmöglichkeit) bildet den Ausgangspunkt auf dem weiterhin mit dem Nordwaldkammweglogo II markierten Weg nach Weigetschlag (Weg 11, unweit Weigetschlag befindet sich der gleichnamige Grenzübergang mit altem Zollhaus), dann zum staunenswerten Pilzstein (5-Min.-Abstecher, rot markiert), danach fast auf den Sternstein über Ablege (Verbindungsweg V7) zum Sternsteingipfel, Wegdreieck im Sternwald, N48° 33.777', N14° 16.813', steiler und steiniger Aufstieg, auch für Mountainbiker schwierig (Radfahren ist im Sternwald nicht erlaubt!) und bergab zum Teich von Dürnau. Ab hier ist es nicht mehr weit hinunter zur tschechischen Grenze mit dem Orientierungspunkt Hraniční Potok [A/CZ, N48° 34.479', N14° 16.674']. Dieses Gebiet um den Dürnaubach ist momentan wegen des Jungwalds schwer passierbar, es war einst das Siedlungsgebiet von Frantoly/Frauenthal. Daher gäbe es auch andere Übergangsmöglichkeiten auf alten Pfaden, diese sind aber nicht markiert. Auf einem von der EU finanzierten 900 m langen Weg, der auch für Radfahrer geeignet ist, wie die zahlreichen „Pickerl" der diversen Strecken am Grenzübergang zeigen, erreichen wir den

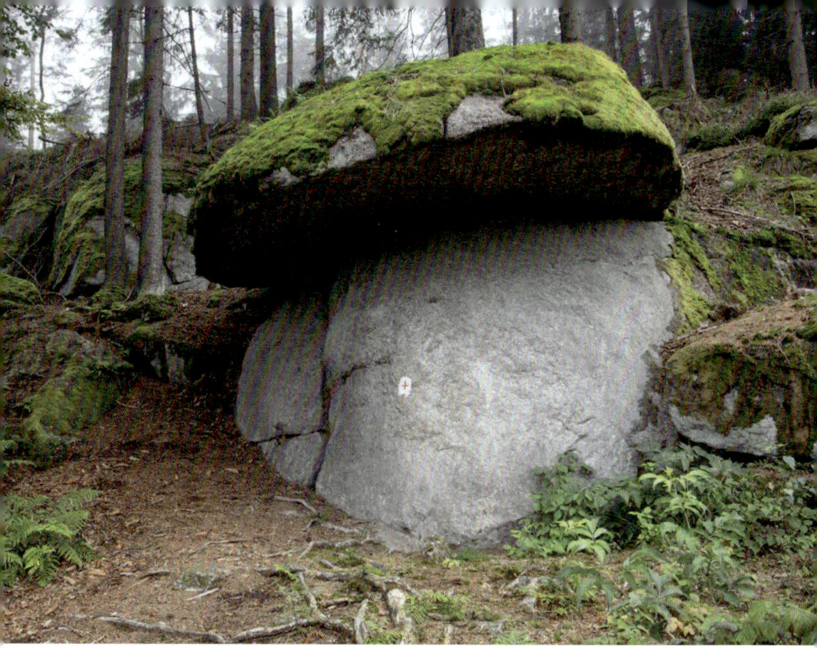

Pilzstein bei Affetschlag

nächsten Orientierungspunkt Bombardiště [N48° 35.240', E14° 16.494']. Hier beginnt bergwärts ein Stück Asphaltstraße mit der Radwegmarkierung 1205, der wir 900 m nach Westen bis zur gelben KČT-Markierung bei N48° 35.337', E14° 15.852' – Frantolykreuzung folgen. An dieser Stelle erreicht uns von rechts der NWKW III, die historische Variante über Rosenberg, die an der Frantolykreuzung endet.

Die gelbe Markierung in Verlängerung des NWKWs III führt uns zum Orientierungspunkt Frantoly [N48° 35.208', E14° 15.610'], wo die Lichtung danach einen guten Überblick über den heute zurückgelegten Weg bietet. Wir haben nun den Naturpark/Přírodní park Vyšebrodsko erreicht und nähern uns der ehemaligen Ortschaft Stern/Hvězda, die auch dem Windpark hier den Namen gegeben hat. Die Rasthütte

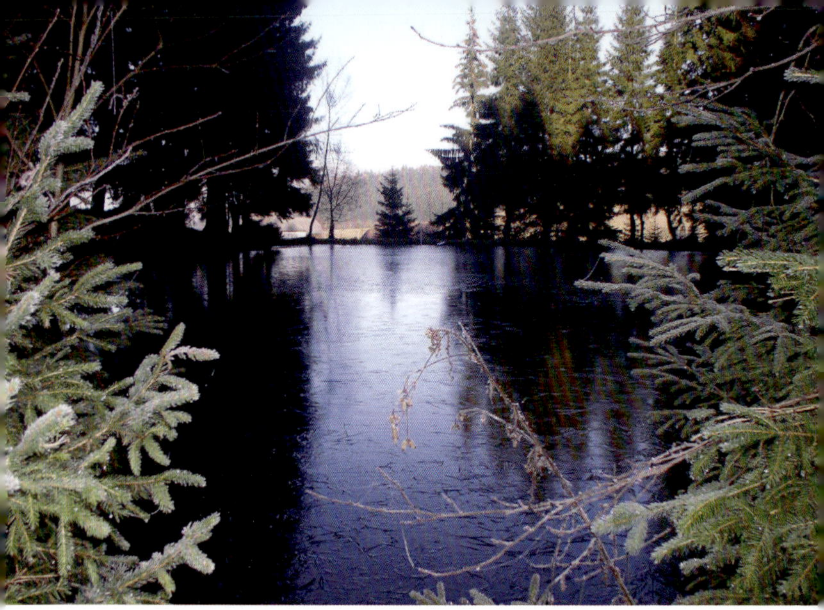

Mystik bei Dürnau

mit dahinterliegendem Windrad als Orientierungspunkt steht in einer scharfen Rechtskurve der tschechischen Forststraße L.c. Svahovka am oberen Ende der ehemaligen Ortschaft. Sie ermöglicht einen Zugang zum Windpark Sternwald und ist Ausgangspunkt des unmarkierten, kurzen (400 m) Verbindungsweges V6 zum klassischen NWKW.

Auf dem Weiterweg sind links die nächsten Windräder zu sehen, die immer wieder bei der Orientierung helfen werden. Zum Gipfel des Hvězdná (1 012 m) vom Orientierungspunkt Hvězdná – odb. [N48° 35.191', E14° 13.808'] sind es nur ein paar Meter auf der gelben Stichwegmarkierung. Nun nähern wir uns bergab auf dem geschotterten Radweg 1205 der geschliffenen Siedlung Kapellen/Kapličky [N 48° 35.790', E14° 13.036'] mit Gedenktafeln und

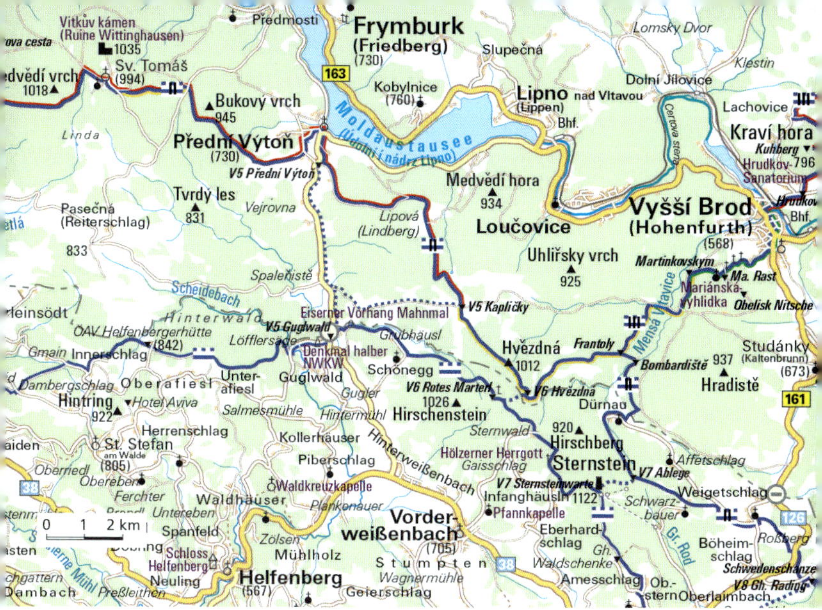

einem ehemaligen militärischen Beobachtungsturm. Von hier gehen wir auf der Autostraße samt Radweg 1033 von Mnichovice nach Guglwald, der auch der Verbindungsweg V5 in einer Variante folgt.

Der Weiterweg ist blau und rot markiert bis zum Orientierungspunkt U Překopané Hráze [N48° 36.198', N14° 12.626']. Auf der blauen KČT-Markierung in Richtung U Medvědí Stěny empfiehlt sich ein kurzer 200-m-Abstecher zu einem schönen Moorteich mit Blick zurück auf den Sternwald und die Windräder im Windpark. Zurückgekommen zum Orientierungspunkt U Překopane Hráze folgen wir auf rot markiertem KČT-Weg durch alte Siedlungsgebietsreste (Lipová/Lindberg) [N48° 36.831', E14° 12.289'] dem NWKW II bergab auf der Forststraße bis Přední Výtoň/Heuraffl. Hier

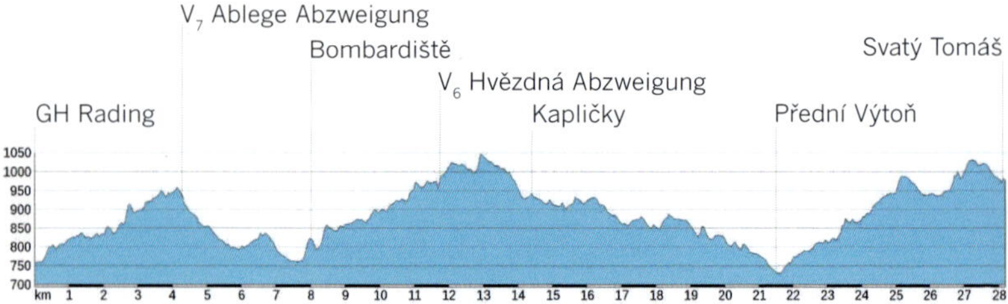

gibt es Einkehr- und Quartiermöglichkeiten, auch der Verbindungsweg V5 entlang der Fahrstraße nach Guglwald führt zu Nächtigungsmöglichkeiten. Wir aber haben noch die Schlusssteigung nach Svatý Tomáš/St. Thomas vor uns. Knapp vor dem Tagesziel Svatý Tomáš kommen wir auf die Fahrstraße von Frýdava nach Pasečná beim Orientierungspunkt Uhliště [N48° 38.32703', E14° 7.79813']. Hier beginnt der Lehrpfad Naučná Stezka Svatý Tomáš, der als Rundweg über den Winterweg (Zimní Cesta) nach Svatý Tomáš und wieder hierher zurückführt.

In Svatý Tomáš angekommen, geht es sich vielleicht noch aus, die alte Kirche und die Ruine Wittinghausen/Vítkův Kámen zu besuchen. Der 800 m lange Weg zur Ruine ist mit einem Burgsymbol bezeichnet. Die Ruine Wittinghausen bietet eine Aussichtswarte mit Blick auf den Böhmerwald, den Moldaustausee, zum Sternstein und – bei passendem Wetter – auf die Alpen. Das für eine Nächtigung geeignete Hotel Svatý Tomáš war früher das Schwarzenbergische Forsthaus.

Windpark Sternwald

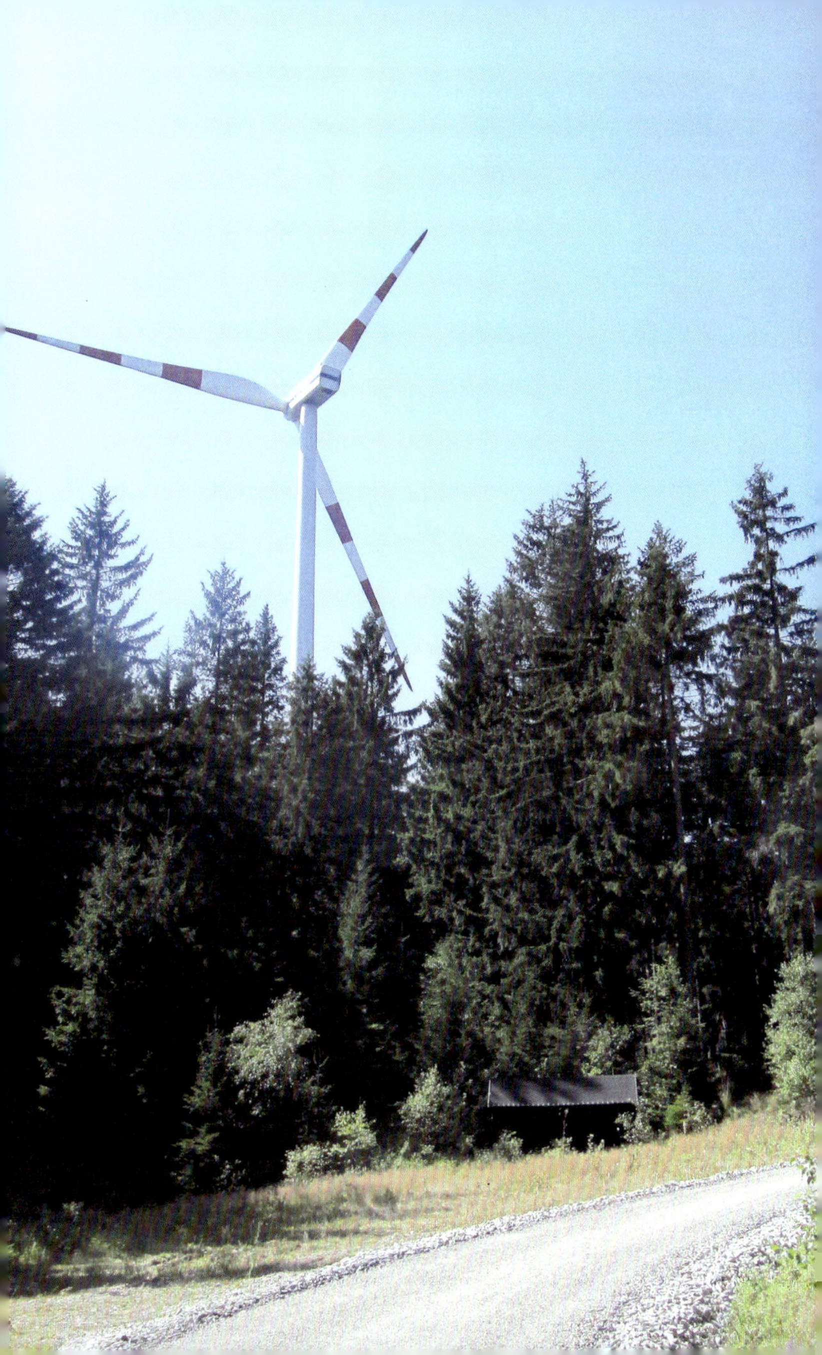

13 Von Svatý Tomáš nach Zadní Zvonková

Tageslänge	21,9 km
Gehzeit	5 Stunden
Höhenmeter	Aufstieg: 216 m, Abstieg: 404 m
Weg	Fahrweg, Asphaltstraßen, Weg, Asphaltweg
Anfahrt	nur Privat-PKW, ausreichend Parkmöglichkeit

Es geht am Tag 13 von Svatý Tomáš bergab. Der Schwemmkanal wird bei Koranda, wo er die kontinentale Wasserscheide Ostsee – Schwarzes Meer überschreitet, erreicht. Weiterhin bergab unterwegs, erreichen wir den Moldaustausee, diesen entlang geht es bis zum Tagesziel am tschechischen Schwemmkanal.

Auf der rot markierten Fahrstraße verlassen wir Svatý Tomáš nach Westen. Dieser Wegbeginn ist auch Radweg 1033 und Natur-Lehrpfad Stezka Svatý Tomáš. Beim nächsten Gebäude wechseln wir von der Fahrstraße nach links auf einen Schotterweg, der uns weiterhin bergab zum Orientierungspunkt Růžová Cesta [N48° 38.722', E14° 3.934'] bringt. Nachdem unser nächstes Ziel der Moldaustausee ist, wo der alte NWKW des Böhmerwaldbundes durch die im See „versenkten" Orte ging, kann man hier theoretisch auf der roten KČT-Markierung Richtung Orientierungspunkt bleiben und den sehenswerten Punkt Koranda/Rosenhügel (N48° 38.726', Kreuzungspunkt: Straße zum Moldaustausee, L.c. Růžová nach Svatý Tomáš, Straße nach Pasečná, Straße nach St. Oswald, Kanalstraße nach Iglbach) mit der Wasserscheidenskulptur, wo der Schwemmkanal die transkontinentale Wasserscheide überschreitet, auslassen.

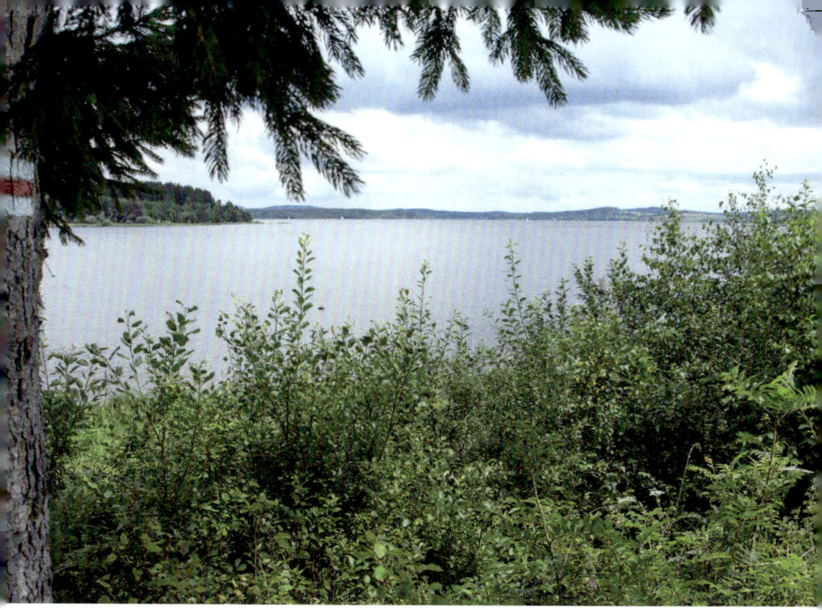

Moldaustausee bei der Bayrischen Au

Wir aber folgen dem NWKW II leicht bergab auf der gelben Markierung zur Europäischen Wasserscheide. Dieser ebene Platz in Koranda ist immer wieder gut für Veranstaltungen. Hier wechselt der Schwarzenbergische Schwemmkanal vom Einzugsgebiet Ostsee zum Einzugsgebiet Schwarzes Meer. Von Koranda kann man auf dem Verbindungsweg V4 über die Stromskulptur „Connect it" am Grenzübergang und das Zollhaus zum klassischen NWKW in St. Oswald bei Haslach wandern. Auch eine Runde am Steilstufenweg Schwemmkanal (Weg 70) ist sehr empfehlenswert und erhöht das Verständnis für die damaligen Ingenieurleistungen bei der Konstruktion dieser Holztransportieranlage nach Wien.

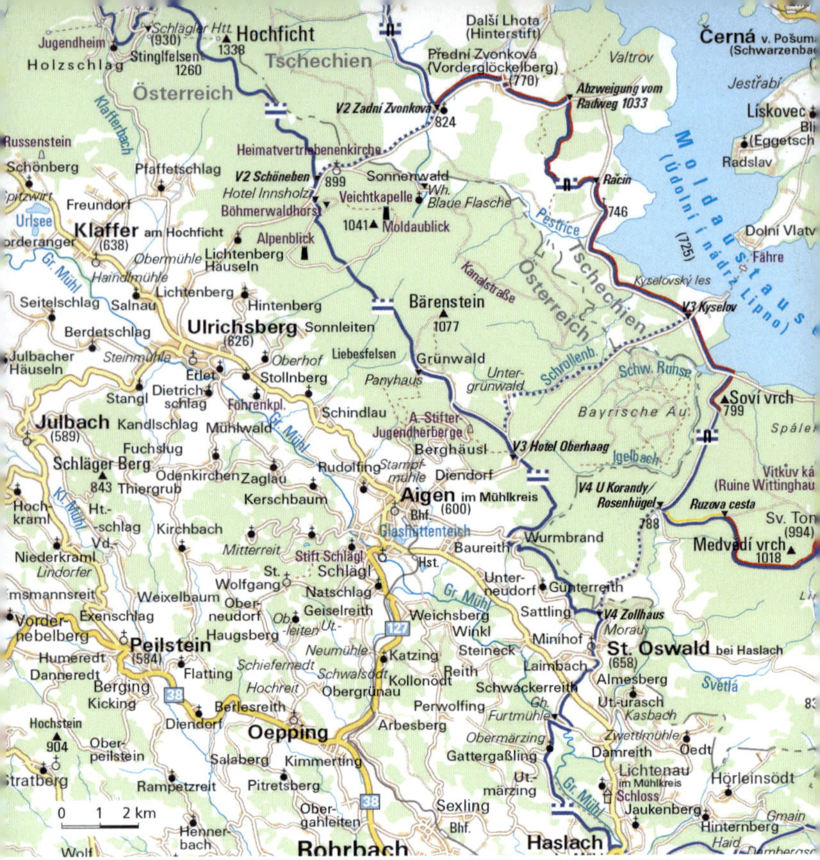

Abstecher Steilstufe Schwarzenbergischer Schwemmkanal
Entfernung: 3,5 km
Wegverlauf: blaue KČT-Markierung bis Dolní Hraničná (CZ/A) (KČT-km-Angabe falsch), hinter der Grenze nach links der roten Markierung (Wanderweg 70) folgen, durch den Wald bergab erreicht man schließlich eine Wiese an einem Bach, die restaurierte und gut erhaltene Steilstufe beginnt am unteren Ende der Wiese.

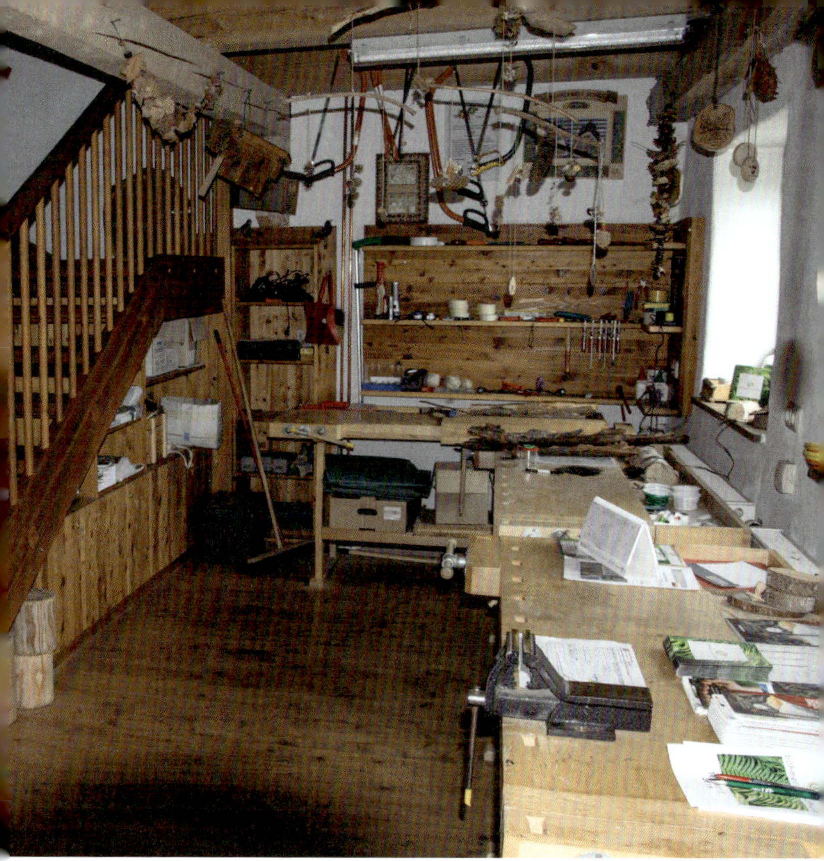

Böhmerwaldschule bei Sonnenwald

Der NWKW II führt gemäß Euregioprojekt NWKW/Šumavská hřebenová cesta aus 2007 von Koranda entlang des Schwemmkanals über Iglbach, die ehemalige Bundesstraße B50 (Krumauer Straße) nach Sonnenwald und dann über die Rotbachschleuse zum Tagesziel Zadní Zvonková (Radweg R27). Dieser Weg ist blau markiert und leicht zu finden, nachdem er immer dem Schwemmkanal folgt. Er bietet als Attraktionen einige Schleusen, Kunstwerke

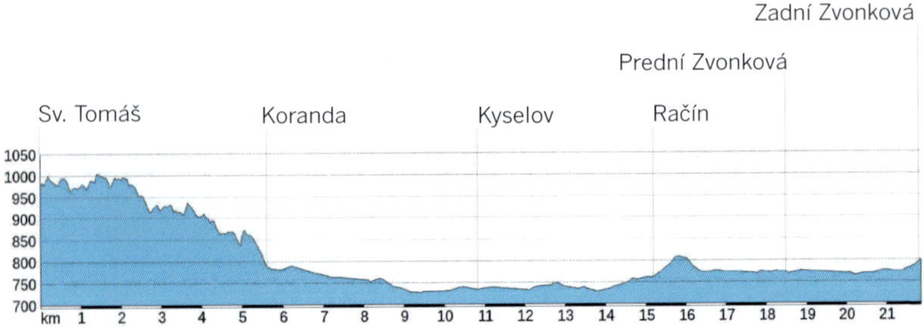

und die Böhmerwaldschule bei Sonnenwald. Auf Wunsch des Vorstands des Arge-Nordwaldkammweg-Mitglieds Alpenverein Rohrbach soll aber kein neuer Weitwanderweg im Arbeitsgebiet der AV-Sektion Rohrbach dazukommen, daher führt der offizielle NWKW II in Abänderung der Euregioprojektkarte auf der Trasse des in dieser Landkarte als NWKW III eingezeichneten Verlaufs.

Wir verlassen also den schönen Platz von Koranda auf dem Radweg 800 Moldaustausee-Radroute/803 Rosenhügel-Radroute/805 Wittinghausen-Radroute bergab zum Orientierungspunkt Janova cesta [N48° 39.954', E14° 3.869'], wo wir auf die rote Markierung von Růžová cesta treffen. Im Gegensatz zum Marsch entlang des Schwemmkanals müssen wir hier leider bis Kyselov Autoverkehr in Kauf nehmen. Der Radweg Kyselov, das ist die alte Bundesstraße B50 (Krumauer Straße), wurde nämlich neuerdings für den Autoverkehr freigegeben. Die rote Markierung begleitet uns den restlichen Tag entlang des Moldaustausees/Údolní nádrž Lipno. Wir kommen dem See immer näher. Beim Orientierungspunkt U mostu [N48° 40.344', E14°

4.126'] wenden wir uns auf der Asphaltstraße nach Westen. Bald stehen wir an jener Stelle, wo der Moldaustausee nach Österreich reicht und deshalb zum Zeitpunkt des Eisernen Vorhangs eine Bucht mit einem Damm und einer Brücke gebaut werden musste (Rakouská zátoka). Nach Süden sehen wir von der Brücke in das Naturschutzgebiet Bayrische Au. Bergauf erreichen wir auf der kerzengeraden Straße den Abzweigepunkt Kyselov – rozc. [N48° 41.000', E14° 3.405']. Hier beginnt der Verbindungsweg V3 nach Oberhaag, von dem nach der Grenze der Waldsteig (Weg 40) links abzweigt, der uns die Bayrische Au als Abstecher zeigt. Für den botanisch Interessierten sei hier vermerkt, dass im Zentrum dieses bis an die tschechische Grenze heranreichenden Hochmoorgebietes das Eiszeitrelikt Spirke (Pinus Mugo ssp. Rotundata, auch Moorkiefer) als Besonderheit zu finden ist.

Von Kyselov – rozc. nach Norden ist es nicht weit zur Fähre über den Moldaustausee nach Dolní Vltavice/Untermoldau und weiter nach Černá v Pošumaví.

Wir sind jetzt endlich die Asphaltstraße los und kommen ins Gelände entlang der Radroute 800/1033 auf rot markiertem Weg. Man kann auf dieser Radroute bleiben, an sich ist es aber gedacht, beim Orientierungspunkt Račín [N48° 42.568', E14° 1.835'] nach Westen abzuzweigen und dann vor Přední Zvonková/Vorderglöckelberg [N48° 43.754', E14° 0.177'] wieder den Radweg zu erreichen. Das letzte Stück geht auf der Asphaltstraße Richtung Schöneben bis zur Abzweigung zur Pension Marie am Schwemmkanal.

14 Von Zadní Zvonková zum Dreisesselberg

Tageslänge 21,8 km
Gehzeit 6 Stunden
Höhenmeter Aufstieg: 671 m, Abstieg: 177 m
Weg Schotterwege, Steige, Asphalt
Anfahrt Bus 370900 (betrieben von ČSAD Autobusy) vom Bahnhof Nová Pec bis Přední Zvonková, dann Fußmarsch am NWKW III;
mit Privat-PKW von Ulrichsberg über Schöneben bis zum Schwemmkanal, wenige Parkplätze bei den Infotafeln

Diese letzte Tagesetappe bietet als Abschluss den Schwarzenbergischen Schwemmkanal, ehe es zum Plöckensteinersee bergauf geht, von wo aus man schon das nächste Ziel, das Stifterdenkmal, sieht. Nach diesem extrem steilen Aufstieg geht es mit schönen Aussichtsstellen zum Plöckenstein und dann entlang des Grates zum Dreisesselberg.
Bitte beachtet, dass die Kernzonen der tschechischen Nationalparks nicht betreten oder befahren werden dürfen!

Nach der Nächtigung in Zadní Zvonková oder Schöneben steht der Schwarzenbergische Schwemmkanal auf der Wander-Agenda. Das heißt: nur sanfte Steigung, Sonnenschutz durch die Bäume, viele Radfahrer und immer wieder zum Schauen: Schleusen für querende Bachläufe. Man kann den Schwemmkanal schon etwas früher bei N48° 46.188', E13° 55.344' verlassen und der roten Markierung über den Hügel zum Orientierungspunkt Koňský potok folgen oder man verabschiedet sich vom Schwemmkanal erst bei der Rossbachschleuse und geht von dort bergauf auf der grünen Markierung über den Orientierungspunkt

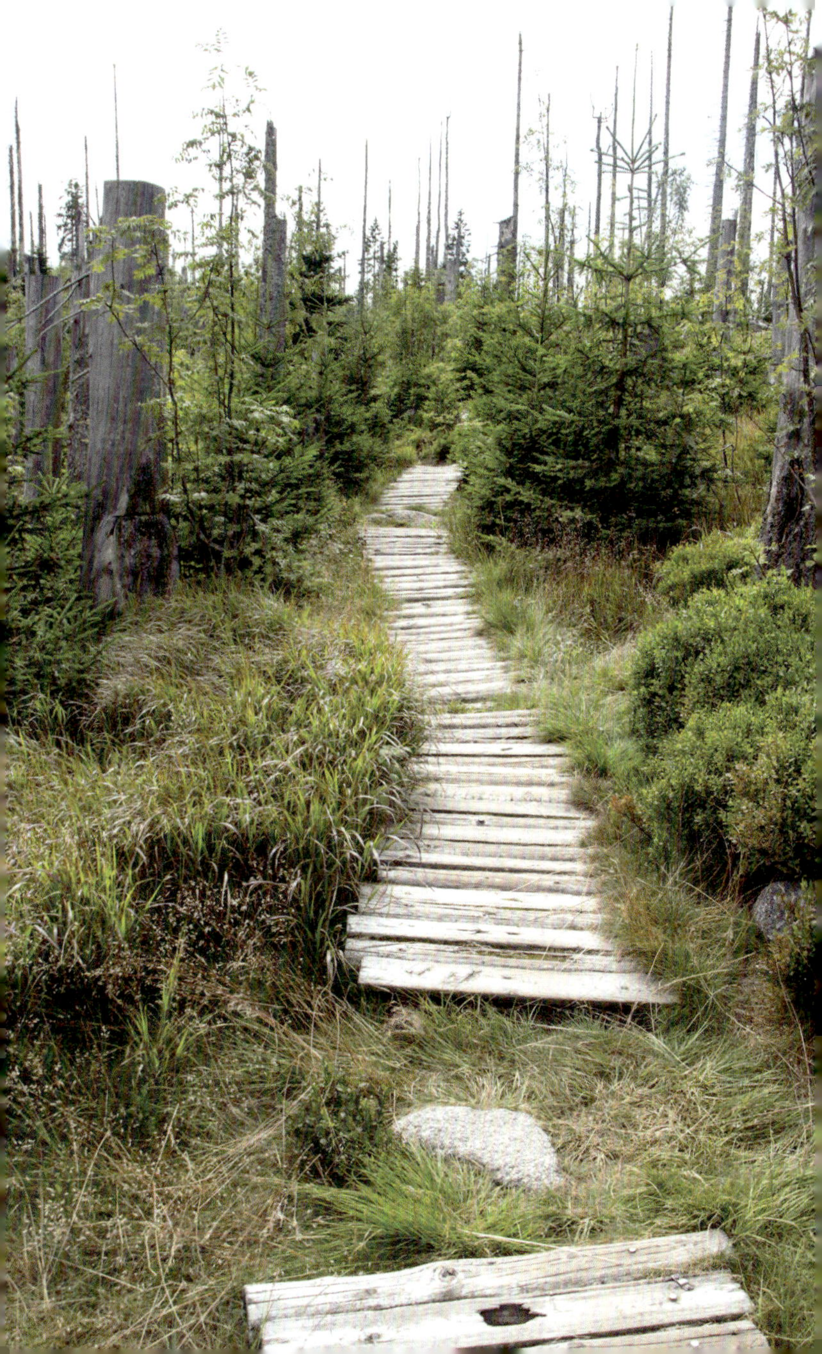

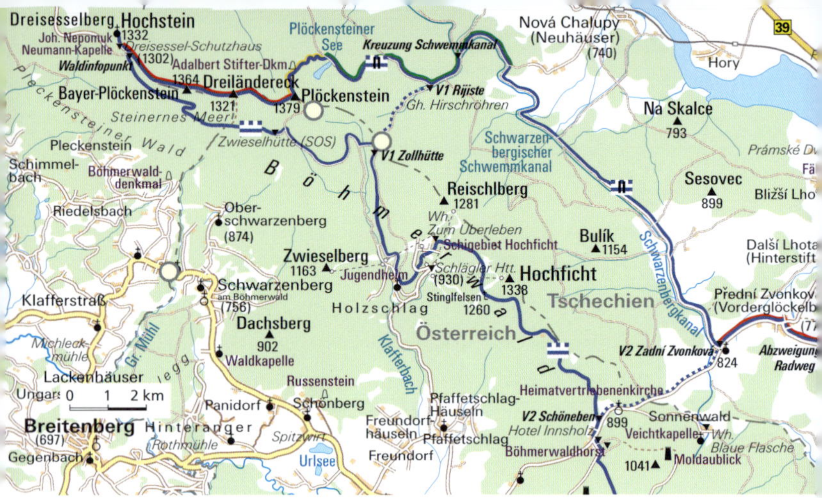

Koňský potok [N48° 46.524', E13° 54.062'] zur Labestelle Hirschröhren/Šesták in Říjiště [N48° 46.468', E13° 53.824']. Von hier gibt es den Verbindungweg V1 zur Zollhütte bei Holzschlag am NWKW.

Die grüne Markierung bringt uns zu den Orientierungspunkten Přístřešek Jezerní stezka [N48° 46.762', E13° 53.080'] (mit Rastplatz), Pod kamenným mořem [N48° 46464', E13° 52.502'] und Kamenné moře, ehe sie den Plöckensteinersee /Plešné jezero erreicht. Gleich nach dem See beim gleichnamigen Orientierungspunkt N48° 46.676', E13° 52.054' verlässt der NWKW II die grüne Markierung und führt auf steilem Steig hinauf zum Stifter-Obelisk. Der Dichter Adalbert Stifter (1805–1868) hat mit seinen Schilderungen das Image des Böhmerwaldes sehr geprägt, hier wurde ihm ein Denkmal gesetzt an einem Ort mit schöner Fernsicht.

Er war einer der bedeutendsten Dichter des Biedermeiers und wurde in Horní Planá/Oberplan als Sohn eines Leinwebers geboren. Sein Geburtshaus ist heute ein Museum.

Stifters Werke wie Hochwald, Bunte Steine, Nachsommer oder Witiko zeigen ihn als Meister der sprachlichen Naturdarstellungen und scharfen Beobachter. Der studierte Jurist und oberösterreichische Landesschulinspektor war auch Maler und schuf etwa 1833–35 das Gemälde der Ruine Wittinghausen. Wer seine Werke erwandern will, für den bietet sich der Adalbert-Stifter-Panoramaweg in St. Stefan am Walde an.

Tiefblick vom Plöckenstein zum Plöckensteinersee

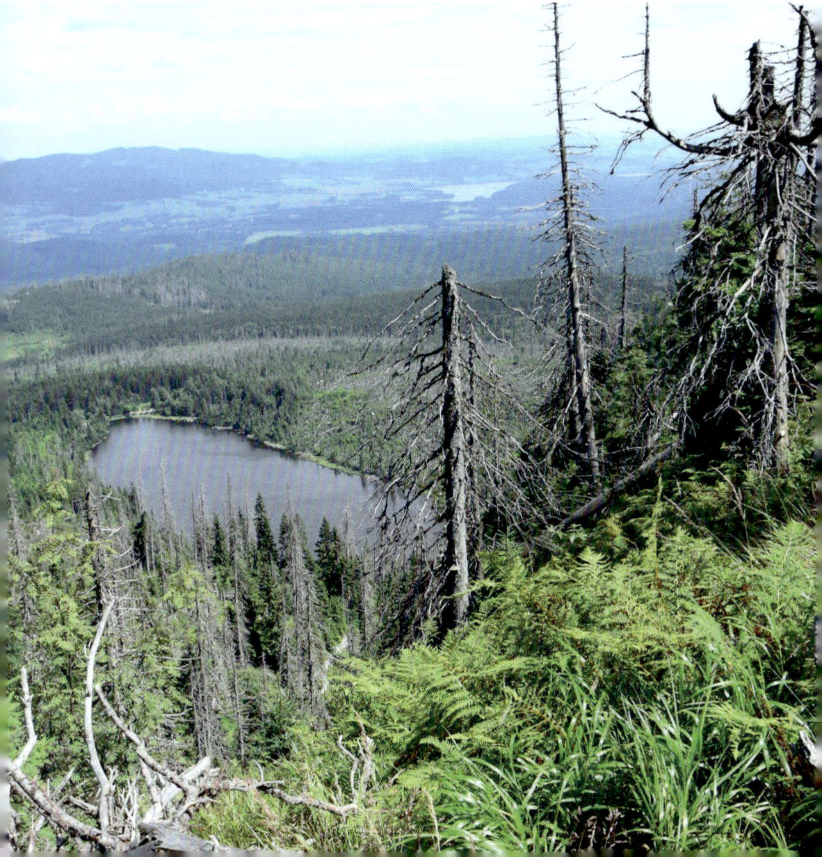

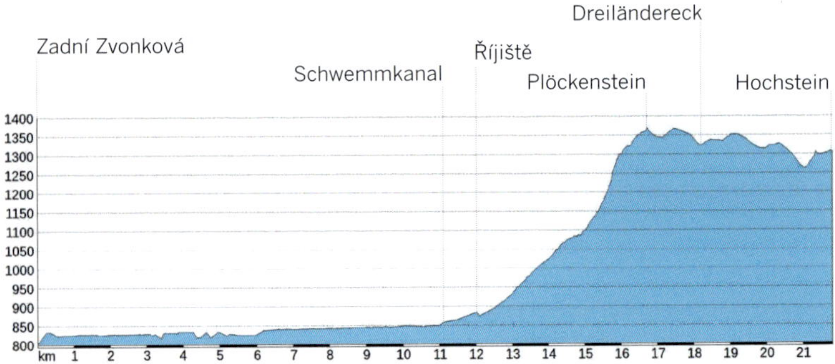

Die restliche Steigung zum Plöckenstein/Plechý (1 378 m), dem höchsten Gipfel der Tour, wird immer wieder durch schöne Tiefblicke zum Plöckensteiner- und Moldaustausee bereichert. Durch den Sturm Kyrill und die Borkenkäferplage stehen auf der österreichischen Seite des Hochkammes kaum mehr Bäume, im Nationalpark Šumava (in der Zone 1 hier mit Betretungsverbot) sehen wir noch die Baumleichen – ein gespenstischer Blick bis zum Tagesziel, dem Hochstein.

Am rot markierten KČT-Weg dorthin trifft man den interessanten Stein namens Stifterrast und den dreiseitigen Gedenkstein am Dreiländereck/Trojmezí. Vorher erreichen wir noch den nördlichsten Punkt Oberösterreichs. Kurz danach befinden wir uns schon in Bayern, es geht bergauf zum Bayerischen Plöckenstein/Trojmezná (1 361 m), ehe beim Vysoký hřeben (Hochkamm, 1 241 m) das Tagesziel direkt sichtbar wird und nach kurzem Abstieg nur noch der Schluss„hang" zur Dreisesselberghütte zu bewältigen ist. Wer noch weiter wandern möchte, kann dem alten Kammweg des Böhmerwaldbundes aus 1910 folgen. Dieser Weiterweg heißt jetzt Goldsteig und führt über die Höhen des Bayerischen Waldes bis zum Erzgebirge, wo er wieder Kammweg heißt.

Der NWKW II endet beim Beginn des klassischen NWKWs am Hochstein beim Dreisesselberg (1 332 m) in Bayern, rund 175 km Rückweg durch das Grüne Band liegen hinter uns.

Dreiländerecke Deutschland, Österreich, Tschechien

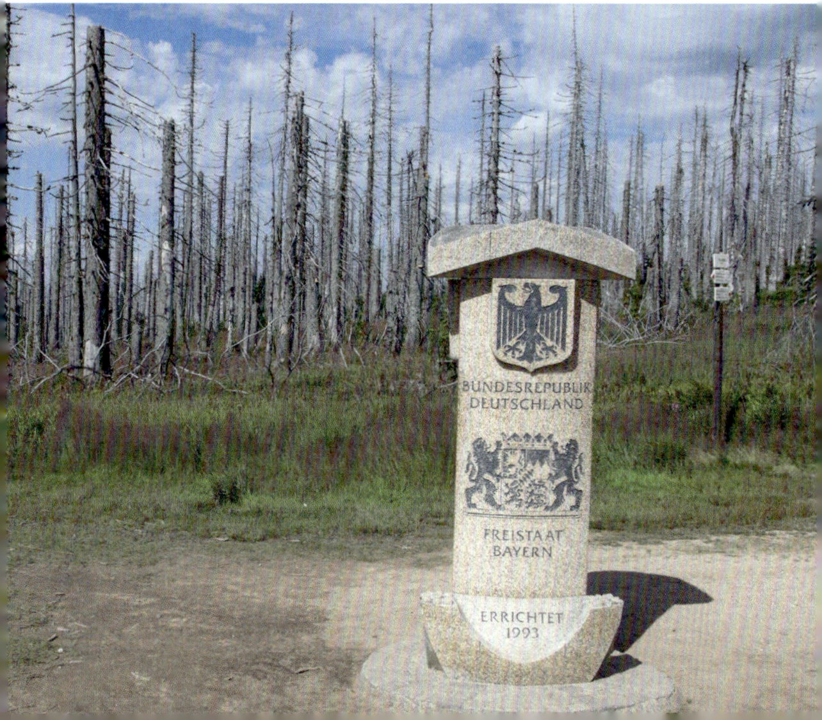

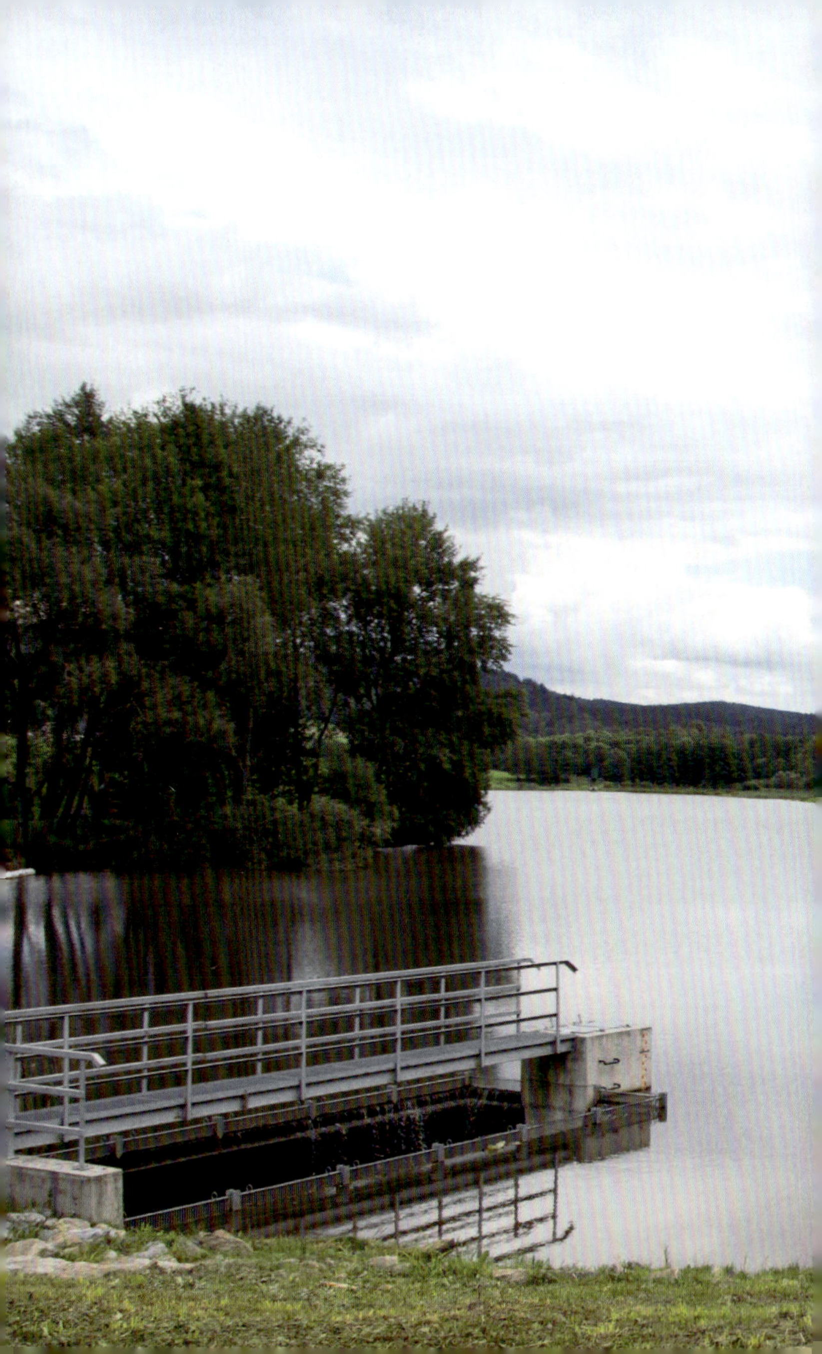

Nordwaldkammweg III

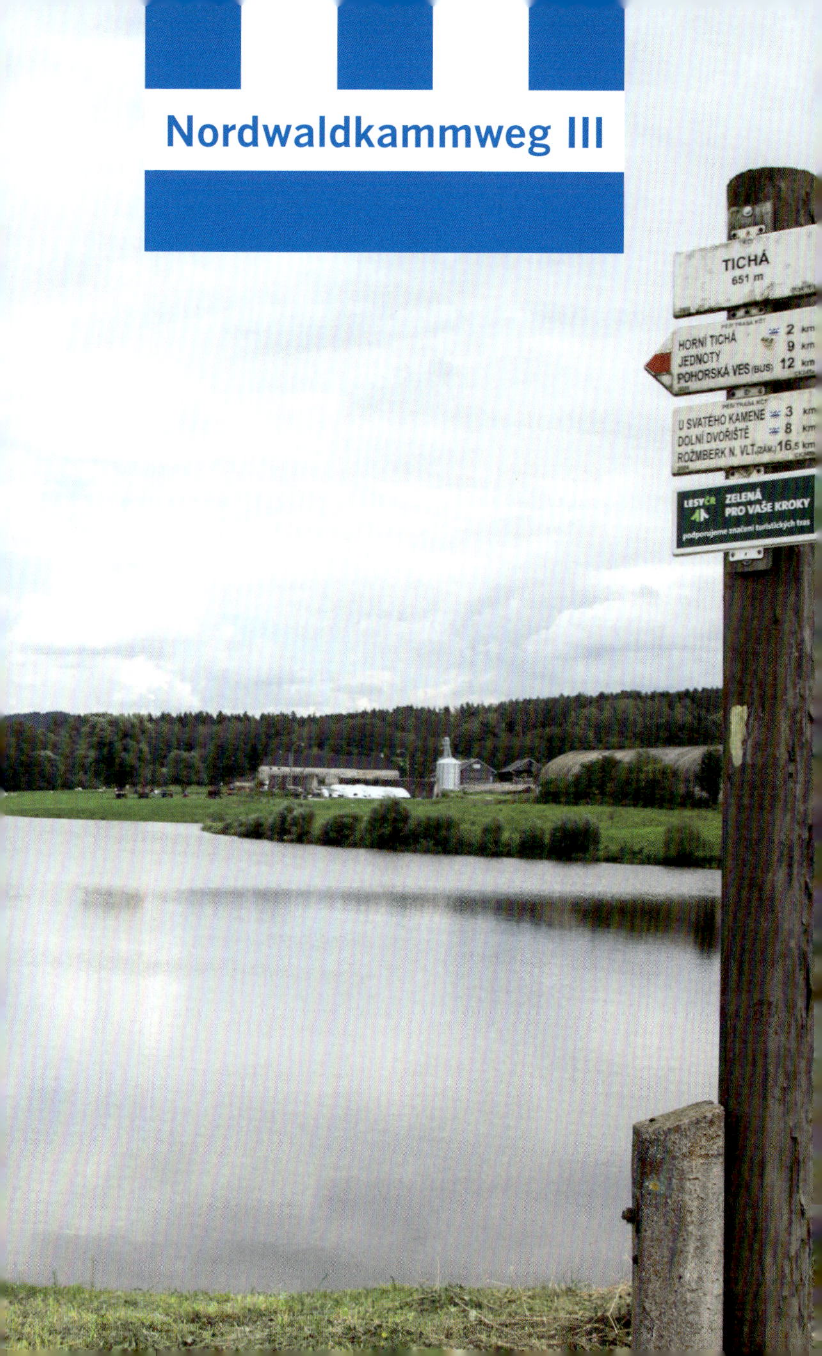

Nordwaldkammweg III

Der NWKW wurde um 1910 vom Deutschen Böhmerwaldbund angelegt. Schon im Jahr 1888 gibt es im „Führer durch den Böhmerwald“ ein Wegenummernkonzept des Deutschen Böhmerwaldbundes Budweis. In der 5. Auflage (1929) dieses Führers steht über den Verlauf des Kammwegs: Schwarzkoppe → Tannaberg → Gewintzy → Osser → Eisenstein → Stubenbach → Pürstling → Lusen → Kurschada → Dreisessel → Glöcklberg → Untermoldau → Friedberg → Hohenfurth → Rosenberg.
In der Zwischenkriegszeit (1. Republik bis 1938) verlief der NWKW teils auf österreichischem, teils auf tschechischem Gebiet. Diese historische Version, welche dies- und jenseits des Böhmerwaldes pendelte, ist heute teilweise durch den Moldaustausee bedeckt.

Durch die politischen Umwälzungen der Jahrhundertwende war es an der Zeit, den Weg zumindest abschnittsweise in seiner ursprünglichen Form zu revitalisieren.

Die Idee war, den NWKW nicht nur in der bestehenden Form zu erhalten, sondern bis zum nächsten Grenzübergang (damals Pyhrabruck bei Gmünd/NÖ) zu verlängern, um einen Rückweg zu erweitern (NWKW II) und durch die unverbauten Gebiete des tschechisch-österreichischen Grenzgebiets zu wandern. Die zusätzliche Variante NWKW III soll es also ermöglichen, den Startpunkt des historischen Nordwaldkammwegs, nämlich Rožmberk, zu erwandern.

So entstand 2007 mit EU-Förderung ein neues, völkerverbindendes Produkt.
Nachdem es seitens der tschechischen Verantwortlichen nicht gestattet wurde, das Nordwaldkammlogo oder eine einheitliche Wegnummer zu verwenden, ist die Nordwaldkammweg-Variante III nicht zusätzlich markiert. Alle Wege sind aber mit KČT-Markierungen versehen und die KČT-Orientierungspunkte in den Detailbeschreibungen samt GPS-Positionen angeführt. Gelb ist der Verbindungsweg V10 zwischen den Wegen II und III eingezeichnet (von Trojany nach Eisenhut Grenzübergang).

Soll dem gesamten alten NWKW gefolgt werden, ist ab Dolní Přibrání /Sinetschlag/Frantoly folgender Wegverlauf vorgesehen:
Dolní Přibrání → U Tokaniště → Janova Ves/Johannesberg → Tichá → Sv. Kamene/Maria Schnee alt → Dolní Dvořiště → Trojani (Kreuzung alte Pferdeeisenbahntrasse, Verbindungsweg V10 zum NWKW II bei Eisenhut) → Rožmberk nad Vltavou (Moldauschloss).
Mit der Burg von Rožmberk nad Vltavou ist der Startpunkt des NWKWs von 1910 erreicht.
Weiterweg: Rožmberk → Lachovice → Kraví hora (796 m, schöner Ausblick, viele Opferschalen, Abstecher) → Vyšší Brod. Die Wallfahrtstätte Maria Rast am Stein und der dazugehörende interessante Kreuzweg (grün markiert) liegen am Weiterweg von Vyšší Brod, wie auch Freistadt, Bad Leonfelden und Krumau, Veranstaltungsorte der länderübergreifenden Landesausstellung 2013. Über Martínkov wird bei Frantoly der NWKW II erreicht. Gesamte Länge: 40,2 km.

Einteilungsvorschlag NWKW III (40,2 km)

Start	Ziel	km	Aufstieg	Abstieg	Markierung KČT
Dolní Pribřaní	Janova ves Johannesberg	2,7	3 m	97 m	rot
Janova ves Johannesberg	Dolní Dvořiště	11,7	68 m	164 m	rot
Dolní Dvořiště Unterhaid	Rožmberk nad V. Rosenberg	8,8	194 m	278 m	rot
Rožmberk nad V. Rosenberg	Vyšší Brod	11,4	326 m	288 m	rot
Vyšší Brod Hohenfurth	Frantoly	5,2	327 m	61 m	grün, gelb
gesamt		40,2	918 m	888 m	

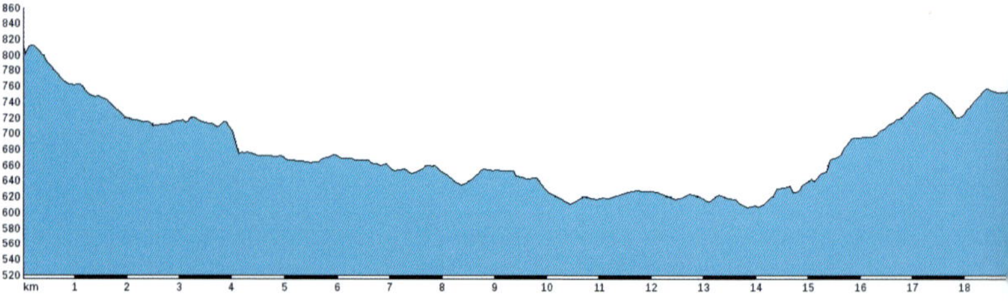

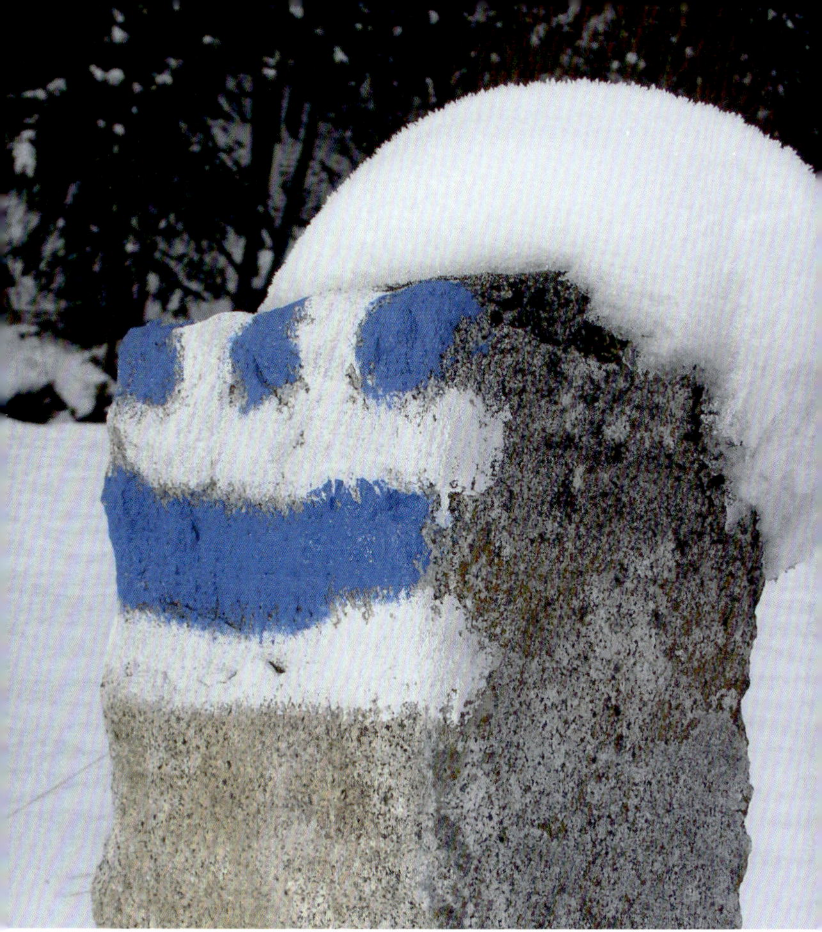

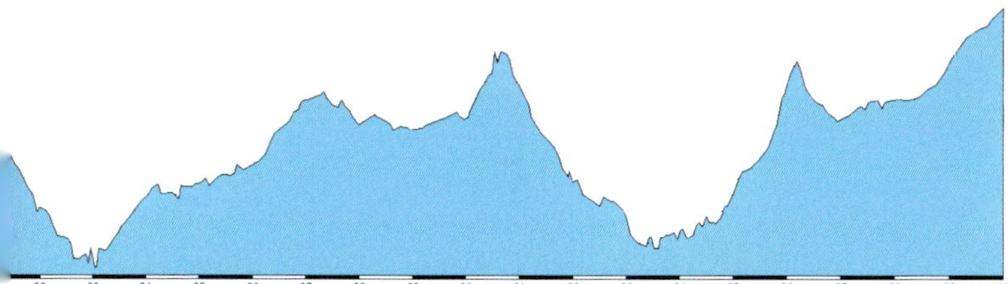

Höhenprofil NWKW III (40,2 km)

10A Von Dolní Pribrání nach Rožmberk

Tageslänge	23,3 km
Gehzeit	6 Stunden
Höhenmeter	Aufstieg: 272 m, Abstieg: 539 m
Weg	Asphaltstraßen, Steig, Schotterwege
Anfahrt	sehr schlecht erreichbar, Privat-PKW können bei Penzion Jelení Vyhlídka parken

Nach der Nächtigung, z. B. in der Penzion Jelení Vyhlídka bei Dolní Přibrání/Sinetschlag steht nun die Wanderung nach Rožmberk an, zum Startpunkt des historischen Kammwegs des Böhmerwaldbundes von 1910. Wir gehen von Dolní Přibrání ein paar Meter nach Norden zur roten KČT-Markierung auf der Fahrstraße und folgen dieser bis zum Kreuzungspunkt Pod Tokaništěm [N48° 38.093', E14° 34.584']. Bei dieser Straßenkreuzung kommt man links nach Cetviny/Zettwing und rechts nach Bělá/Zirnetschlag. Wir aber wandern geradeaus entlang der roten Markierung zur Jausenstation der Farm Janova ves. Auf einem rot markierten Schotterweg geht es von dort bergab zum Teich von Tichá. Alte Gedenkkreuze, Marterl und eine Kapelle von 1733 säumen diesen Weg, an dessen Ende der historische Turm von Tichá steht. Gleich neben der Wiese vor dem Turm befindet sich der Orientierungspunkt Tichá [N48° 38.405', E14° 31.388'].

Wir gehen 2,7 km weiter auf der rot markierten Fahrstraße mit der Radwegnummer 1018, die nicht stark befahren ist, bis zum Abzweigungspunkt Svatý Kámen [N48° 39.298', E14° 29.782']. Hier zahlt sich ein kleiner Abstecher zur barocken

Kirche Poutní kostel Svatý Kámen/Maria Schnee aus. Es sind nur 250 m, die Kirche ist vom Abzweigungspunkt noch nicht einsehbar. In der Zeit des Eisernen Vorhangs durften die Wallfahrer und Vertriebenen nicht mehr zu ihrer gewohnten Kirche, deshalb wurde eine neue Gedenkstätte jenseits der Grenze bei Hiltschen (am NWKW II) errichtet, von wo aus man die alte Kirche erblicken konnte.

Jetzt erreicht der Weg mit den Maltschauen einen landschaftlich sehr schönen, noch urtümlichen Abschnitt im Grünen Band bis zum Grenzort Dolní Dvořiště, ebenfalls mit schöner gotischer Kirche (Kostel sv. Jiljí) und mit Rastmöglichkeit gleich am Marktplatz davor. Dem Radweg 34 vom Orientierungspunkt Svatý Kámen wird nur 900 m

In der Kapelle Svatý Kámen

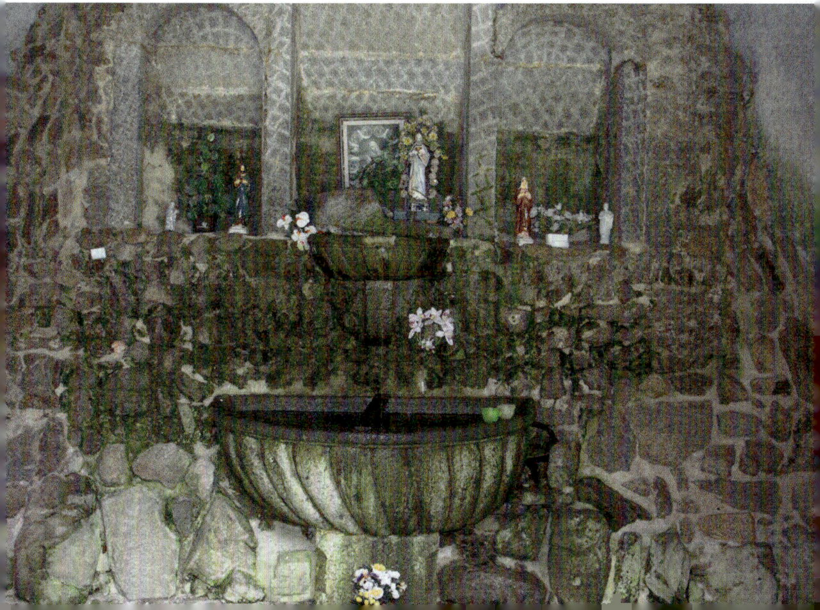

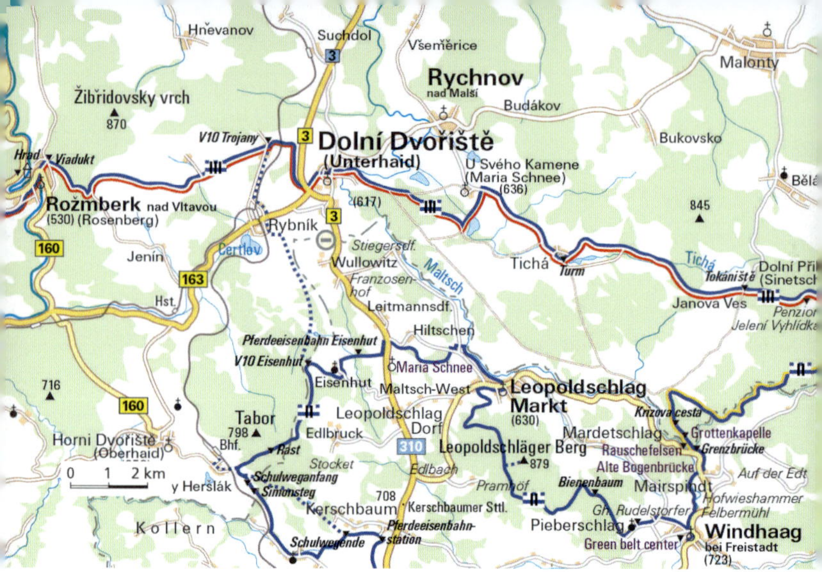

gefolgt, dann zweigt die rote Markierung nach dem Teich rechts ab. Vorbei an einer Kolchose queren wir am Ortseingang von Dolní Dvořiště die Malše/Maltsch auf einer Brücke und gehen zum Marktplatz.

Nach einer wohlverdienten Rast und der Kirchenbesichtigung in Dolní Dvořiště führt uns die rote Markierung gemeinsam mit dem Radweg 34 durch den Ort aufwärts, geht unter der Umfahrung der B310 durch, überquert die Summerauerbahn Linz – Summerau – Budweis und erreicht bei einem wunderschönen Seerosenteich die Ortschaft Trojany [N48° 39.745', E14° 26.025']. Von hier gibt es den Verbindungsweg V10 nach Eisenhut zum NWKW II entlang der Pferdeeisenbahnroute.

Wir wandern bergwärts, der Ausblick auf den Sternstein und die Umgebung wird immer besser. Die Markierungsfarbe

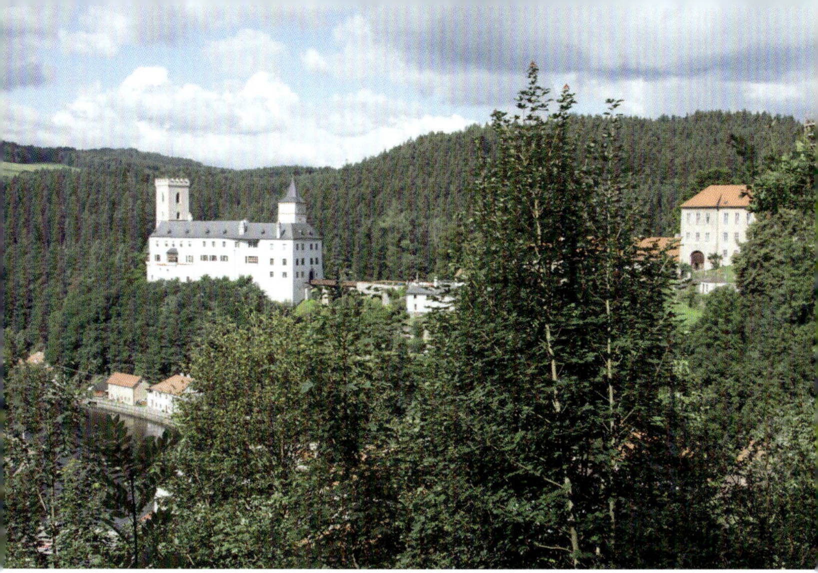

Burg Rosenberg an der Moldau

unserer Route bleibt rot, der Radweg heißt jetzt 1194, unser Ziel ist Rožmberk nad Vltavou/Rosenberg an der Moldau. Kurz bevor wir in den Wald hinunter zur Moldau eintreten, erwartet uns noch eine Kapelle mit wunderbarer Aussicht. Der nächste beeindruckende Blick bietet sich uns nach dem Abstieg durch den Wald auf die Burg Rosenberg und die Moldau. Kurz danach wird der Torso eines Viadukts für die Burg Rosenberg erreicht, natürlich auch eine Position für einen Geocache (GC1P0WB auf www.geocaching.com, KČT-Orientierungspunkt N48° 39.431', E14° 22.125').

In Rosenberg lässt es sich schon einige Zeit aushalten: Man kann den zahlreichen Paddlern auf der Moldau zusehen, wie sie über die Sperre rutschen, die Burg besichtigen, ein gutes tschechisches Bier in einem der zahlreichen Lokale beim Spaziergang durch den Ort genießen, lecker zu Abend essen, den Tag einfach ausklingen lassen.

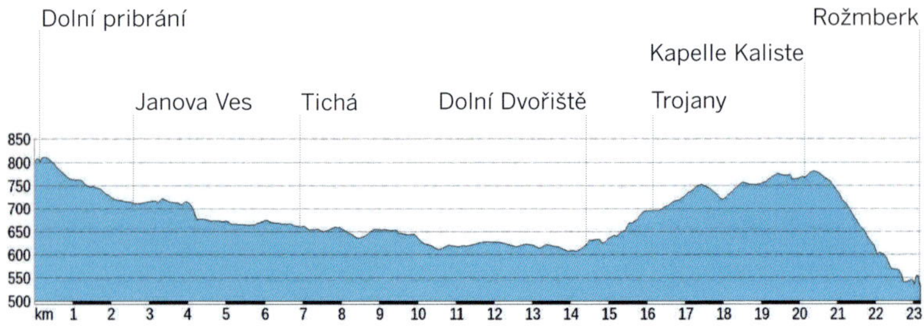

Das Geschlecht der Rosenberger hat in Tschechien viel geleistet. Die Rosenberger gehörten vom 12. bis zum 17. Jahrhundert, also über 400 Jahre, zu den wichtigsten Adelsfamilien des Königsreichs Böhmen. Vielleicht ist dieser historische Startort des Kammweges ein Anlass, sich mit der Geschichte dieses Geschlechtes zu befassen und sich einen Radiobeitrag dazu anzuhören: www.radio.cz/de/rubrik/geschichte/von-mythen-umrankt-die-herren-von-rosenberg.

Die Stadt Freistadt hat 1982 die Patenschaft für die Heimatvertriebenen der Stadt und der Pfarre Rosenberg übernommen. Alljährlich findet zu Fronleichnam bis zum darauffolgenden Sonntag in Freistadt ein Rosenbergertreffen statt. Mehr dazu und auch zum Deutschen Böhmerwaldbund, der 1911 den Kammweg ins Leben gerufen hat, gibt es auf der offiziellen Homepage www.museum-freistadt.at/rosenberger.

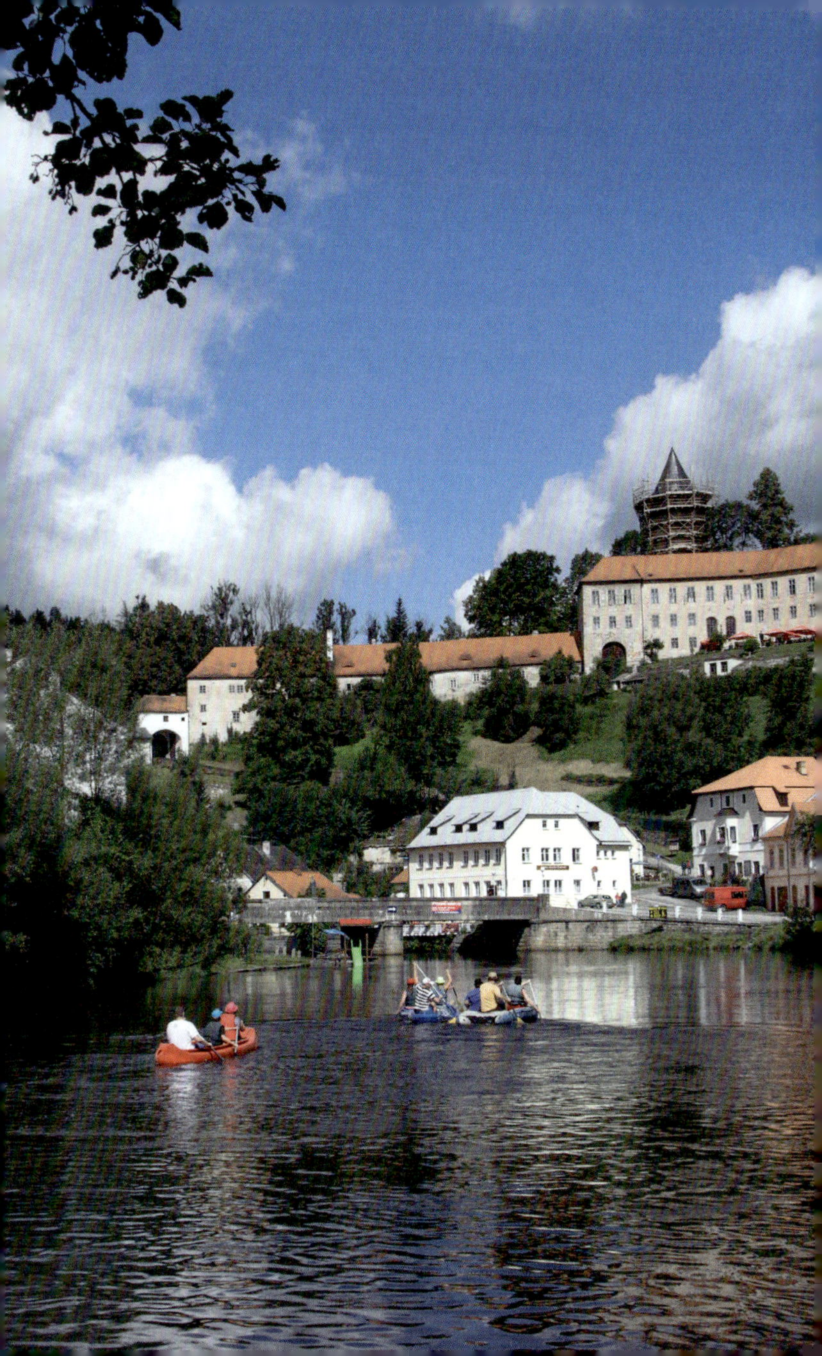

11A Von Rožmberk nach Vyšší Brod

Tageslänge	11,4 km
Gehzeit	3 Stunden
Höhenmeter	Aufstieg: 326 m, Abstieg: 288 m
Weg	Asphaltstraße, Schotterweg, Steig, Weg
Anfahrt	tschechischer Bus u.a. von Český Krumlov oder Frymburk (Linie 330065, betrieben von ČSAD Autobusy) oder Privat-PKW

In Rožmberk befinden wir uns am Startpunkt des historischen NWKWs des Böhmerwaldbundes von 1910. Nachdem die Etappe recht kurz ist, bietet sich an, unterwegs auch den Kraví hora zu besteigen. Dies ist in den Daten oben mit eingerechnet. Am Zielort des Wandertages in der Stadt Vyšší Brod fand im Jahr 2013 ein Teil der oberösterreichischen Landesausstellung statt. In dieser schönen historischen Stadt gibt es am Nachmittag einiges zu besichtigen. Zahlreiche Gasthäuser und Unterkünfte bieten dem Wanderer eine gute Infrastruktur.

Zunächst verlassen wir das schöne Rosenberg an der Moldau auf der roten Markierung Richtung Westen auf der Fahrstraße bis zur Ortschaft Přizeř. Jetzt geht es auf einem Schotterweg nach Südwesten Richtung Lachovice. Bevor wir dieses erreichen, besteht noch die Möglichkeit, bei einer Zuchtanstalt der Gesellschaft Agrowald Bisons zu sehen. Wer einen Abstecher in den Ort Lachovice macht, kann dort mehrere schöne Holzstatuen bestaunen, die im Zuge eines Holzbildhauersymposiums geschaffen wurden. Vor uns erkennen wir schon den höchsten Punkt des Tages, den Kraví hora/Kuhberg mit 796 m Höhe. Steil geht

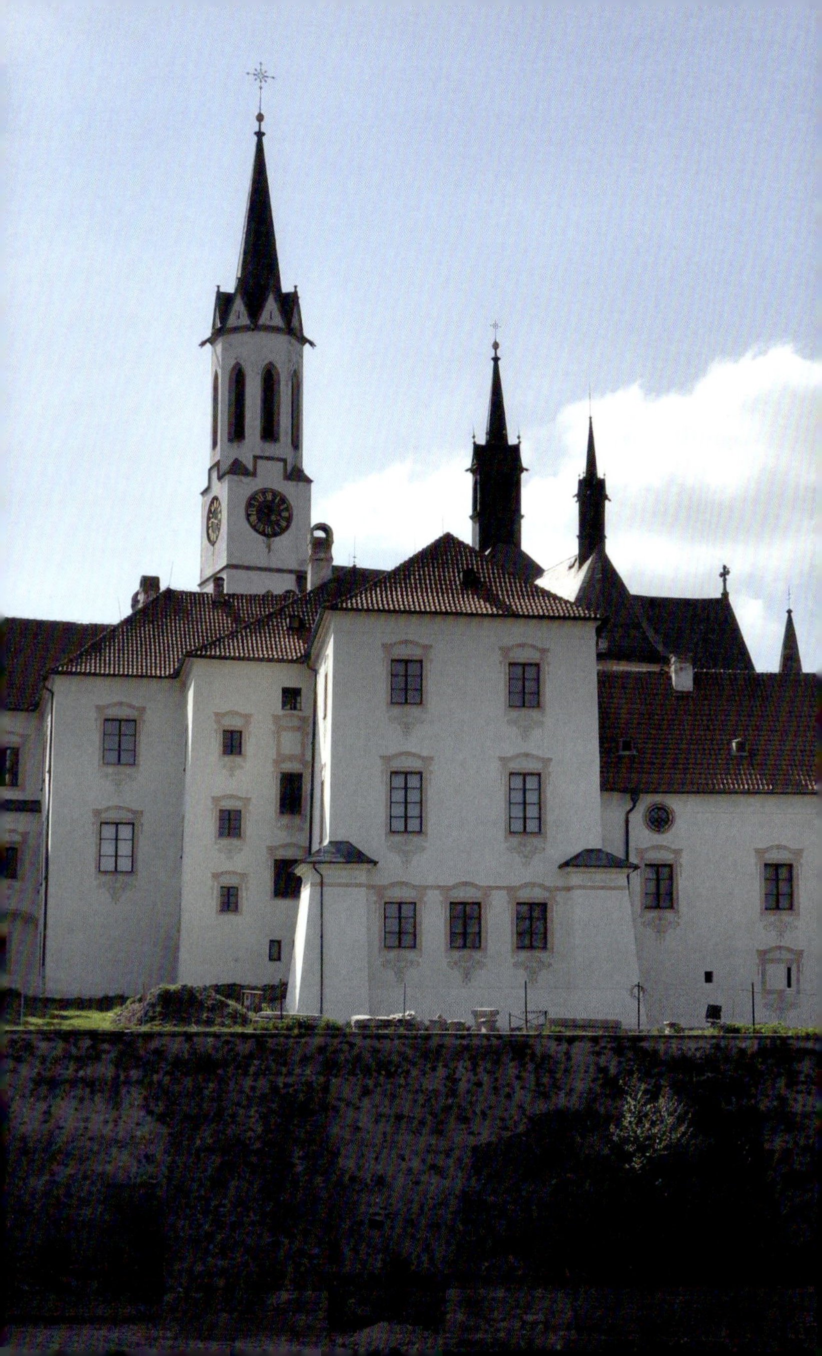

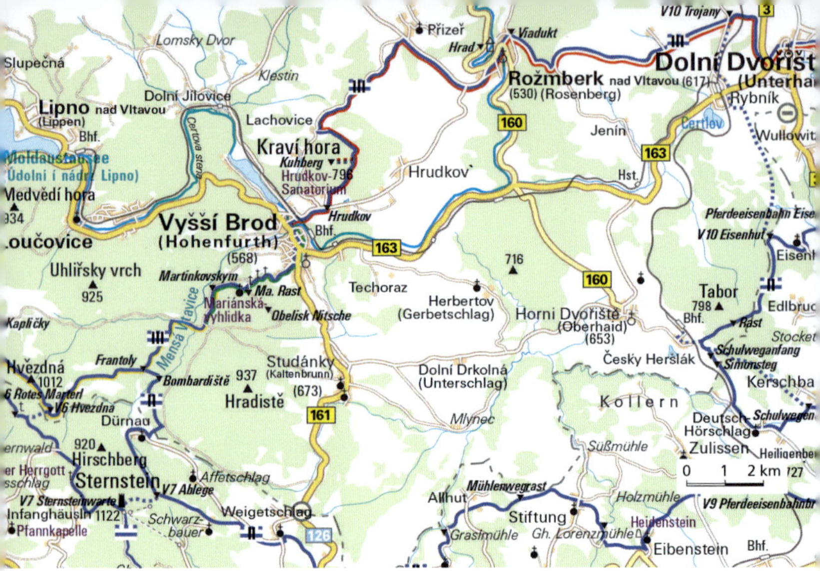

der Abstecher nach oben, doch der Ausblick auf das unten liegende Vyšší Brod und vom Gipfelfelsen zum Sternstein belohnt die Mühe. Zurück am selben Weg ist es nun nicht mehr weit bergab über Hrudkov zum Bahnhof von Vyšší Brod/Hohenfurth. Gleich neben dem Hohenfurther Bahnhof starten die meisten Paddler ihre Moldaufahrt. Ein schöner Abstecher ist es, von hier der Moldau flussaufwärts zu folgen und den früher von Paddlern gefürchteten Abschnitt der Moldau durch die Teufelsschlucht mit der Teufelswand/Čertova stěna anzuschauen.

Auch der Besuch des Lehrpfades „Der Abtweg I“, er dauert etwa 1 ½ Stunden und beginnt und endet am Zisterzienserkloster, ist sicher interessant. Er führt am künstlichen Kanal entlang, der das Kloster mit Wasser versorgt. Der mächtige Mischwald entlang des Kanals ist etwa 180 Jahre alt.

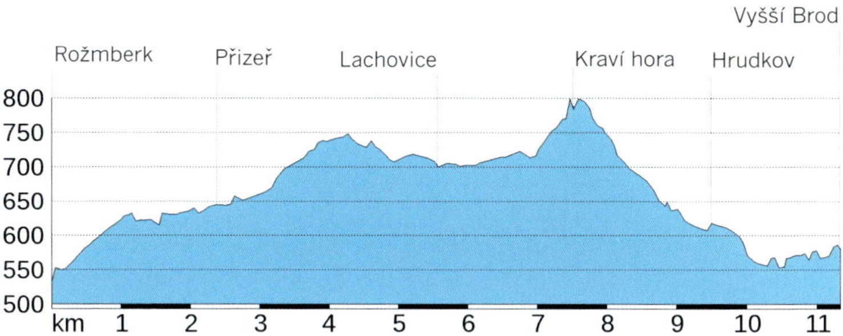

In Vyšší Brod lässt sich leicht ein Halbtag verbringen, bevor es am Nordwaldkammweg weitergeht. Einige Gasthäuser lassen den Wanderer nicht verhungern und verdursten, es werden schmackhafte regionale Speisen aufgetischt. Die Konditorei Eva sollte für den Nachtisch unbedingt erprobt werden. Lokale Greißler zu besuchen und den Proviant für den nächsten Tag einzukaufen, empfiehlt sich auch.

Kulturell sticht natürlich die Zisterzienserabtei, gegründet 1259 durch das Adelsgeschlecht der Rosenberger, hervor. 70 000 Bücher stehen in der schönen Bibliothek dieses gotischen Baues, der im Zuge einer Führung gemeinsam mit der Hohenfurther Madonna besichtigt werden kann. Der Höhepunkt der Runde ist das goldene Zawischkreuz, das zu den wertvollsten Kultgegenständen weltweit gehört.
In der Nähe des Klosters ist auch noch die „Weiße Mühle" zu besichtigen. Sie liegt direkt an der Flusswehr der Moldau und wurde urkundlich erstmals schon in der ersten Hälfte des 14. Jahrhunderts erwähnt. Dies erinnert auch an die Namensgebung: Durch die „Hohe Furt" der Moldau wateten früher zahlreiche Handelskarawanen.

12A Von Vyšší Brod nach Frantoly

Tageslänge	5,6 km
Gehzeit	1 ½ Stunden
Höhenmeter	Aufstieg: 327 m, Abstieg: 61 m
Weg	Asphaltstraßen, Kreuzweg, Weg
Anfahrt	Zug von Budweis über Rybník (Bahnhof an der Moldau), Bus u. a. von Bad Leonfelden und Český Krumlov (Int. Linie 000069 von ČSAD Autobusy, Haltestelle bei der Skola/Schule)

Dieser Routenabschnitt bildet keine Tagesetappe, weil ab Frantoly der Weiterweg bis Sv. Tomáš auf dem NWKW II führt und somit die gesamte Tagesetappe eine Länge von dann 24,7 km hat. Von Vyšší Brod/Hohenfurth geht der Weg entlang eines Kreuzweges bis zur Kapelle Maria Rast, dann weiter über Mnichovice zum NWKW II.

Nach dem Überschreiten des geschäftigen Hauptplatzes von Vyšší Brod mit dem historischen Rathaus bergauf führt der heutige Weg bei der Konditorei Eva vorbei nach rechts bergwärts auf der roten KČT-Markierung. Die Trasse ist gleich mit dem Rückweg des Rundwegs der Wanderroute Radvanov/Rading auf dem Salzweg über die Grenze nach Österreich. Zuerst weisen uns die Kreuzwegstationen den grün markierten Weg bergauf bis zur etwas versteckten alten Kapelle Maria Rast. Die ersten sieben der 14 Stationen sind über einen Wiesenpfad zu erreichen. An den Stationen IV und VII sind Bänke zum Verweilen errichtet worden, der Ausblick von der Station VII ist ein Foto wert. Der zweite Teil des Kreuzweges verläuft durch den Wald. Nach der Station XI kreuzt ein Fahrweg, auf dem man einen Abstecher

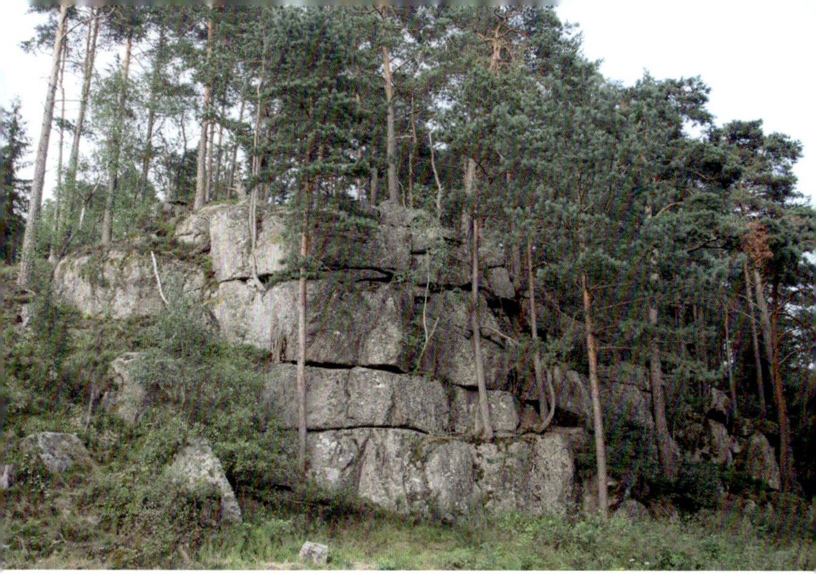

Martínkovským vrchem

nach links zum sehenswerten Nietsche-Obelisk machen kann. Dr. Friedrich Nietsche war Bürgermeister von Hohenfurth. Am Weiterweg kommen wir nach der Station XII an den Ruinen eines ehemaligen Gasthofs und dessen Gewölben vorbei. Die letzten zwei Stationen liegen auf einem schmalen Fußweg, der um die Kirche herumführt. Man kann den Zustieg auch über eine Treppe abkürzen.

Die Wallfahrtskirche Maria Rast am Stein, errichtet im pseudoromantischen Baustil, befindet sich am Hügel Martínkovsky vrch und wurde am 15. August 1888 geweiht.
Nach kurzer Pause an diesem mystisch wirkenden Ort wechseln wir nach Westen zur Fahrstraße und zum Orientierungspunkt Pod Martínkovskám vrchem [N48° 36.500', E14° 17.187']. Der blau markierten Fahrstraße folgen wir bergauf bis zum Orientierungspunkt Mnichovice [N48° 36.065', E14° 17.042']. Hier kann man auf der für den allgemeinen Verkehr

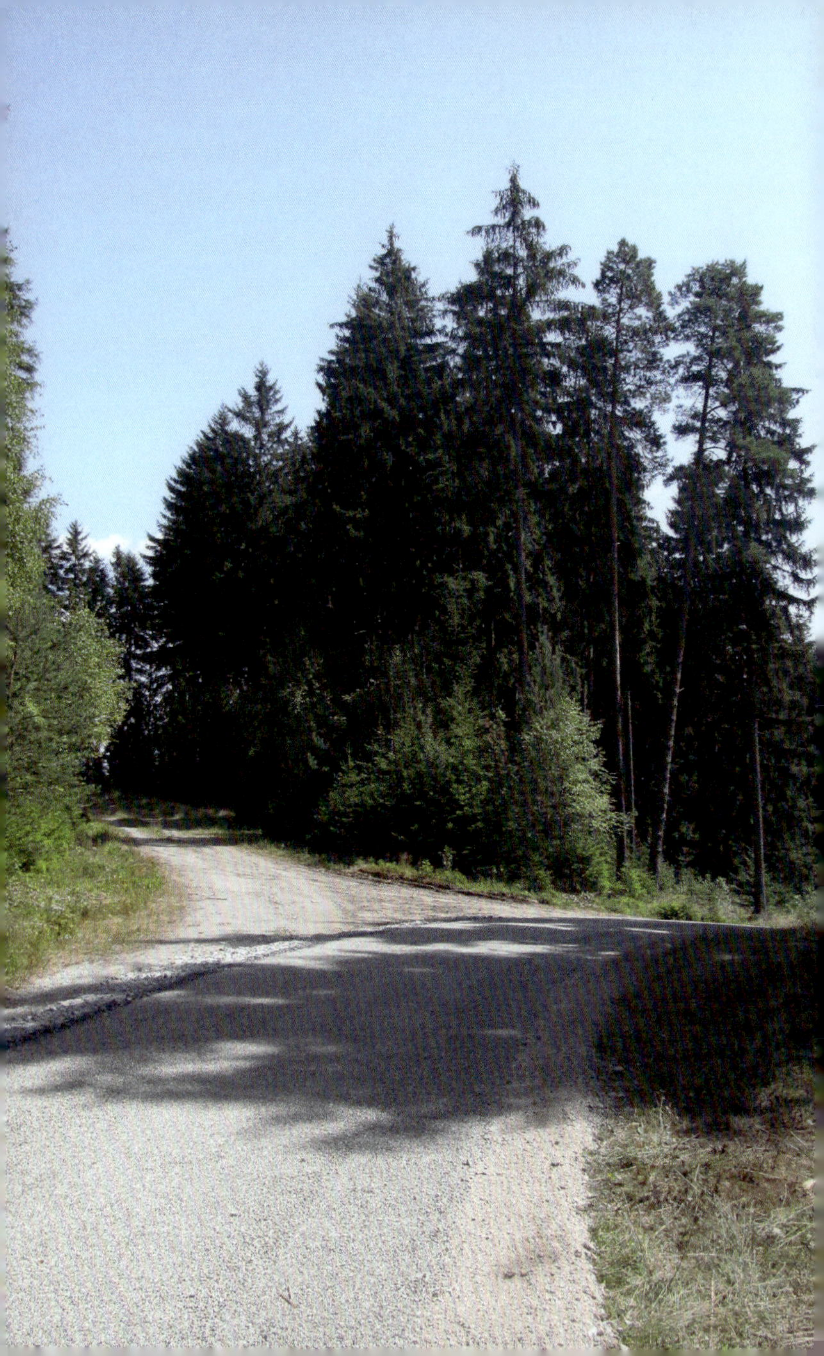

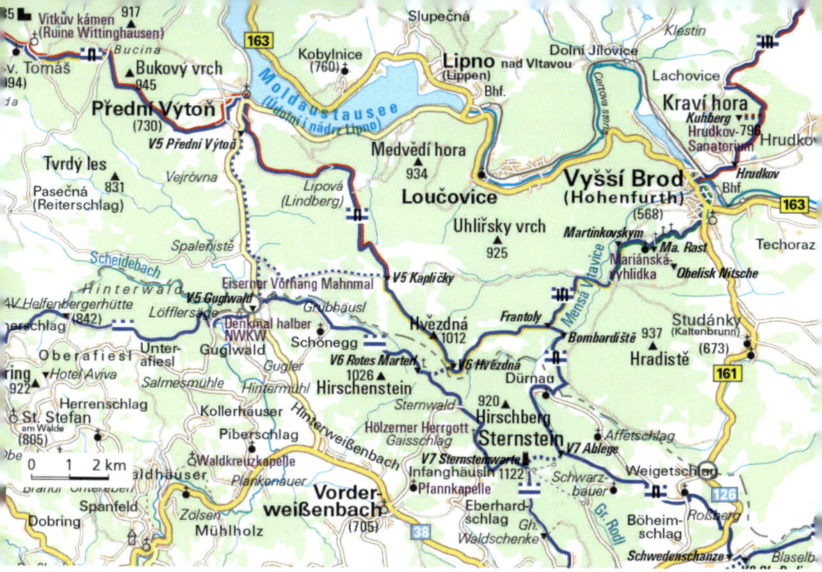

gesperrten Straße über die Kaserne Martínkov/Martetschlag nach Studánky/Kaltenbrunn wechseln. Wir aber gehen nach Westen weiter auf der nun gelben Markierung über Mnichovice/Minichschlag bis zur Kreuzung Frantoly, wo wir auf den von links kommenden NWKW II stoßen.

In Frantoly gibt es keinerlei Nächtigungsmöglichkeit, also ist es sinnvoll, auf dem Tagesabschnitt 12 des NWKW II weiter zu wandern. Vorbei an den Windrädern des Windparkes Sternstein bleiben wir auf der tschechischen Seite und wandern über Kaplički zum Moldaustausee nach Přední Výtoň hinunter und anschließend hinauf nach Svaty Tomáš und zur Ruine Wittinghausen.

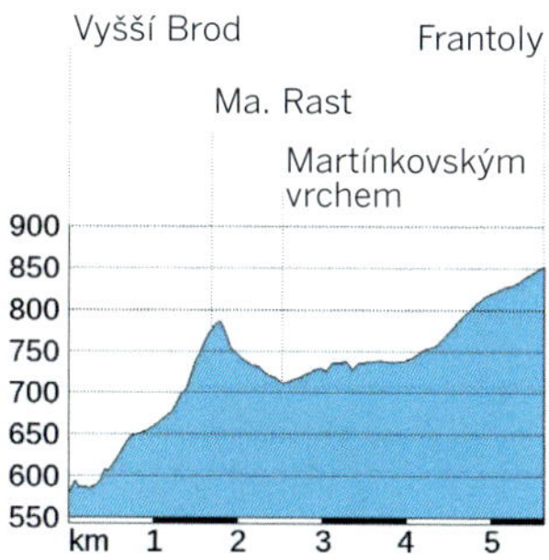

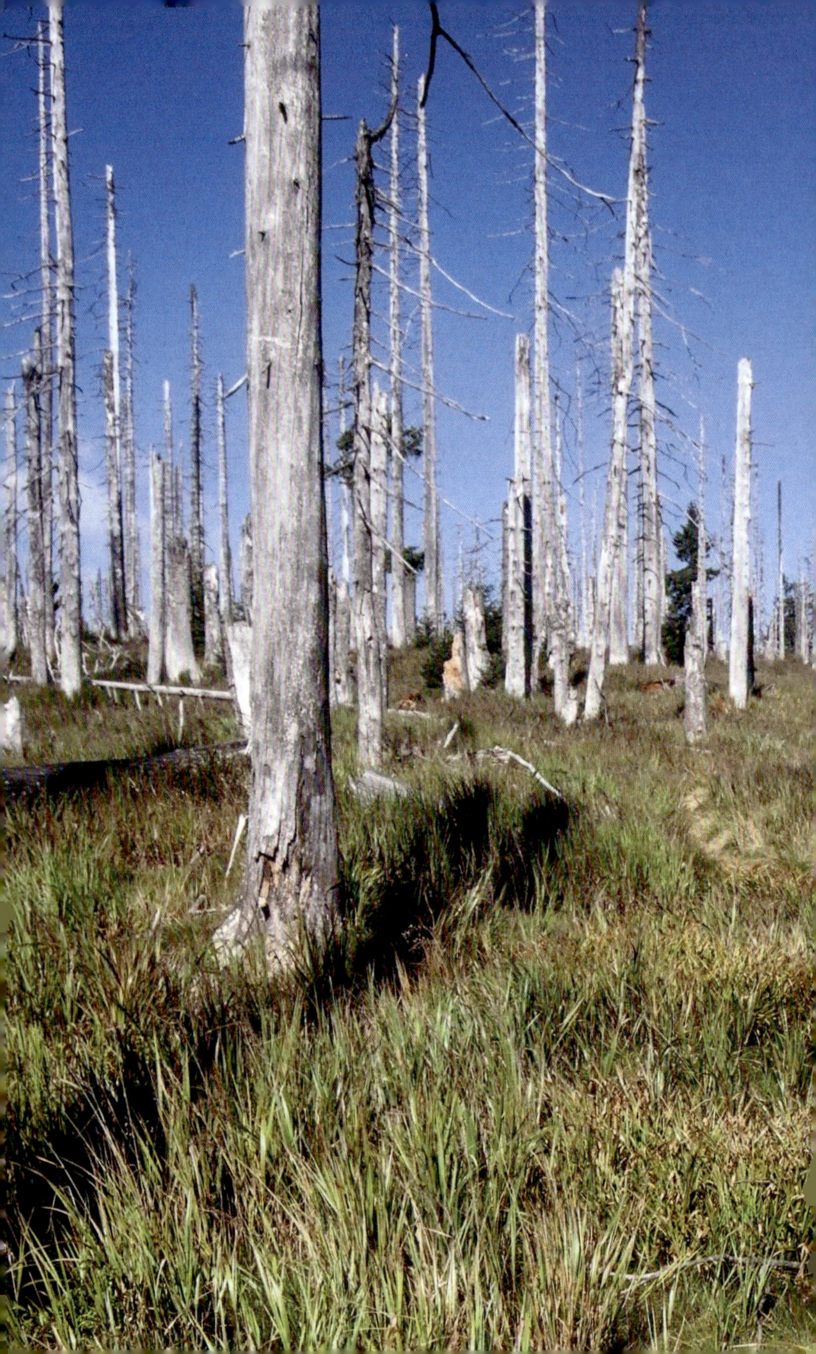

Anhang

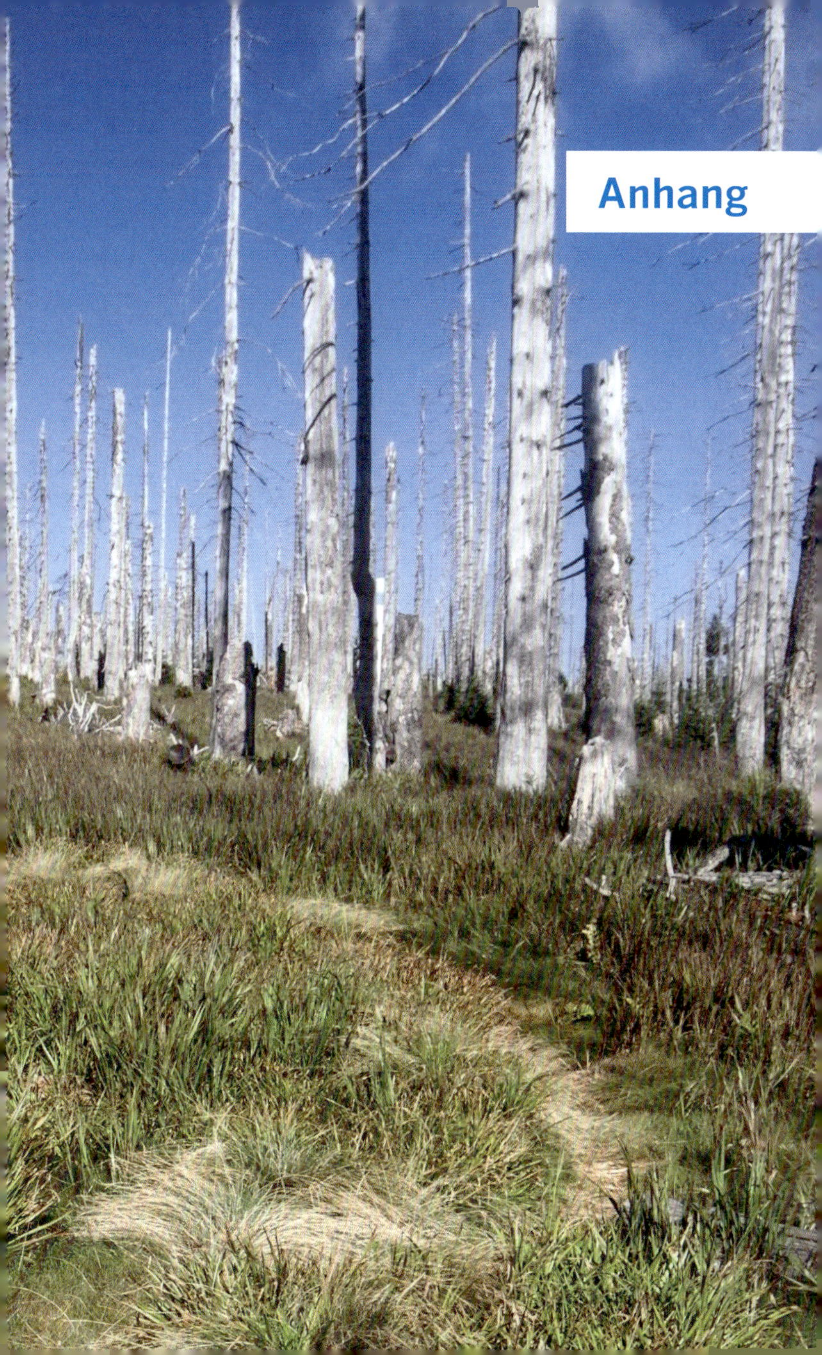

Öffentliche Verkehrsverbindungen

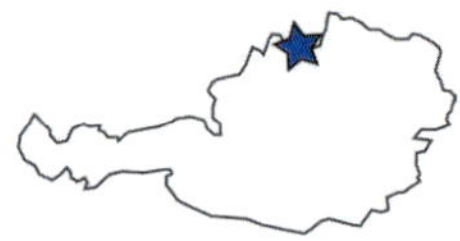

Im Sinne der CO_2-Bilanz ist es dem Herausgeber ein wichtiges Anliegen, dass für die An- und Abreise möglichst auf das eigene Auto verzichtet und öffentliche Verkehrsverbindungen genützt werden. Dazu einige Hinweise:

Bahn, Bus, Auto, Rad, zu Fuß
Fahrplanauskünfte in Ostösterreich werden gut abgedeckt durch den Routenplaner www.anachbvor.at, wobei die einzelnen Verkehrsmittel auch als Kombination angeboten und die CO_2-Einsparung berücksichtigt wird.

Bahnverbindungen z. B. Linz → Aigen-Schlägl, Linz → Freistadt → Summerau → Český Heršlák → Rybnik → Budějovice/Budweis, Wien → Gmünd, Linz → Passau werden abgedeckt durch die Plattformen www.oebb.at, www.db.de und www.cd.cz.
EURegio-Tickets sind Sondertarife für den grenzüberschreitenden Nahverkehr. Die Rückfahrt ist im Preis immer inklusive. Angeboten werden die gefragtesten Punkt-zu-Punkt-Verbindungen. Das Aus- und Einsteigen in dazwischenliegenden Bahnstationen erfolgt zum selben Pauschalpreis. Die Fahrradmitnahme ist nach Maßgabe vorhandener Beförderungskapazitäten in dafür vorgesehenen Nahverkehrszügen kostenlos möglich.
Mit dem Wochenend-Gruppenticket (Skupinová víkendová jízdenka) der Tschechischen Bahnen (České dráhy) kann man auch bis zu ausgewählten Bahnhöfen in Deutschland fahren.
In Bayern gibt es im Nahverkehrsbereich das günstige Bayernticket (www.bahnland-bayern.de/de/tickets/bayern-ticket, Geltungszeiten beachten!). Mit der RIT-Fahrkarte (www.rit-ticket.de) ist ein

unterschiedlicher Ziel- und Rückreisebahnhof möglich ohne Zugbindung und inklusive ICE-Nutzung.

Busverbindungen: Die Plattform www.ooevv.at hilft bei lokalen Verkehrsverbindungen im Mühlviertel, z.B. Linz → Freistadt → Rainbach → Wullowitz, Linz → Freistadt → Gmünd, Linz → Bad Leonfelden, Linz → Rohrbach → Schwarzenberg, Freistadt → Bad Leonfelden → Rohrbach.
Die Plattform www.idos.cz nimmt man am besten für lokale Busverbindungen in Tschechien, www.bayern-fahrplan.de/de/auskunft für lokale Verkehrsverbindungen in Bayern.
Im Bereich der öffentlichen Verbindungen im Mühlviertel wird nach Verkehrszonen abgerechnet, Senioren brauchen für die Ermäßigung die ÖBB-Vorteilscard Senioren.
Das tschechische Verkehrssystem Cyklotrans bietet seit 2003 die Möglichkeit, das Fahrrad mit dem Bus zu Ausflugszielen in Südböhmen und Südmähren mitzunehmen. Radbegeisterte Ausflügler werden am Morgen zu den Ausflugszielen gebracht und am Abend wieder zurückgeholt. Es ist nicht notwendig, von der gleichen Haltestelle zurückzufahren, es besteht die Möglichkeit, jede beliebige Haltestelle des Systems für die Rückfahrt zu nutzen. Zur einfachen Orientierung wurde jede Buslinie mit einer Farbe gekennzeichnet.
Acht Linien stehen zur Verfügung:
Blaue Linie: Č.Budějovice → Prachatice → Vimperk → Kvilda
Rote Linie: Č.Budějovice → Č.Krumlov → Volary → Kvilda
Gelbe Linie: Č.Budějovice → Týn nad Vltavou → Písek → Orlík
Grüne Linie: Č.Budějovice → J.Hradec → Slavonice → Vranov n.Dyjí → Znojmo
Linie Nové Hrady: Č.Budějovice → Trh. Sviny → Nové Hrady → Hojná Voda

Moldau-Linie: Č.Budějovice → Č.Krumlov → Vyšší Brod → Černá v Poš. → Horni Planá
(alle diese Linien verkehren am Wochenende und Feiertag)
Graue Linie: Č.Budějovice → Prachatice → Volary → Kvilda
(diese Linie verkehrt an Arbeitstagen)
Grüne Linie: Č.Budějovice → J.Hradec → Slavonice → Jemnice
(diese Linie verkehrt dienstags und donnerstags)

Für den NWKW II am interessantesten sind die **Linie Nové Hrady** und die **Moldau-Linie**.
Darüber hinaus sind die Fahrpläne der Linien mit den Cyklobussen des Nationalparks Šumava (Böhmerwald) und mit ausgewählten Zugsverbindungen abgestimmt. Als Bereicherung des Systems wird die Erweiterung der Grünen Linie um die Linie „Dalešická“ gesehen: verkehrt Jemnice → Moravské Budějovice → Dalešice → Náměšť nad Oslavou.

Die Tarife entsprechen denen anderer öffentlicher Verkehrsmittel. Der Transport des Fahrrads bei der Hinfahrt kostet 20 Kč. Der Rücktransport ist gratis. Senioren haben einen ermäßigten Tarif, an Arbeitstagen ist für sie die Rückfahrt kostenlos. Das System Cyklotrans wird durch die südböhmische Verkehrsgesellschaft Čsad Jihotrans betrieben. Der Generalpartner ist das Kraftwerk Temelín. Weitere Informationen und der Streckenplan sind auf www.cyklotrans.cz zu finden.

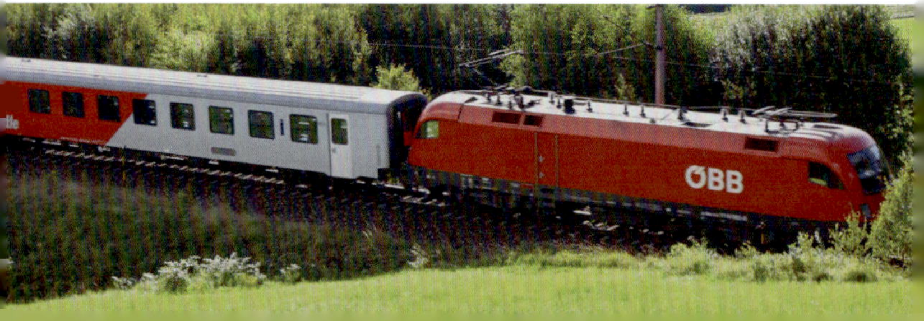

Querwege und Weganschlüsse

Verbindungswege zwischen den NWKWen

V 1 Verbindung zwischen klassischem NWKW und NWKW II in Hirschröhren

Entfernung: 2,0 km

Wegverlauf: Zollhütte → Hirschröhren/Rakouská cesta → Říjiště (Plöckensteinerweg 21)

V 2 Verbindung zwischen klassischem NWKW und NWKW II von Schöneben nach Zadní Zvonková

Entfernung: 3,8 km

Wegverlauf: Fahrstraße zwischen Böhmerwaldarena/Schöneben bis zu den Informationstafeln in Zadní Zvonková am tschechischen Schwemmkanal

V 3 Verbindung zwischen klassischem NWKW und NWKW II von Oberhaag nach Kyselov

Entfernung: 5,3 km

Wegverlauf: von Oberhaag über die Schwedenschanze am Wanderweg 42 den Schwemmkanal querend bis vor den Grenzübergang Kyselov, dann weiter nach Norden 2,8 km Richtung Moldaustausee am Radweg 803 (leider auch Autoverkehr)

V 4 Verbindung zwischen klassischem NWKW und NWKW II in St. Oswald

Entfernung: 3,0 km

Wegverlauf: St. Oswald → Grenzübergang Dolní Hraničná (CZ/A) → Rosenhügel/Koranda (Wanderweg 70/Radroute 800/blaue KČT-Markierung)

V5 Verbindung zwischen klassischem NWKW und NWKW II in Guglwald

Entfernung: 5,8 km / 4,4 km

Wegverlauf: Straße Guglwald → Heuraffl/Přední Výtoň oder Fahrweg Kapellen/Kapličky

V6 Verbindung zwischen NWKW und NWKW II beim Roten Martel

Entfernung: 0,4 km

Wegverlauf: Rotes Martel → Grenze CZ/A → Hvězdá (Steigspuren)

V7 Verbindung zwischen NWKW und NWKW II beim Sternsteingipfel

Entfernung: 1,3 km

Wegverlauf: Sternsteingipfel → Ablege (Weg 11)

V8 Verbindung zwischen NWKW und NWKW II in Bad Leonfelden

Entfernung: 5,9 km

Wegverlauf: Bad Leonfelden → Rading (Donau-Moldau-Weg)

V9 Verbindung zwischen NWKW und NWKW II in Freistadt

Entfernung: 10,2 km

Wegverlauf: Freistadt → Thurytal → Rainbach (Wanderwege FR11, R5, R9)

V10 Verbindung zwischen NWKW II und NWKW III beim Grenzübergang Wullowitz

Entfernung: 5,0 km

Wegverlauf : Eisenhut/Grenze → Rybník → Trojany (Pferdeeisenbahnweg gelb)

V 11 Verbindung zwischen NWKW und NWKW II bei den Rosenhofer Teichen

Entfernung: 1,8 km

Wegverlauf: Kamenec → Paulína (blaue KČT-Markierung)

In Pavlína/Paulina nicht dem Radweg 1193 folgen, sondern auf der Forststraße nach oben Richtung Süden bleiben. Diese mündet in eine querverlaufende Forststraße, entweder diese überschreiten und weiter auf einem Waldpfad nach oben wandern, bis man kurz unterhalb des Gipfels Kamenec eine grüne KČT-Markierung erreicht und auf dieser weiter nach oben zum Kamenec geht.

Oder auf der querverlaufenden Forststraße nach links, bis man an einer Kreuzung eine grüne KČT-Markierung erreicht, der man nun nach rechts zum Kamenec folgt.

Über den Kamenec auf der grünen Markierung zur Grenze zum KČT-Punkt Kamenec (CZ/A), wo man auf einen Maschendrahtzaun stößt, dem man nun nach links folgt und diesen wenige Meter danach nicht durch den Durchlass auf eine dahinterliegende Forststraße verlassen soll (irreführendes Schild!).

Man verbleibt vor dem Maschendrahtzaun. Der Weg führt an diesem entlang bis zu einem Durchlass, hinter dem man auf den klassischen NWKW stößt.

V 12 Verbindung zwischen NWKW und NWKW II bei der Kapelle Stadlberg

Entfernung: 1,2 km

Wegverlauf: Fahrweg Stadlberg → Pohoří na Šumavě/Buchers (geschotterte Straße)

V 13 Verbindung zwischen NWKW und NWKW II bei Joachimsthal

Entfernung: 1,8 km

Wegverlauf: entlang der Lainsitz/Lužnice auf der Asphaltstraße von Joachimsthal über die Grenze A/CZ beim gelben Forsthaus Joachimsthal 1 nach Stříbrné Hutě /Silberberg (geschotterte Forststraße) Markierung: keine

V 14 Verbindung zwischen klassischem NWKW und NWKW II vom Nebelstein nach Žofín

Entfernung: 7,9 km

Wegverlauf: Nebelstein → Schwarzau → Grenzbrücke A/CZ → Žofínský prales Urwald → Žofín (Straße, dann Forststraße)

V 15 Verbindung zwischen klassischem NWKW und NWKW II Harbach

Entfernung: 6,9 km

Wegverlauf: Harbach → Grenze A/CZ → Šejby → Dobrá voda (Straße)

Weitwanderwege

Folgende Weitwanderwege schließen an die NWKWe an bzw. kreuzen diese:

Goldsteig vom Dreisesselberg durch den Bayrischen Wald bis Hof (Anschluss Kammweg Erzgebirge) www.goldsteig-wandern.de

Witikosteig am Dreisesselberg www.waidlerwiki.de/witikosteig

Böhmerwaldrundweg in Schöneben und Grünwald www.boehmerwaldrundweg.at

Rupertiweg Weitwanderweg Nr. 10 (www.weitwanderweg.at/oesterreich/weitwanderweg10) Böhmerwald → Hausruck → Kobernaußerwald → Salzach → Berchtesgadnerland → Hohe Tauern → Nassfeld in Grünwald

Jakobsweg (Český Krumlov → Světlík → Frymburk → Svatý Tomáš → Stift Schlägl → Rohrbach → Sarleinsbach → Passau) von Přední Výtoň /Heurafffl bis Koranda (gleiche Trasse)
www.weitwanderwege.com/wege/jakobsweg-boehmerwald

Salzsteigjochweg 09 (Sternstein → Linz → Totes Gebirge → Nockgebirge → westliche Karawanken) Anschluss am Sternstein
www.alpenverein.at/weitwanderer/weitwanderwege

Donau-Moldau-Weg in Bad Leonfelden, Rading und Vyšší Brod bis Rožmberk (gleiche Trasse)
www.alpenverein.at/rodlland

Pferdeeisenbahnweg in Waldburg, Rainbach bis Kerschbaum (gleiche Trasse), Eisenhut und Trojany
www.pferdeeisenbahn.at

Gewerbe am Fluss in Freistadt, Windhaag bis Mairspindt, Leopoldschlag und Dolní Dvořiště
www.muehlviertel.at/oesterreich/tour

170er der Naturfreunde (Karlstift → Braunberg → Mauthausen) Anschluss in Karlstift und beim Braunberg bis Stiftungsberg

Via verde zwischen Harbach und Dobrá voda, in Hojná voda und Harbach www.viaverde.co.at

Thayatalweg des Waldviertler Alpenvereins ab Nebelstein nach Retz www.waldviertel.at/thayatalweg630

Nord-Süd-Weitwanderweg des Alpenvereins ab Karlstift bis nach Eibiswald in der Steiermark
www.alpenverein.at/weitwanderer/weitwanderwege

GPS-Daten NWKW

Die Zeiten beim Wandern und Bergsteigen haben sich durch die Möglichkeit der Satellitenerfassung auf Smartphones geändert. Das Tourismusbüro Kernland in Freistadt hat das erkannt und die erste GPS-Wanderkarte herausgegeben. Darin waren auch 100 Points of interest (POIs) enthalten, versteckte Plätze, die mit Hilfe der Satellitennavigation leichter und präziser erreicht werden können (www.alpenverein-freistadt.at/kernland.htm). Es sind viele Kraftplätze, die auch hier Berücksichtigung gefunden haben.
Es gibt also nicht nur klassische GPS-Navigationsgeräte, sondern auch Smartphones, die bei der Orientierung im Gelände helfen. Dazu ist ein App zu installieren wie alpenvereinaktiv, GPSSies oder c:geo. In dieses App lädt man die GPS-Daten, bevorzugt im .gpx-Format. .gpx-Dateien können auch online mit verschiedenen Landkarten im Hintergrund angeschaut werden, z.B. mit www.gpsvisualizer.com/map?output_home

Die GPS-Daten sind von mehreren Seiten herunterladbar:

Klassischer NWKW
www.muehlviertel.at/nordwaldkammweg
www.waldviertel.at/nordwaldkammweg

NWK II

www.gps-tour.info/de/touren/detail.11813.html

NWKW III

www.gps-tour.info/de/touren/detail.11814.html

Verlag Anton Pustet:
auf www.pustet.at/Nordwaldkammweg_56_p464.html lassen sich die .gpx-Daten des gesamten Nordwaldkammweges und aller Verbindungswege gepackt als .zip komfortabel runterladen und lokal verwenden. Dazu ist es empfehlenswert bei Verwendung eines Smartphones auch den gesamten Landkartenabschnitt z.B. in Google Maps oder Locus Map lokal zu speichern, um für die Positionsbestimmung nicht vom Handynetz abhängig zu sein.

Alpenvereinaktiv:
Eine sehr komfortable Art für Tagestouren am NWKW bietet die Plattform des ÖAV, DAV und des Alpenvereins Südtirol www.alpenvereinaktiv.com/de/tour/nordwaldkammwege-gesamt/21605481e). Die Tagestour kann ausgedruckt und mitgenommen oder auch aufs Smartphone offline geladen werden, damit mit Hilfe der Satelliten unterwegs auch ohne Telefonempfang die eigene Position in der Landkarte feststellbar ist.

Geocaching:
Es gibt auch die Möglichkeit, den klassischen NWKW als Geocaching-Multi zu machen:
www.geocaching.com/geocache/GC405VA_der-nordwaldkammweg

Selbst wenn man kein Geocacher ist, ist es vielleicht interessant, die aktuellen Logs mit den Erlebnissen, besuchten Quartieren und der Tageseinteilung zu lesen.

Unterkünfte am klassischen NWKW

Hinsichtlich Quartieren bieten sich folgende Tourismusbüros an:

Tourismusverband Böhmerwald
Hauptstraße 2, A-4160 Aigen im Mühlkreis
Tel.: +43/(0)57890-100
www.boehmerwald.at, info@boehmerwald.at
Kurverband Bad Leonfelden, Kontrollstelle 6
Hauptplatz 19, A-4190 Bad Leonfelden
Tel.: +43/(0)7213-6397, Fax: +43/(0)7213-6397-13
www.badleonfelden.at, kurverband@badleonfelden.at
Tourismusbüro Mühlviertler Kernland, Kontrollstelle 8
Waaggasse 6, A-4240 Freistadt
Tel.: +43/(0)7942-75700-0, Fax: +43/(0)7942-75700-20
wwww.leader-kernland.at, www.regionfreistadt.at
kernland@oberoesterreich.at
Mühlviertel Tourismus Information
Freistädter Straße 119, A-4041 Linz
Tel.: +43/(0)732-7277727, Fax: +43/(0)732 72779727
www.muehlviertel.at, info@muehlviertel.at
Waldviertel Tourismus
Sparkassenplatz 1/2/2, A-3910 Zwettl, Tel.: +43/(0)2822-54109
www.waldviertel.at, info@waldviertel.at
Tourismus Budweis (Bahnhof)
nám. Přemysla Otakara II. č. 2, CZ-370 92 České Budějovice
Tel.: +42/(0)386-801413
www.visitceskebudejovice.cz, infocb@c-budejovice.cz
Tschechischer Tourismus Südböhmen
nám. Přemysla Otakara II. č. 2, CZ-370 92 České Budějovice
www.czechtourism.com/de/a/south-bohemia

Tourismusinfo Passau
Bahnhofstraße 28, 94032 Passau
Tel.: +49/(0)851-95598-0, Fax: +49/(0)851-95598-30
www.passau.de/Tourismus, tourist-info@passau.de

Tourismusverband Ostbayern e.V.
Im Gewerbepark D 02/04, D-93059 Regensburg
Tel.: +49/(0)941-58539-0, Fax +49/(0)941-58539-39
www.ostbayern-tourismus.de, info@ostbayern-tourismus.de

Quartiere in der Nähe des klassischen NWKWs:

Dreisesselberghaus (nur Einkehr)
Kontrollstelle, direkt am NWKW
Dreisesselhaus 1, D-94089 Neureichenau
Tel.: +49/(0)8556 350, www.dreisessel.com, info@dreisessel.com

Schwarzenberg am Böhmerwald:

Hotel Bergkristall (Einkehr, Übernachtung)
im Ortszentrum, 4,8 km zum NWKW (Grenzbach)
A-4164 Schwarzenberg am Böhmerwald 129
Tel.: +43/(0)7280 2012030 bzw. +43/(0)664 4662822
www.bergkristall-muehlviertel.at, info@bergkristall-muehlviertel.at

Landhotel Mühlböck (Einkehr, Übernachtung)
im Ortszentrum, 4,8 km zum NWKW (Grenzbach)
Adalbert-Stifter-Hof 136, A-4164 Schwarzenberg
Tel.: +43/(0)7280 286
www.hotel-muehlboeck.at, office@hotel-muehlboeck.at

GH-Pension Dreiländereck (Einkehr, Übernachtung)
Oberschwarzenberg (Beginn NWKW-Markierung Zustieg),
2,9 km zum NWKW (Grenzbach)
Oberschwarzenberg 65, A-4164 Schwarzenberg
Tel.: +43/(0)7280 219, www.gasthof-dreilaendereck.com
info@gasthof-dreilaendereck.com

Hochficht:

Ereignishaus Holzschlag (Übernachtung)
direkt am NWKW
Holzschlag 13, A-4163 Klaffer am Hochficht
Tel.: +43/(0)7281 8801600, www.stift-schlaegl.at
holzschlag@stift-schlaegl.at

GH zum Überleben (Einkehr)
Kontrollstelle 2, direkt am NWKW
Holzschlag 8, A-4161 Ulrichsberg, Tel.: +43/(0)7281 8801621
bzw. +43/(0)676 88084738, holzschlag@stift-schlaegl.at

Schöneben:

Böhmerwaldarena (Einkehr, Übernachtung)
Kontrollstelle 2, 0,4 km vom NWKW entfernt
Schöneben 10, A-4161 Ulrichsberg, Tel.: +43/(0)676 3010997
www.boehmerwaldarena.at, iris@boehmerwaldschule.at

Vitalhotel INNS HOLZ (Einkehr, Übernachtung)
Kontrollstelle 2, direkt am NWKW
Schöneben 10, A-4161 Ulrichsberg, www.innsholz.at

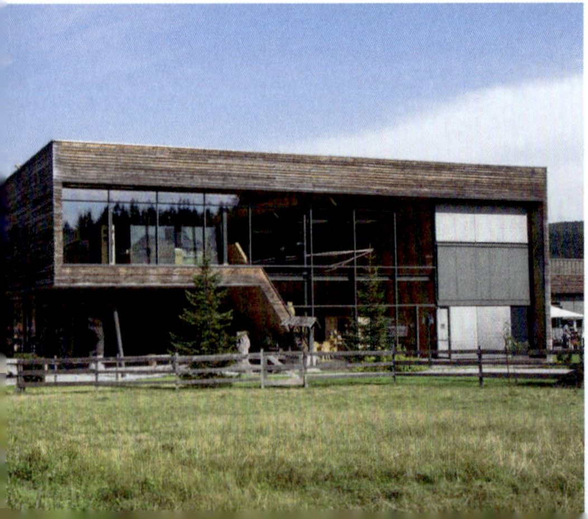

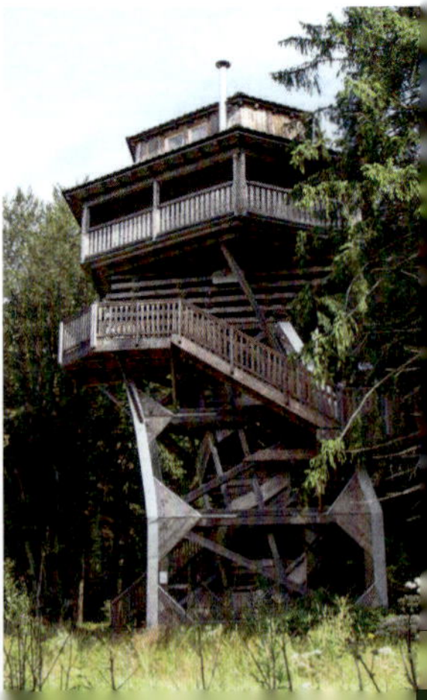

Grünwald – Oberhaag:

Haus Kindermann (Einkehr, Übernachtung)
direkt am NWKW
Grünwald 1A, A-4160 Aigen-Schlägl, Tel.: +43/(0)7281 6616
waltraud.kindermann@aon.at

Jugendherberge Adalbert Stifter (Übernachtung)
1 km zum NWKW (Grünwald oder Schwedenschanze)
Berghäusl 32, A-4160 Aigen-Schlägl, Tel.: +43/(0)7281 6283
www.land-oberoesterreich.gv.at/36518.htm
ljh-aigen.post@ooe.gv.at

Landhotel Haagerhof (Einkehr, Übernachtung)
Kontrollstelle 3, direkt am NWKW
Diendorf 20, A-4160 Aigen-Schlägl, Tel.: +43/(0)7281 6388
www.haagerhof.com, info@haagerhof.com

St. Oswald bei Haslach:

GH Furtmühle (Einkehr, Übernachtung)
Kontrollstelle 4, direkt am NWKW
Schwackerreith 20, A-4170 St. Oswald bei Haslach
Tel.: +43/(0)7289 71653, www.furtmuehle.at, furtmuehle@aon.at

Haslach an der Mühl:

GH Reiter (Einkehr)
Kontrollstelle 4, direkt am NWKW
Windgasse 8, A-4170 Haslach, Tel.: +43/(0)7289 71388
www.gasthof-reiter.at, gasthof-reiter@gmx.at

Villa Regina Scheuchenpflug (Übernachtung)
direkt am NWKW, Bergstraße 11, A-4170 Haslach
Tel.: +43/(0)664 5968488, info@boehmerwald.at

Afiesl:

AV-Helfenbergerhütte (Selbstversorgerhütte)
  Kontrollstelle 5, direkt am NWKW
  Oberafiesl 18, A-4170 Oberafiesl, Tel.: +43/(0)650-2524126
  www.alpenverein.at/rohrbach
  helfenbergerhuette.rohrbach@sektion.alpenverein.at

Hotel Aviva (Hotel)
  1,6 km vom NWKW (Innenschlag) entfernt
  Höhenweg 1, A-4170 St. Stefan a. W., Tel.: +43/(0)7216 37600
  www.hotel-aviva.at, info@hotel-aviva.at

Guglwald:

Hotel Guglwald (Hotel)
  Kontrollstelle 5, direkt am NWKW
  Guglwald 8, A-4191 Guglwald, Tel.: +43/(0)7219 7007
  www.guglwald.at, rezeption@guglwald.at

Hotel Aviva, Afiesl

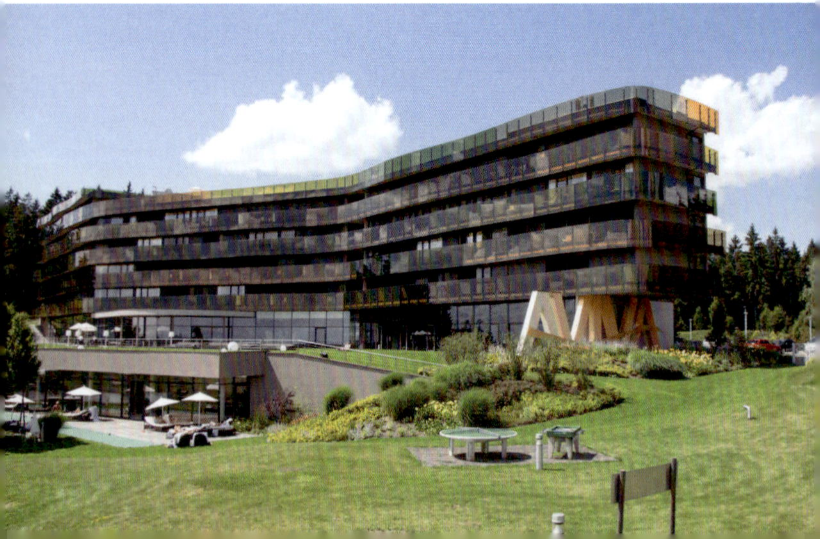

Bad Leonfelden:

Waldschenke (Einkehr, Übernachtung)
Kontrollstelle 6, direkt am NWKW beim Abstieg vom Sternstein
Amesberg 11, A-4190 Bad Leonfelden, Tel.: +43/(0)7213 6279
www.waldschenke.at, gasthof@waldschenke.at

Falkensteiner Hotel & Spa Bad Leonfelden (Übernachtung)
1,2 km vom NWKW entfernt
Wallseerstraße 10, A-4190 Bad Leonfelden
Tel.: +43/(0)7213 20687-911, www.badleonfelden.falkensteiner.at
badleonfelden@falkensteiner.com

Spa Hotel Bründl (Übernachtung)
0,7 km vom NWKW entfernt
Badweg 1, A-4190 Bad Leonfelden, Tel.: +43/7213 61177
www.hotelbruendl.at, info@hotelbruendl.at

Hotel Sommerhaus (Übernachtung)
direkt am NWKW
Auweg 5, A-4190 Bad Leonfelden, Tel.: +43/7213 6216
www.sommerhaus-hotel.at, office.leonf@studentenwerk.at

Kurhotel Bad Leonfelden (Übernachtung)
1,0 km vom NWKW entfernt
Spielau 8, A-4190 Bad Leonfelden, Tel.: +43/7213 6363
www.daskurhotel.at, office@daskurhotel.at

Leonfeldnerhof (Übernachtung)
Kontrollstelle 6, direkt am NWKW
Hauptplatz 8, A-4190 Bad Leonfelden, Tel.: +43/(0)7213 6301
www.leonfeldner-hof.at, info@leonfeldner-hof.at

Hotel Brunnwald (Übernachtung)
0,7 km vom NWKW entfernt
Kurhausstraße 20, A-4190 Bad Leonfelden
Tel.: +43/(0)7213 6385
www.brunnwald.at, office@brunnwald.at

Familie Wakolm (Übernachtung)
direkt am NWKW, Nähe Hauptplatz
Burgfriedstraße 9, A-4190 Bad Leonfelden
Tel.: +43/(0)7213 6465
www.badleonfelden.at/firma/10222-1-Familie_Wakolm
hofbrennerei@gmx.at

Familie Reingruber „Kahn“ (Übernachtung)
0,7 km vom NWKW entfernt
Unterlaimbach 17, A-4190 Bad Leonfelden
Tel.: +43/(0)7213 6437
www.urlaubambauernhof.at/kahn, familie.reingruber@gmx.at

Familie Günter Grasböck (Übernachtung)
1,5 km vom NWKW entfernt
Weinzierl 10, A-4190 Bad Leonfelden
Tel.: +43/(0)7213 6341
www.badleonfelden.at/firma/10225-1-Grasboeck_Guenter
grasboeck@funkinternet.at

Familie Johann Stimeder „Sösser“ (Übernachtung)
3 km vom NWKW entfernt
Schönau 8, A-4190 Bad Leonfelden, Tel.: +43/(0)7213 6741
www.urlaub-anbieter.com/soesser.htm
urlaub-am-bauernhof.stimeder@gmx.at

Hirschbach:

Kulturwirtshaus Pammer (Einkehr)
Kontrollstelle 7, direkt am NWKW
Guttenbrunn 3, A-4242 Hirschbach
Tel.: +43/(0)7948 230 bzw. +43/(0)664 5003403
www.kulturwirtshaus.at, wirtshauspammer@aon.at

Freistadt:

Hubertus Hotel garni (Hotel und Konditorei)
Kontrollstelle 8, direkt am NWKW
Höllplatz 2, A-4240 Freistadt, Tel.: +43 7942 721800
www.hotelhubertus-freistadt.at/hubertus
office@hotelhubertus-freistadt.at

Jäger Hotels (Übernachtung und Fahrradverleih)
Hotel und Restaurant Zum goldenen Hirschen und Hotel Zum goldenen Adler, direkt am NWKW
Böhmergasse 8–10 bzw. Salzgasse 1, A-4240 Freistadt
Tel.: +43/(0)7942 72258
www.hotels-freistadt.at, goldener.hirsch@hotels-freistadt.at
Tel.: +43/(0)7942 72112, goldener.adler@hotels-freistadt.at

Pension Pirklbauer (Übernachtung)
direkt am NWKW
Höllgasse 2–4, A-4240 Freistadt, Tel.: +43/(0)7942 72440
www.pension-pirklbauer.at, pension.pirklbauer@aon.at

Haus Rechberger (Übernachtung)
2 km vom NWKW entfernt
Kubinstraße 4, A-4240 Freistadt, Tel.: +43/664 4215663
www.zimmer-rechberger.at, office@zimmer-rechberger.at

Bauernhof Lainschübl, Familie Wurm (Übernachtung)
5,2 km vom NWKW entfernt
Trölsberg 12, A-4240 Freistadt, Tel.: +43/(0)676 6607530
wurm.bernhard@epnet.at

Jugendherberge Freistadt (Übernachtung, Tischfußball, Billiard)
direkt am NWKW
Schlosshof 3, A-4240 Freistadt, Tel.: +43/(0)680 2071881
www.jugendherberge-freistadt.at

Jugendgästehaus Rannahof (Übernachtung nach Voranmeldung)
Naturfreundehaus, 1 km vom NWKW entfernt
Etzelsdorf 7, A-4271 St. Oswald bei Freistadt
Tel.: +43/(0)732 77266120
www.oberoesterreich.naturfreunde.at/Berichte/detail/27507

GH Zur Post Freudi (Einkehr, Übernachtung)
direkt am NWKW
Markt 40, A-4271 St. Oswald bei Freistadt
Tel.: +43/(0)7945 7226 bzw. +43/664 1704127
www.freudi-stoswald.at, gh.freudenthaler@aon.at

AV-Braunberghütte (Einkehr, Übernachtung)
Kontrollstelle 9, direkt am NWKW
Witzelsberg 20, A-4291 Lasberg, Tel.: +43/(0)7945 7666
www.alpenverein-freistadt.at/braunbergh.htm,
braunberghuette@sektion.alpenverein.at

Hiashütte am Braunberg

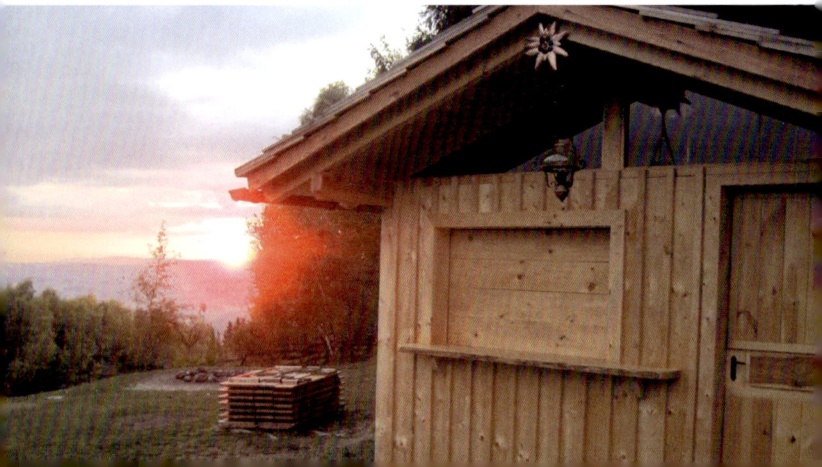

Sandl:

Wirtshaus zum Toni (Einkehr, Übernachtung)
auch für Viehberghütte zuständig, Kontrollstelle 10
0,3 km vom NWKW entfernt
Sandl 11, A-4251 Sandl, Tel.: +43/(0)7944 20565
bzw. +43/(0)664 5748534, antonwindhoer@gmail.com

Ferienwohnung Köhldorfer Rosalia (Übernachtung)
Ahornweg 10, 4251 Sandl, Tel.: +43/(0)7944 8517

Karlstift:

Gmünderhütte (Naturfreunde-Selbstversorgerhütte)
direkt am NWKW
Am Aichelberg, A-3973 Karlstift, Tel.: +43/(0)2852 52432

GH Zeiler (Einkehr, Übernachtung)
Kontrollstelle 10, direkt am NWKW
Karlstift 36, A-3973 Karlstift
Tel.: +43/(0)2816 235, zeiler.j@aon.at

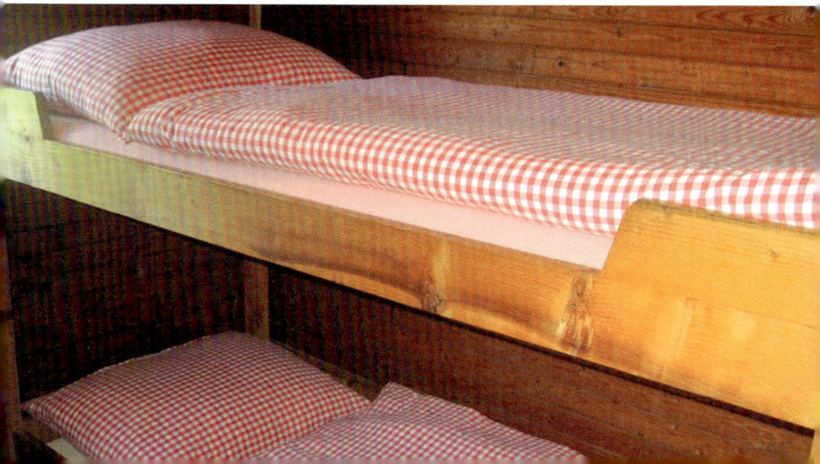

Ferienwohnung Grill (Übernachtung)
direkt am NWKW
Karlstift 82, A-3973 Karlstift, Tel.: +43/(0)664 5041312
www.karlstift-grill.at, grill.post@aon.at

Ferienhaus Bodo (Übernachtung)
50 m vom NWKW entfernt
Karlstift 141, A-3973 Karlstift
Tel.: +43/(0)787497125, helgabodo0@gmail.com

Privatzimmer Bernhard Grill (Übernachtung)
direkt am NWKW
Karlstift 1, A-3973 Karlstift
Tel.: +43/(0)660 4252574, grillbernhard@live.at

AV-Nebelsteinhütte (Alpenvereinshütte)
Kontrollstelle 11, direkt am NWKW
Maißen 55, A-3970 Moorbad Harbach
Tel.: +43/(0)2858 5293
www.alpenverein.at/huetten/?huette_nr=0160,
nebelsteinhuette@gmx.at

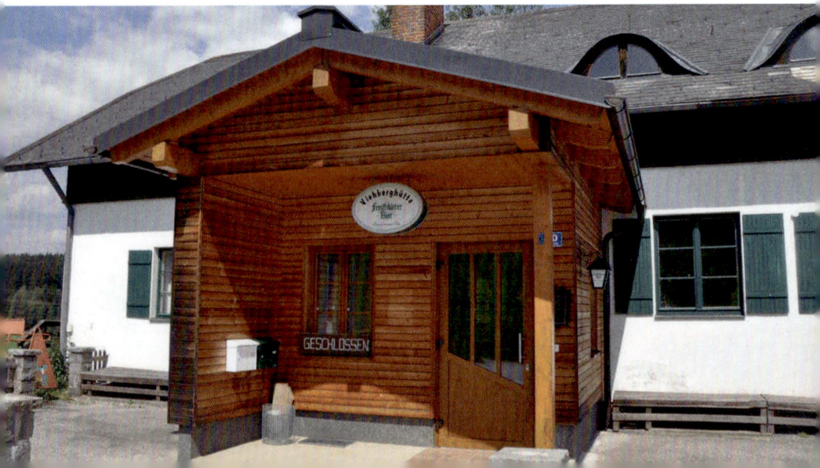

Harbach

Gasthof-Pension Nordwald (Einkehr, Übernachtung)
2,6 km vom NWKW (Maißen) entfernt
Hirschenwies 32, A-3970 Moorbad Harbach
Tel.: +43/(0)2858 5237
www.gasthof-nordwald.at, info@gasthof-nordwald.at

Landgasthof Binder (Einkehr, Übernachtung)
Kontrollstelle 11, direkt am NWKW
Harbach 23, A-3970 Moorbad Harbach
Tel.: +43/(0)2858 5210
www.landgasthof-binder.at, info@landgasthof-binder.at

Viehberghütte in Sandl,
Gmünderhütte bei Karlstift

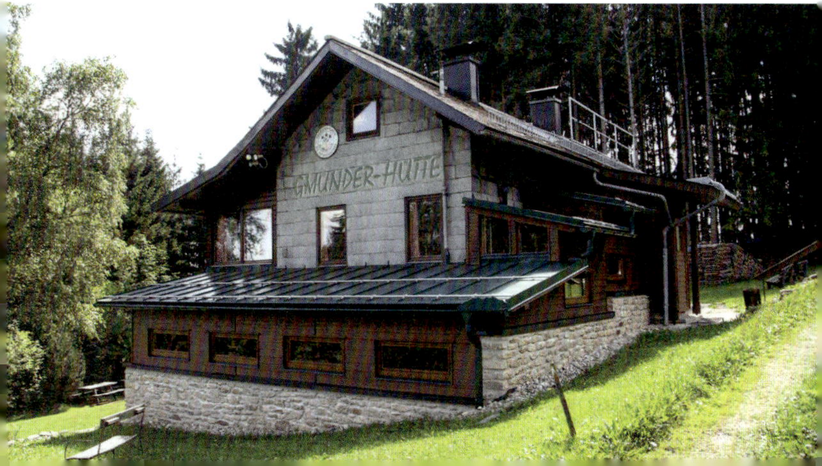

Unterkünfte am NWKW II

Nové Hradi

Hotel Máj (Einkehr, Unterkunft bei Busbahnhof)
direkt am NWKW II
Vitorazská 295, CZ-37333 Nové Hrady
www.hotelnovehrady.cz, info@hotelnovehrady.cz,
Tel.: +42/(0)386 361159, +42/(0)603 102241

Penzion U Zemanů (Einkehr, Unterkunft in der Altstadt)
direkt am NWKW II
Hradebni 25, CZ-37333 Nové Hrady
www.penzionuzemanu.cz, info@penzionuzemanu.cz
Tel.: +42/(0)602 168652

Penzion Pod Hradem (Einkehr, Unterkunft unterm Schloss)
direkt am NWKW II
Údolí u Nových Hradů 10, CZ-37333 Nové Hrady
www.penzion-pod-hradem.cz,
rezervace@penzion-pod-hradem.cz
Tel.: +42/(0)607 981615 bzw. +42/(0)777 724567

Apartmána Zelený dům (Unterkunft unterm Schloss)
direkt am NWKW II
Údolí u Nových Hradů 140, CZ-37333 Nové Hrady
www.ubytovani-novohradsko.cz
monika.machova@centrum.cz, Tel.: +42/(0)776 868647

Hojná Voda

Hotel Hojná Voda (Einkehr, Unterkunft)
1,2 km vom NWKW II entfernt (von Dobrá voda aufwärts)
Hojná voda 40, CZ-37401 Horní Stropnice
www.hotel-hojnavoda.cz, serzantbelek@seznam.cz
Tel.: +42/(0)335 95131

Žofín

Hotel u Pralesa Černé Údolí (Einkehr, Unterkunft – ehemalige Kaserne) Kontrollstelle 13

1,2 km vom NWKW II entfernt (grüne KČT-Markierung vom Pkt. 797 talwärts)

Černe Udolí 32, CZ-38241

www.hotelupralesa.cz, info@hotelupralesa.cz

Tel.: +42/(0)606 566110 bzw. +42/(0)725 721073

Pension Lesovna (Einkehr, Übernachtung)

Kontrollstelle 13, direkt am NWKW II

Pohorská Ves 24, CZ-Pohorská Ves

www.lesovnazofin.cz, penzion@lesovnazofin.cz,

Tel.: +42/(0)724 950830 bzw. +42/(0)602 474257

Pohoří na Šumavě

Pension Baronův Most (Einkehr, Unterkunft)

Kontrollstelle 14, 3,5 km vom NWKW II ab Pohoří na Šumavě entfernt

Pohorská Ves 8, CZ-28282 Pohorská Ves

www.baronuvmost.cz, baronuvmost@seznam.cz,

Tel.: +42/(0)724 185 296 bzw. +42/(0)724 580 454

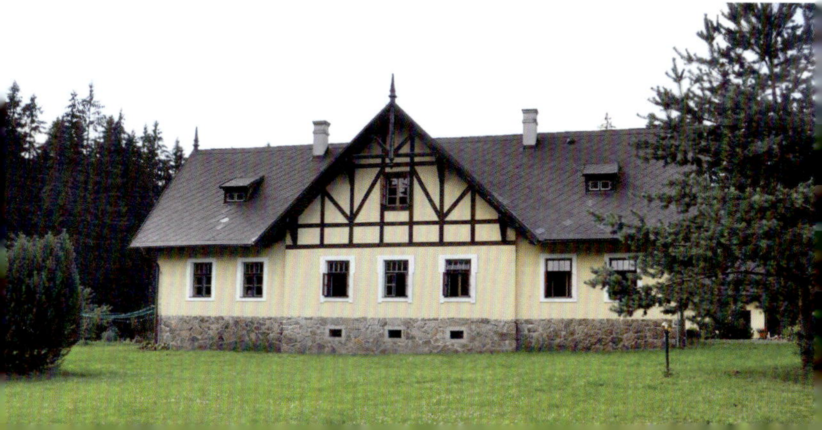

Dolní Přibrání

Penzion Jelení Vyhlídka (Einkehr, Unterkunft)
N48° 37.984', E14° 35.219', Kontrollstelle 14
2,1 km vom NWKW II entfernt (Orientierungspunkt Svatý Jan nad Malší), 0,3 km vom NWKW III
Janova Vcs 2, CZ-38283 Pohorskā Ves
www.penzionjelenivyhlidka.cz, info@penzionjelenivyhlidka.cz
Tel.: +42/(0)380426999 bzw. +42/(0)731922429

Windhaag bei Freistadt

Gästezimmer Sengstschmid (Einkehr, Nächtigung)
direkt am NWKW II
Markt 24, A-4263 Windhaag bei Freistadt
www.gasthaus-sengstschmid.at,
office@gasthaus-sengstschmid.at, Tel.: +43/(0)7943 300

Gästezimmer u. Blockhütte Affenzeller (Einkehr, Nächtigung)
0,9 km vom NWKW II entfernt
Mairspindt 38, A-4263 Windhaag bei Freistadt
www.gasthaus-affenzeller.com, reisingerkarl@aon.at,
Tel.: +43/(0)7943 272 bzw. +43/(0)664 9781136

Pieberschlag

Gasthaus zum Waldlehrpfad (Einkehr)
Kontrollstelle 16, direkt am NWKW II
Pieberschlag 9, A-4263 Windhaag bei Freistadt
www.waldlehrpfad.com, office@waldlehrpfad.com
Tel.: +43/(0)7943 223

Mardetschlag

Gasthof Pammer (Einkehr, Unterkunft)
1,3 km vom NWKW II entfernt (Nähe Bienenbaum)
Mardetschlag 31, A-4262 Leopoldschlag
www.pammerjahn.at, pammer.jahn@aon.at
Tel.: +43/(0)7949 8205

Leopoldschlag

Lias am Berg (Unterkunft)
Kontrollstelle 16, direkt am NWKW II
Dorf Leopoldschlag 28, A-4262 Leopoldschlag
www.bauernhof.at/beutl, liasamberg@aon.at
Tel.: +43/(0)7949 8085

Biohof-Pension Zur Hackermühle (Unterkunft)
direkt am NWKW II, 300 m vom Hafnerhaus
Wassergasse 6, A-4262 Leopoldschlag
www.hackermuehle.at, hackermuehle@aon.at
Tel.: +43/(0)7949 8223

Privatzimmer Ullmann (Unterkunft)
direkt am NWKW II, neben dem Hafnerhaus
Hafnerstraße 3, A-4262 Leopoldschlag
ps.ullmann@a1.net, Tel.: +43/(0)7949 8307 bzw.
+43/(0)6644047130

Eisenhut/Wullowitz

Koller's Ferienparadies (Unterkunft)
Kontrollstelle 16, direkt am NWKW II
Eisenhut 8, A-4262 Leopoldschlag
www.urlaubambauernhof.at/kollers.ferienparadies
Tel.: +43/(0)7949 8245

Reiterhof Criollo Ranch (Unterkunft)
direkt am NWKW II
Edlbruck 8, A-4262 Leopoldschlag
www.criolloranch.at, reiten@criolloranch.at
Tel+43 7949 8068

GH Franzosenhof (Einkehr, Unterkunft)
1,8 km vom NWKW II (von Hiltschen auf der Bundesstraße B310 bergab)
Wullowitz 1, A-4262 Leopoldschlag
www.franzosenhof.at, info@franzosenhof.at,
Tel.: +43/(0)7949 82 84 bzw. +43/(0)680 4016727

Kerschbaum

GH zur Pferdeeisenbahn (Einkehr)
etwa 200 m vom Pferdeeisenbahnbahnhof
Kerschbaum 4, 4261 Rainbach i. M.
www.gh-pferdeeisenbahn.at, Tel.: +43/(0)7949 6322

Rainbach

GH Blumauer (Einkehr, Unterkunft)
Kontrollstelle 17, 1,5 km vom NWKW II entfernt
Marktplatz 8, A-4261 Rainbach i. M.
www.blumauer.at, office@blumauer.at, Tel.: +43/(0)7949 6243

GH Maurerwirt (Einkehr, Nächtigung)
1,4 km vom NWKW II entfernt
Marktplatz 6, A-4261 Rainbach
www.maurerwirt.org, Tel.: +43/(0)7949 6260

Heidenstein

Pils Stubn (Einkehr)

Kontrollstelle 18, direkt am NWKW II
Eibenstein 16, A-4261 Rainbach i. M.
www.pils-stubn.at, stefan@pils-stubn.at
Tel.: +43/(0)664 9920207

Stiftung

GH Lorenzmühle (Einkehr)

Kontrollstelle 18, direkt am NWKW II
Stiftung 31, A-4193 Reichenthal
www.lorenzmuehle.at, anita.kaeferboeck@lorenzmuehle.at
Tel.: +43/(0)7214 50285 bzw. +43/(0)664 4305553

Bad Leonfelden

Schanzstüberl – Jausenstation Rading (Einkehr)

Kontrollstelle 19, direkt am NWKW II
Rading 8, A-4190 Bad Leonfelden
jausenstationrading@aon.at
Tel.: +43/(0)7213 60735 bzw. +43/(0)664 5223937

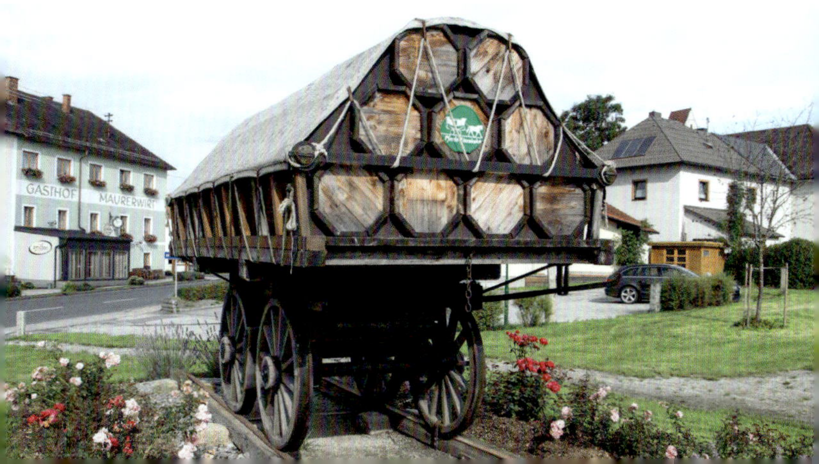

Přední Výtoň/Heuraffl

Hotel Baborka (Einkehr, Unterkunft)
Kontrollstelle 20, direkt am NWKW II
Přední Výtoň 32, CZ-38273 Přední Výtoň
hotelbarborka.cz, info@hotelbarborka.cz
Tel.: +42/(0)380 735941 Tel.: +42/(0)602 186922

Hotel Albatros (Einkehr, Unterkunft)
Kontrollstelle 20, direkt am NWKW II
Přední Výtoň 21, CZ-38273 Přední Výtoň
garni-hotel-albatros.hotel.cz/unterkunft
garni-hotel-albatros@hotel.cz, Tel.: +42/(0)602 286522

Svatý Tomáš – Ubytování Šumava

Hotel Sv. Tomáš (Einkehr, Unterkunft)
Kontrollstelle 21, direkt am NWKW II
Svatý Tomáš 121, CZ-382 73 Přední Výtoň
www.hotel-svatytomas.cz/de, hotel@hotel-svatytomas.cz
Tel.: +42/(0)380 709811 bzw. +42/(0)602 714794

Penzion Dobík (Einkehr, Unterkunft)
4,8 km vom NWKW II entfernt (Sv. Tomáš)
Pasečná 133, CZ-38273 Přední Výtoň
www.pension-dobik-predni-vyton.penzion-ubytovani.net/
Unterkunft.htm, Pension-Predni-Vyton-Dobik@cz-hotel.eu,
Tel.: +42/(0)844 223 113

Bližší Lhota

B+B Přívoz (Einkehr, Unterkunft)
bei der Fährstation, 3,9 km vom NWKW II entfernt
Bližší Lhota 46, CZ-384 51 Bližší Lhota
www.agoda.com/de-de/bed-and-breakfast-privoz/
hotel/blizsi-lhota-cz.html

Horní Planá

Hotel Na Pláži (Einkehr, Unterkunft)
per Fähre vom NWKW II (Kyselov)
Jiráskova 42, CZ-38226 Horní Planá
www.hotel-plaz.cz, info@hotel-plaz.cz
Tel.: +42/(0)380 738231 bzw. +42/(0)606 631684

Zadní Zvonková/Glöcklberg

Pension Marie (Einkehr, Unterkunft)
direkt am NWKW II (Schwemmkanal)
Zvonková 44, Bližší Lhota, CZ-384 51 Horní Planá
lipno-ubytovani-sumava.cz, info@pensionmarie.cz
Tel.: +42/(0)607 836894

Rakouská cesta – Říjiště/Hirschröhren

Kiosk [N48° 46.448', E13° 53.835']
direkt am NWKW II
Říjiště, CZ-38451 Nová Pec
www.novapec.cz/, Link Říjiště

Dreisesselberg

Berggasthof Dreisessel (Einkehr)
Kontrollstelle 23, direkt am NWKW II
Dreisesselhaus 1, 94089 Neureichenau
www.dreisessel.com, info@dreisessel.com
Tel.: +49/(0)8556-350

Unterkünfte am NWKW III

Dolní Přibrání

Penzion Jelení Vyhlídka (Einkehr, Übernachtung)
Kontrollstelle 14, 2,1 km vom NWKW II (Orientierungspunkt Nad Malší), 0,3 km vom NWKW III entfernt
Janova Ves 2, CZ-38283 Pohorská Ves
Tel.: +42/(0)380426999 bzw. +42/(0)731922429
www.penzionjelenivyhlidka.cz, info@penzionjelenivyhlidka.cz

Rodinná farma (Einkehr)
Kontrollstelle 14, direkt am NWKW III
Pohorská Ves 30, 38283 Pohorská Ves
Tel.: +42/(0)608 870756
www.rodinnafarmajanovaves.wbs.cz, jaroslav.nenicka@atlas.cz

Rožmberk

Hotel U Martina (Einkehr, Übernachtung)
Kontrollstelle 16a, direkt am NWKW III
CZ-38218 Rožmberk nad Vltavou 79
Tel.: +42/(0)380 749 745 bzw. +42/(0)777 173 112
www.hotelumartina.cz, hotelumartina@seznam.cz

Hotel Růže (Einkehr, Übernachtung)
Kontrollstelle 16a, direkt am NWKW III
CZ-38218 Rožmberk nad Vltavou 78
Tel.: +42/(0)775 661067
www.hotel-ruze.cz, recepce@hotel-ruze.cz

Vyšší Brod

Pension/Restaurant Inge (Übernachtung, Einkehr, Bootsverleih)
direkt am NWKW III
Míru 379, CZ-38273 Vyšší Brod, Tel.: +42/(0)775 856 372
www.pensioninge.cz, www.ingetour.cz, info@pensioninge.cz

Hotel Panský dům (Einkehr, Übernachtung)
direkt am NWKW III
Míru 82, CZ-38273 Vyšší Brod, Tel.: +42/(0)380 746669
www.hotelpanskydum.cz, info@hotelpanskydum.cz

Hotel Šumava (Einkehr, Übernachtung)
direkt am NWKW III
Náměstí 47, CZ-38273 Vyšší Brod
Tel.: +42/(0)380 746574 bzw. +42/(0)774 149681
www.hotel-sumava.cz, info@hotel-sumava.cz

Penzion Jelení Vyhlídka bei Dolní Přibrání

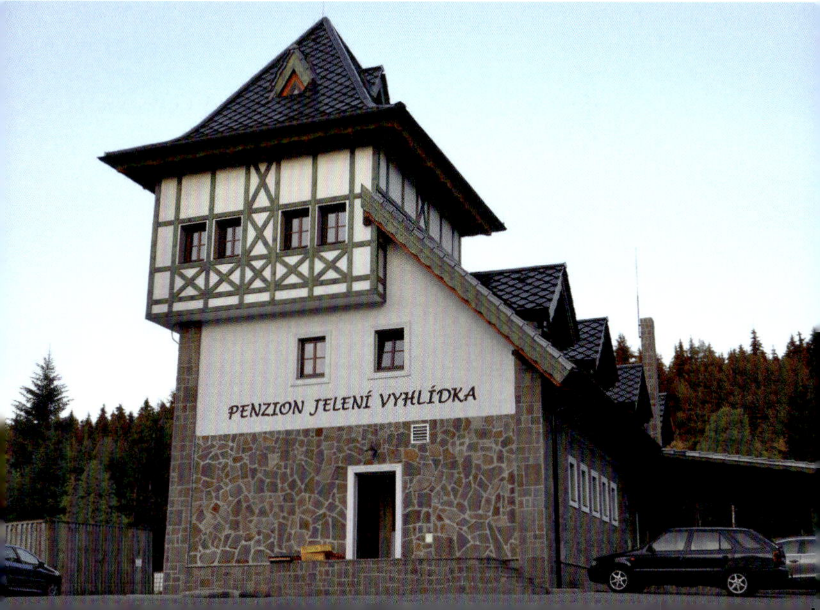

Orte am Weg

Das Mühlviertel hat eine Reihe von Ortsnamen, die auf die Situation vor Ort in ihrer Gründerzeit zurückgehen, auf die Art ihrer Besiedelung, die sicher nicht immer einfach war. Ortsnamenendungen auf -heim oder -hausen lassen vermuten, dass sich die Menschen hier sesshaft gemacht haben. Aufwendig dürfte es im Mühlviertel gewesen sein, den Wald vor der Besiedlung zu schlägern, Orte mit „-schlag" weisen darauf hin. Statt der Schlägerung gab es auch noch die Methode, die Bäume zu schälen und damit auszutrocknen, bis sie schließlich verschwanden („-schwand"). Stellen Sie sich einmal bei unten stehenden Ortsnamen vor, woher der Name kommen könnte!

Aigen-Schlägl

Aigen, das „Eigen" des Stiftes Schlägl, entsteht um 1240 nach der zweiten Gründung des Stiftes. Der Ort entwickelt sich unter dem Schutz des Klosters rasch zum Handelsplatz nach Böhmen. Urkundlich wird Aigen erstmals 1314 genannt. Die verbrieften Marktrechte (Handelsrechte, Gerichtsbarkeit) stammen aus dem Jahre 1362. Heute ist der Markt Aigen, der zu Recht als „Tor zum Böhmerwald" bezeichnet wird, das wichtigste Fremdenverkehrszentrum des Oberen Mühlviertels. Auch das Tourismusbüro ist hier zu finden.

Schlägl mit dem Prämonstratenser-Chorherrenstift, schon vor 1204 durch Chalhoch von Falkenstein zum ersten Mal gegründet, doch bald von den Mönchen aus Langheim in Franken wegen der Unwirtlichkeit der Landschaft wieder verlassen, ist die zweite Hälfte des Doppelortes. Die zweite Gründung erfolgte 1218, gleichfalls durch Chalhoch von Falkenstein (diesmal Mönche aus Mühlhausen in Böhmen). Der Beginn der Rodung und Besiedelung des gefürchteten sogenannten „Nordwaldes" setzt ein. Urkundlich wird Schlägl 1218 „Slage" genannt. In den verschiedenen

Kriegswirren (Hussiteneinfälle 1427 und Bauernkrieg 1626) wird das Stift immer wieder zerstört. Unter dem Abt Martin Greysing (1627–1665) erlebt das Stift den damals größten wirtschaftlichen und kulturellen Aufstieg (Glashüttengründung, Perlenfischerei). Trotz zahlreicher An- und Umbauten im 17. Jh. blieb doch der alte Baucharakter der Anlage erhalten. Vom ersten, im romanischen Stil erbauten Klostergebäude und von der Kirche steht heute nur noch die Krypta und zeugt in ihrer herb-trotzigen Gestaltung vom Durchhaltevermögen der Erbauer. Auch in Kirche, Kreuzgang, Refektorium und Kapitelsaal sind noch alte sehenswerte Bauelemente vorhanden.

Aigen/Schlägl ist mit empfehlenswerten Gasthöfen versorgt; etwas abseits des Marktes Aigen i. M. befindet sich die Endstation der von Linz/Urfahr kommenden Mühlkreisbahnlinie.

Bad Leonfelden

Rund um den Ort erstreckt sich ein ideales Wander- und Erholungsgebiet zu jeder Jahreszeit. Eine Moor- und Kneippkuranstalt für Stoffwechselerkrankungen, Wirbelsäulen- und Gelenkserkrankungen gibt es heute noch, dazu zwei Wellnesshotels, Gasthöfe und Pensionen aller Kategorien sowie Privatunterkünfte.

Für Sport und Freizeitgestaltung sind Hallenbäder, Saunas, ein Freischwimmbad mit Vorwärmanlage, Tennisplätze, 140 km gut markierte Wanderwege mit extra Beschreibung für jeden Weg, ein Waldlehrpfad sowie ein Gymnastikweg vorhanden.

Schon 1140 bestand mitten im Nordwald an einem Salzsteig, der von Linz durch den Haselgraben bis zur Moldau in Böhmen führte, die besiedelte Lichtung „Langfelden". Die Erschließung des Gebiets erfolgte durch die Grundherrschaft der Waxenberger. Die Zerstörung des Marktes durch die Hussiten 1425 veranlasste die Bürger zur Befestigung, die bis zum großen Brand 1892 bestand.

Erwähnenswert sind die schöne geschlossene Anlage des Marktes mit der aus der Spätgotik stammenden Pfarrkirche, die Spitalskirche (1787 von Kaiser Joseph II. aufgelassen) und die 1778 erbaute Wallfahrtskirche „Maria Schutz" im Bründl.

Černé Údolí (Schwarzthal)

Der Ort ist Endpunkt der Eisenbahnlinie von Budweis über Krumau und guter Ausgangspunkt für den Besuch des Schwarzenbergischen Schwemmkanals. Eine heideartige Moorlandschaft bestimmt die nahe Umgebung.

Český Heršlák (Böhmisch Hörschlag)

War früher Schulort der Bewohner von Kerschbaum und als tschechischer Grenzbahnhof auf dem Weg nach Summerau bekannt.

Dolní Dvořiště (Unterhaid)

Der Ort wurde 1279 erstmals (13. Jh.) als Merica in einer Liste der dem Kloster Hohenfurth unterstellten Kirchen erwähnt. An Sehenswürdigkeiten gibt es für Wanderer am NWKW III die spätgotische Kirche, die Nepomukstatue am Marktplatz, das Rathaus aus 1850 und den Marktbrunnen. Bekannt ist die Grenzstadt am meisten durch das Casino.

Kirche Aigen im Mühlkreis, Helfenberg, Freistadt Linzertor

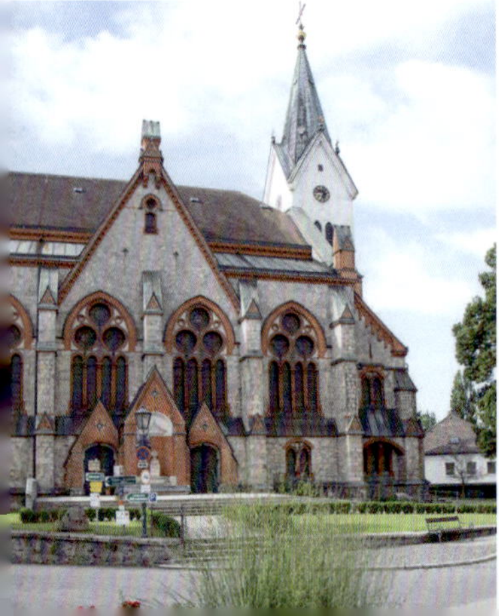

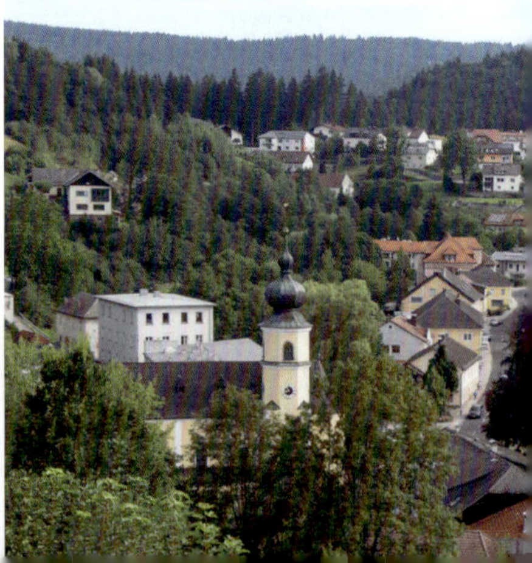

Freistadt

Otto von Machland wird als Gründer dieser in uraltem Siedlungsgebiet liegenden Stadt Freistadt angegeben. Sie stellt das Muster einer planmäßigen Gründung dar und ist seit Beginn ein Handels- und Rastplatz. Freistadt ging aus einer Marktsiedlung hervor, die im 12. Jh. gegründet und nach dem Einfall des Herzogs Sobieslaus von Böhmen 1176 befestigt worden war. Den Überlieferungen zufolge hieß die Stadt eine Zeit lang Cahlow-Zaglau, wurde von Ottokar von Böhmen sehr gefördert und erhielt schließlich vom Habsburger Rudolf I. 1277 das Stapelrecht. Die Anlage entstand an einem von der Natur auf drei Seiten geschützten Platz an der frühgeschichtlichen Handelsstraße und an der Landesgrenze; die ungeschützte Westseite erhielt eine Burg, heute mit beliebter Abseilmöglichkeit vom Bergfried und Flying fox über den Stadtgraben (www.derhoehenflug.at).

Sehenswürdigkeiten: Stadtbefestigung mit schönen Toren (Linzertor, Böhmertor), spätgotische Stadtpfarrkirche (fünfschiffig), Liebfrauenkirche, Maria Hilf (Mitte des 15. Jhs.), ehemaliges Landesfürstliches Schloss mit vierseitigem Bergfried (Keildach), erbaut von den Habsburgern in den Jahren

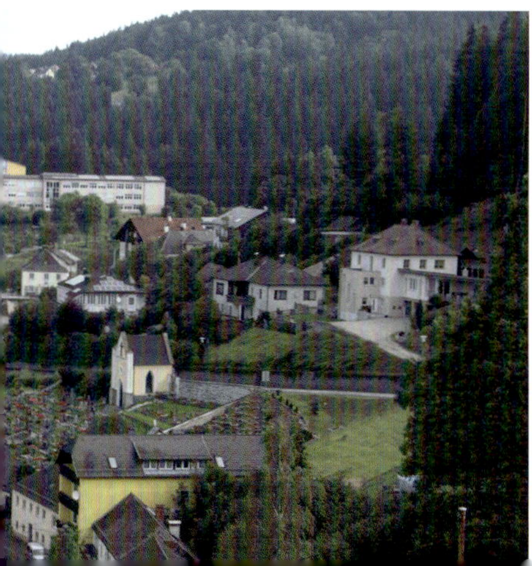

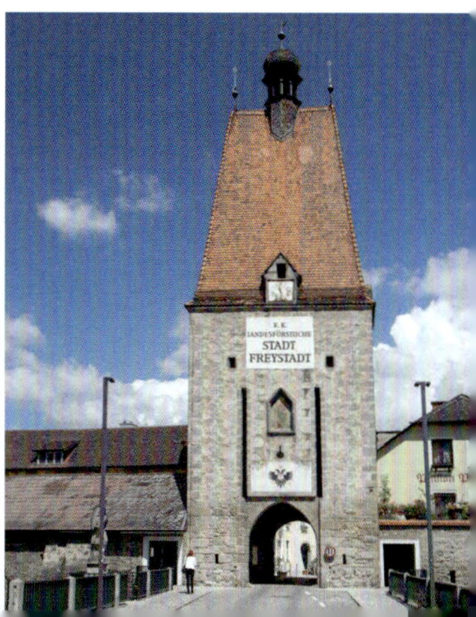

1363 bis 1397. Im Schloss ist ein vorbildlich eingerichtetes Museum untergebracht. Weiters wird auf die schönen Fassaden der alten Bürgerhäuser um den LED-beleuchteten Stadtplatz mit freiem WiFi, auf das Kulturzentrum Salzhof, in dem einst das Salz gelagert werden musste, und auf die Braucommune mit Braugasthof und schönem Gastgarten hingewiesen (www.freistadt.at).

Gmünd

Der gegen Ende des 12. Jhs. an der Lainsitz/Lužnice entstandene Ort, der einst Schwerpunkt der Textilverarbeitung war, hat heute viele Lost places. Als Besonderheit wurde der Ort Gmünd noch dazu durch den Eisernen Vorhang geteilt. Bekannt ist er durch die Sgrafitto-Häuser aus dem 16. Jh. am Hauptplatz. Eine knappe Autostunde von Freistadt liegt in Sichtweite der Grenzstadt Gmünd ein Naturschutzgebiet, das im Sommer des Jahres 1964 ausgestaltet worden ist: der Naturpark Blockheide-Eibenstein. Damit wird dem Besucher ein Stück heimatliches und bisher wenig bekanntes Waldviertel dargeboten, das sich durch besondere landschaftliche Schönheit und erholsame Eigenart auszeichnet.

Harbach

Harbach im Waldviertel lebt von seinen Rehagästen, die gerne einen Ausflug auf den Nebelstein unternehmen.

Haslach

Schon in der Frühzeit (Steinbeilfunde) führte ein Handelsweg durch dieses Gebiet über den Oswalder Sattel nach Böhmen. Eine erste Erwähnung der Ansiedlung erfolgte 1256. Die Entstehung des Marktes geht auf die Jahrtausendwende zurück. Die Hauptbesiedelung erfolgt durch die Plankenberger/Wittigonen im 11. bis 13. Jh. 1427 wird Haslach durch die Hussiten zerstört. Seit dem 14. Jh. ist die Ansiedlung mit einer durchgehenden Mauer und Türmen befestigt; Mauerreste sind zum Teil noch erhalten, ebenso einige Türme (in einem befindet sich das Heimatmuseum).

Durch den Handel (Salz, Leinen) nach Böhmen gelangte der Markt schon früh zu wirtschaftlicher Bedeutung. Im 19. Jh. entwickelte sich Haslach zum Mittelpunkt der Leinenindustrie, die Webereifachschule besteht seit 1883, das Webereimuseum seit 1970. Haslach bietet auch ein Hallenbad mit Sauna und eine schöne Freibadanlage.

Hirschbach

ist bekannt durch sein Bauernmöbelmuseum und die Kräuterkraftquelle. Der Name des Ortes war ursprünglich Hirzpech (Hirz = Hirsch, pech = Bach), erst Mitte des 18. Jhs. bekam der Ort den heutigen Namen.

Helfenberg

Am NWKW kommen wir bei der Helfenbergerhütte vorbei, der Ort aber liegt südlich davon und 300 Höhenmeter tiefer. Das Ortsbild maßgeblich beeinflusst hat die 1840 errichtete Textilfabrik.

Karlstift

ist ein Langlaufzentrum im Waldviertel (Seehöhe 890–910 m), eine Streusiedlung und Pfarrgemeinde seit 1782. Der Hochaltar der Hl.-Karl-Borromäus-Kirche ist mit einer Steinfigur des hl. Karl aus der Zeit um 1700 ausgestattet. Bei längerem Verweilen in Karlstift lohnt sich ein Besuch der Teiche und des Hochmoores im Ausmaß von 27 ha, das in einer Dreiviertelstunde erreicht werden kann. Dort finden wir eine ganz besondere Flora und Fauna. Es gedeihen subalpine und boreale Pflanzen (Legföhre, Zwergbirke, Siebenstern sowie viele Seggenarten).

Leopoldschlag

Wer Leopoldschlag hört, denkt an das Naturschutzgebiet Natura 2000 an der Maltsch/Malše, das den Ort streift, und an die Grenzlandbühne, die anspruchsvolles Amateurtheater bietet.

Nové Hrady (Gratzen)

wird dominiert durch das Schloss, in dem die Musikschule untergebracht ist. Bereits um 980 n. Chr. soll sich hier eine slawische Burganlage befunden haben. Das Geschlecht der Rosenberger hat die Stadt über Jahrhunderte geprägt und auch den Park im Theresienthal angelegt.

Horní Dvořiště (Oberhaid)

ist in erster Linie als Grenzort der Summerauerbahn bekannt. Oberhaid wurde 1278 erstmals urkundlich erwähnt. Der Grenzort zum Herzogtum Österreich war auch eine Gründung des Geschlechts der Rosenberger.

Pohoří na Šumavě (Buchers)

ist ein fast ganz geschliffener Ort im Gratzener Bergland, der durch österreichische Hilfe wieder zum Leben erwachte, etwa mit dem Bucherser Kirtag, der seit 1981 gefeiert wird.

Přední Výtoň (Vorder Heuraffl)

Der Ort hat sich durch den Moldaustausee zu einem Sportzentrum entwickelt. Dabei hat er als Eremitage begonnen, nach dem Kirchenbau gab es schon 1523 die erste Wallfahrt.

Leopoldschlag, Rainbach, Rožmberk

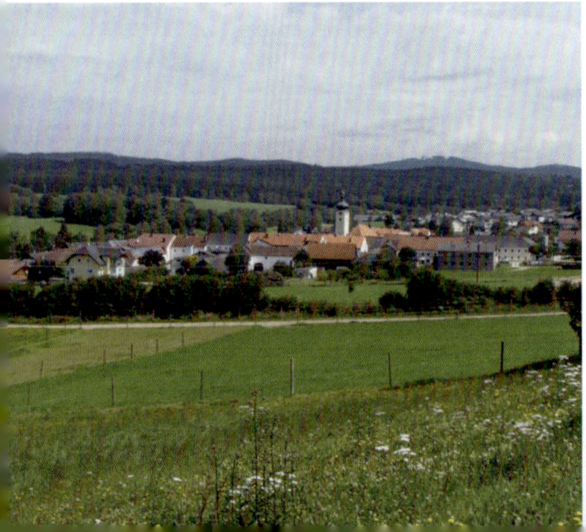

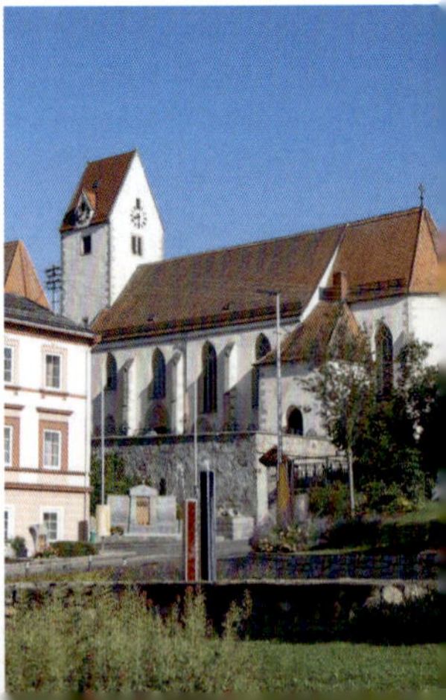

Rainbach im Mühlviertel

ist eine sehr mit der Pferdeeisenbahn verbundene Gemeinde. Der Weg der Farben zeigt, dass auch dort die Zeit nicht stehen geblieben ist. Sehenswert ist die Kirche Mariä Himmelfahrt: Das vierjochige, zweischiffige Langhaus ist das älteste Kreuzrippengewölbe ohne Schlussstein im Mühlviertel.

Rohrbach

Die Bezirkshauptstadt im westlichen Mühlviertel wurde erfolgreich mit der Nachbargemeinde Berg zusammengelegt, etwas, was vielen Mühlviertler Orten möglicherweise noch bevorsteht. Die Schulstadt, die nicht direkt am NWKW liegt, ist wegen des Museums der Wahrnehmung in der Villa Sinnenreich und dem Rathaus mit seinem Renaissance-Laubengang einen Abstecher wert.

Rosenberg (Rožmberk nad Vltavou)

An der Moldau liegt die erstmals 1253 erwähnte Burg der Rosenberger und darunter der kleine Ort Rosenberg, vielen Moldaupaddlern bekannt durch seine Wehr unter dem Schloss. Die Burg wurde von den letzten Besitzern, dem französischen Aristokratengeschlecht Buquoy, schon Mitte des 19. Jhs. in ein

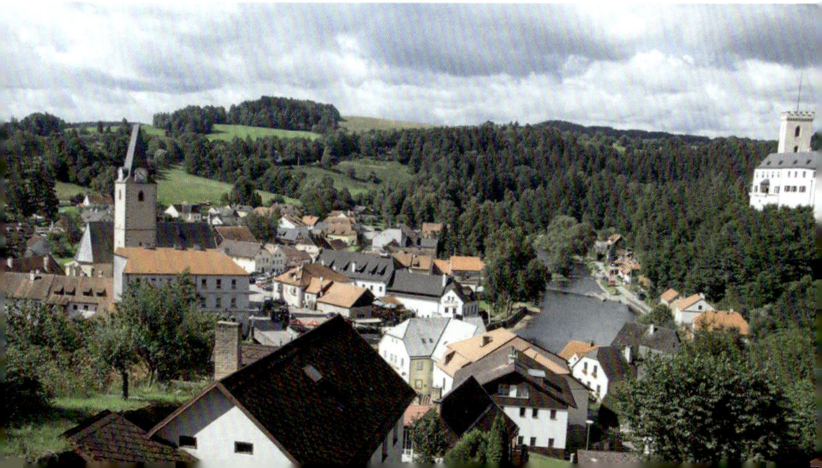

Museum verwandelt. Im malerischen Ort gibt es historische Gebäude und die St. Nikolauskirche zu sehen.

Sandl

Der Ort wurde schon zur Zeit Maria Theresias erwähnt, 1736 erfolgte der Kirchenbau, später erst wurde Sandl eine Pfarre. Die Hinterglasmalerei, die hier zur Zeit Maria Theresias und Josefs II. in Blüte stand, ist nach und nach zurückgegangen. Im Winter stehen drei Wanderloipen und ein Schilift zur Verfügung, im Sommer sind die nahen Rosenhofer Teiche beliebt.

Schwarzenberg

stand ursprünglich unter der Lehenshoheit der Passauer Bischöfe und war während der Napoleonischen Kriege mehrfach besetzt, u. a. von Bayern. Von Oberschwarzenberg weg ist ein Zugang zum NWKW mit dem Kammlogo aus einer Zeit markiert, als es noch nicht so leicht war, die Grenzen zu überschreiten.

Schenkenfelden

Die ganze Siedlung ist ein quadratischer Platz mit der Kirche in der Mitte. Schenkenfelden hat einen sehenswerten Marktbrunnen von 1823, der Pranger vor der Pfarrkirche

St. Oswald bei Freistadt, Vyšší Brod, Waldburg

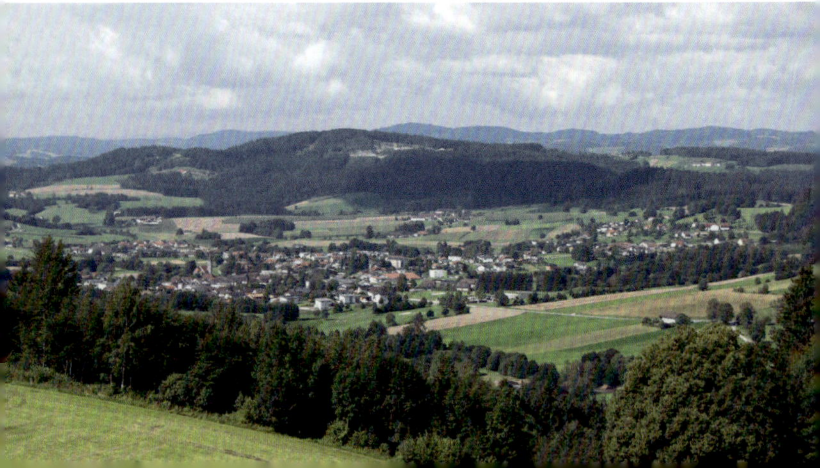

ist aus dem 17. Jh. In der ältesten Erwähnung 1251 heißt Schenkenfelden „Schenkenvelden“, Markt ist es seit 1356. Das Patrozinium der Kirche entstammt der Slawenseelsorge im 10.–12. Jh. Die beiden Windräder im NW sind das moderne Wahrzeichen geworden.

St. Oswald bei Freistadt

Urkundlich 1150 erstmals erwähnt, bekam St. Oswald 1415 das Marktrecht. Eindrucksvoll ist die spätgotische Pfarrkirche, bekannt ist St. Oswald auch durch seinen Golfplatz.

Svatý Tomáš (St. Thomas)

Um 1220 ließ Witiko I. von Krumau auf dem Böhmerwaldkamm südlich des Moldautals die Burg Wittinghausen errichten. Über eine Pfändung kamen im 15. Jh. die Rosenberger in den Besitz. Um die als St. Thomas bekannte Kirche entstand im 16. Jahrhundert eine kleine Holzfällersiedlung, deren Name von der Kirche hergeleitet wurde. Wallfahrten führten zum Aufschwung des Ortes, ehe er 1956–1958 geschliffen wurde und in Svatý Tomáš Wohnblöcke für die Besatzung der Radarstation und für Beschäftigte des Militärforstbetriebs entstanden.

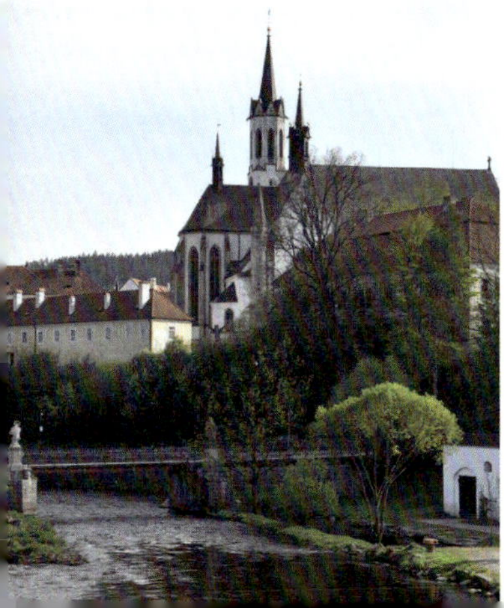

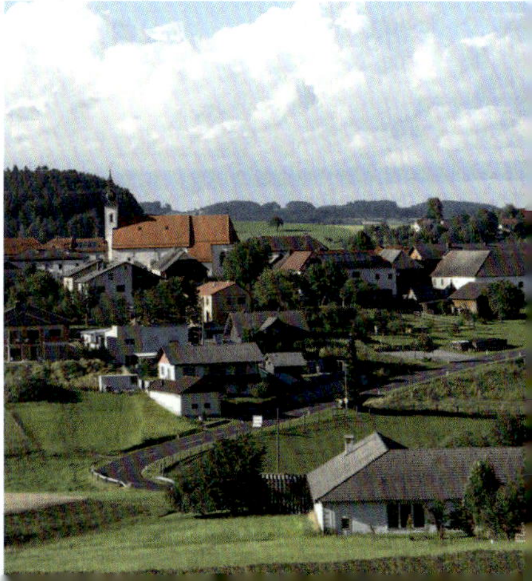

Tichá

Die Feste Tichá am NWKW III war nie das Zentrum einer selbstständigen Herrschaft. Sie wurde durch die Herren von Velešín aufgebaut und gehörte ursprünglich zu der Herrschaft Velešín. Die Reste der Mauern umfassen den Wohnturm mit bis zu 12 m Dicke.

Ulrichsberg

wurde 1325 erstmals urkundlich erwähnt und stand ursprünglich unter der Lehenshoheit der Passauer Bischöfe. Während der Napoleonischen Kriege wurde es mehrfach u. a. von Bayern besetzt. Der Ort ist stark mit dem Neuburger verbunden, der kein Leberkäse sein will.

Vyšší Brod (Hohenfurth)

Erst für das Jahr 1394 ist die tschechische Namensform „Vyšebrod“ belegt, aus der sich später die Schreibweise Vyšší Brod entwickelte. Die grenzüberschreitende oberösterreichische Landesausstellung unter dem Titel Hopfen, Salz und Cyberspace, gemeinsam mit Freistadt, Bad Leonfelden und Český Krumlov, im Jahr 2013 förderte die wirtschaftliche Entwicklung der Region rund um das Zisterzienser-Kloster.

Waldburg

Die erste urkundliche Erwähnung stammt aus 1220, und zwar als Mutterkirche von Reichenthal. Eine Pfarre ist Waldburg erst seit 1859. Drei herrliche spätgotische Flügelaltäre machen dem von Kefermarkt durchaus Konkurrenz.

Windhaag bei Freistadt

Windhaag verschaffte sich einen Ruf als ökologischer Markt. Vor Kurzem wurde die alte Schule, die später Museum mit dem Schwerpunkt alternative Energien war, großzügig zum Green Belt Center ausgebaut und versteht die ehemalige Sackstraßensituation durch den Eisernen Vorhang so sehr gut zu nutzen.

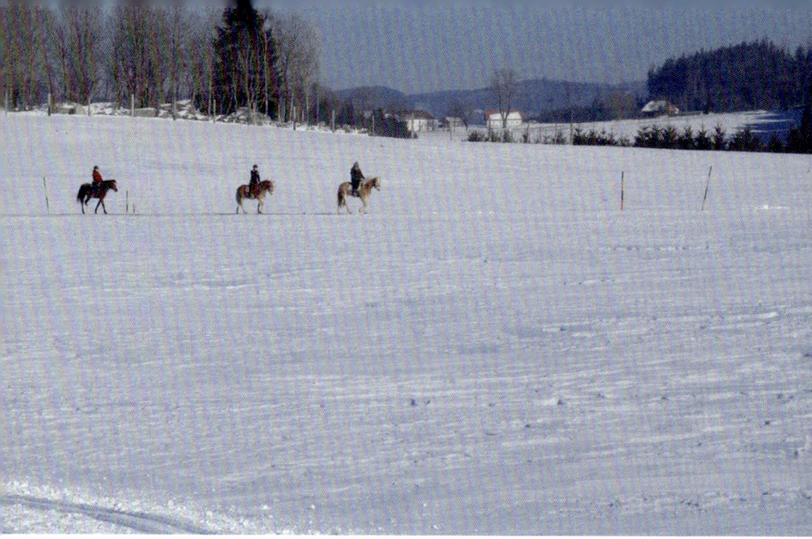

Reiten bei Neudorf

Sport an den NWKWen

Langlaufen und Schneeschuhgehen

Wenn genug Schnee liegt, sind die gesamten NWKWe mit Cross-country-Schiern oder Schneeschuhen zu begehen.
Für das Schneeschuhgehen ist die gesamte Strecke ideal. Aber: So schön das Wandern in unberührter Landschaft auch ist, wir sind dazu verpflichtet, überwinternde Tiere nicht zu stören. Ein Aufschrecken der sonst in ungestörter Umgebung lebenden Tiere zehrt an den spärlichen Winterreserven und kann für so manches Freiwild den sicheren Tod bedeuten.

Teile der NWKWe sind im Winter gespurte Loipen, und zwar:

NWKW:
Holzschlag am Hochficht → Schöneben (südlich des NWKWs) → Grünwald → Oberhaag
Hölzener Herrgott → Waldschenke
Holzmühle → Obermarreith → Rindlberg (östlich des NWKWs) → Sandl

NWKW II:
Pavlína/Paulina → Pohoří na Šumavě/Buchers
Böhmdorf → Graslmühle → Allhut → Stiftung → Heidenstein
Pilzstein → Gasthaus Rading/Schwedenschanze
Schwemmkanal

Reiten am Nordwaldkammweg

Das Gebiet Mühlviertel ist von einem umfangreichen eigenen Reitwandernetz durchzogen (www.muehlviertel.at/detail/article/reiten-im-muehlviertel.html). Es ergeht das Ersuchen an die Wanderreiter und Kutschenfahrer, dieses samt den dafür eigens ausgebauten Reiterherbergen zu nutzen.

Mountainbiken am Nordwaldkammweg

Bis auf das Steinerne Meer wären alle Strecken auch mit dem Mountainbike zu befahren. Der Alpenverein hat aber nur das ersessene Recht des Gehens auf der gesamten Strecke in Österreich, setzt sich allerdings für die Öffnung sämtlicher Forststraßen ein. Nachdem das Miteinander von Wanderern und Mountainbikern auf Alpenvereinswegen auch nicht ganz friktionsfrei ist, wird es vermutlich einen eigenen Wegverlauf für das Befahren der NWKWe als GPS-Daten geben, sobald der Durchbruch bei den Freigabebestrebungen erreicht ist, um enge Abschnitte zu umfahren. Das Befahren von tschechischen Nordwaldkammwegeteilen ist unseres Erachtens nach möglich.

Was steht alles auf einer gelben Markierungstafel?

Markierungstafeln sind ein wesentlicher Beitrag zur Sicherheit auf dem weit verzweigten Wanderwegenetz und sind keinesfalls als Souvenir gedacht. Mit der kommenden digitalen Erfassung aller Wanderwege in Österreich über das Projekt AWIS.GIP werden nicht nur die Wegnamen und ihre Eigenschaften, sondern auch alle Markierungstafeln in ihrer Position und ihren Inhalten digital erfasst, um sie schnell erneuern zu können. Seit dem Jahr 1997 gibt es einen Beschluss des CAA (Club Arc Alpin, das ist der Zusammenschluss aller nationalen alpinen Verbände) über eine einheitliche Beschilderung im gesamten Alpenraum.
In Oberösterreich sind die pfeilförmigen gelben Tafeln genormt und beinhalten folgende Angaben:

Schwierigkeit des Weges:
blau: leicht

Wander- und Bergwege, Spazierwege, Schwindelfreiheit nicht erforderlich, geringe Höhenunterschiede, für Kleinkinder und ältere Semester geeignet.
Auf Bergwanderwegen und alpinen Routen kann die blaue Markierung unterbleiben.

rot: mittelschwer

Wander- und Bergwege, teilweise auch schmälere und abschüssige Wegstrecken, Schwindelfreiheit bedingt notwendig, mit gutem Schuhwerk für jedermann geeignet, es gibt aber auch absturzgefährdete Stellen.

schwarz: Bergrouten bzw. schwierige Wege, oft schmale und abschüssige Passagen, Trittsicherheit und Schwindelfreiheit unbedingt notwendig, zum Teil große Höhenunterschiede, nur für Geübte geeignet, entsprechende Ausrüstung (Schuhwerk, Regenbekleidung, Verpflegung) erforderlich, mit versicherten Gehpassagen und Kletterstellen, die den Gebrauch der Hände erfordern.

alpine Route: Freies, alpines bzw. hochalpines Gelände, dies sind keine Bergwege im obigen Sinn! Sie können durch Trittspuren, die durch häufige Begehungen im Gelände sichtbar sind, entstanden sein, sie können aber auch weglos sein. Alpine Routen werden in der Regel weder angelegt noch gewartet, es darf deshalb nicht mit einer Markierung oder Beschilderung als Orientierungshilfe gerechnet werden!

Fehlt der Farbpunkt, ist nicht gesagt, dass es sich um einen leichten Weg handelt. Die auf den tschechischen Wegtafeln in der Pfeilspitze angeführten Farben rot, blau, grün oder gelb beziehen sich auf die Wegmarkierungsfarbe und nicht auf die Wegschwierigkeit, diese Angabe gibt es in Tschechien nicht.

Zielangabe: Ziel der Tour, das durch Zwischenziele ergänzt werden kann; muss auf allen Zwischenschildern bis zur Erreichung des Zieles angeführt sein!

Piktogramme mit dem Hinweis auf Verpflegungs- und Unterkunftsmöglichkeiten, Seilbahnstationen, Parkplätze, Bahn- und Busstationen.

Gehzeit: Während z.B. in Tschechien die Distanz zum Ziel in km angegeben wird, wird in Österreich die Gehzeit angeführt, wobei bis zu 60 Minuten die Zeit in 5-Minuten-Abständen, bei 1–2 Stunden in ¼-Stunden- und darüber in ½-Stundenabständen angegeben wird.

Wegnummer: nach dem Alpenvereinskonzept (dreistellige Nummern nach Moriggl, wie 105 = überregionaler Weg, zweistellig: regionaler Weg wie 56 oder La2 für lokaler Weg der Gemeinde Lasberg Nr. 2)

Die Nummer der Markierungstafel kann zur leichteren Beschädigungsmeldung und Nachbestellung angegeben werden.

Wegerhalter: Name der Sektion oder der Gemeinde, die für die Erhaltung dieses Weges zuständig ist. Bei Problemen am Weg bitte sich gleich an den Wegerhalter zu wenden und nicht an Alpenverein oder Naturfreunde, die sich dann wieder an den Wegerhalter, z.B. Gemeinde Freistadt, wenden müssen.

Angabe der Seehöhe am Standort

Diverses: Die Wegnummer wird manchmal auch ergänzt durch das Logo des Weges (z.B. NWKW II, Donausteig) und/oder den QR-Code, über den man per Smartphone direkt auf die Webseite der Wegbeschreibung kommt.

Zusätzlich gibt es noch Zwischenmarkierungen und weiße Standorttafeln. Abweichend von Oberösterreich gibt es in Tirol nur rote und schwarze Wege, in Salzburg sind Talwege blau gekennzeichnet und in Vorarlberg und der Schweiz ersetzen Dreiecke die Farbpunkte (wenn nicht überhaupt Metallic-Tafeln im Einsatz sind). Achtung: Talwege sind in Vorarlberg und der Schweiz gelb markiert, rote Balken entsprechen den roten Punkten und blaue Balken weisen auf schwere Bergwege hin!

Ganz allgemein dienen unsere Alpenvereinswege der Besucherlenkung und der Volksgesundheit. Für Wege, welche vom Alpenverein betreut und markiert werden, übernimmt dieser auch die Wegehalterhaftung und ist zur Abdeckung dieses Risikos auch gut versichert. Zusätzlich übernimmt er die sich für den Grundeigentümer aus der Waldrandhaftung eventuell ergebenden Schadenersatzansprüche und die diesbezüglichen Rechtschutzkosten.

Es ist wichtig, dass sich Bergsteiger und Wanderer auf Markierungen und Wege verlassen können, was ihnen aber nicht die Eigenverantwortlichkeit abnehmen soll. Es ist unglaublich, was von unbekannten Besuchern an Manipulationen an der Wegmarkierung vorgenommen wird. Beobachtern solcher Vandalismushandlungen bitte ich, diese Personen dem Wegerhalter zu melden.

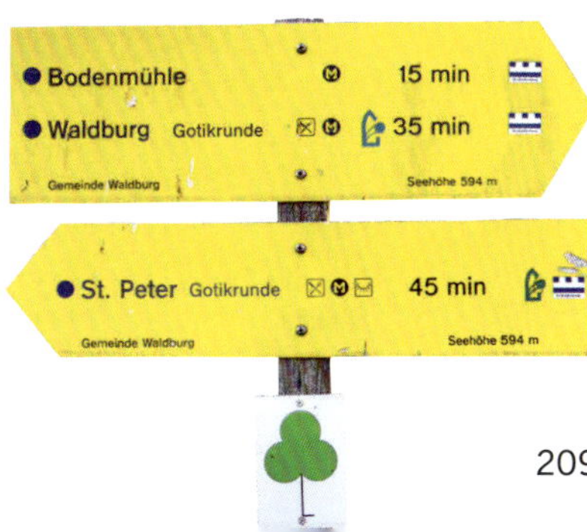

Landkarten für die NWKWe

Wanderkarten von Tourismusbüros

Wanderkarte Böhmerwald M 1:50 000
Tourismusverband Böhmerwald
Hauptstraße 2, A-4160 Aigen im Mühlkreis
Tel.: +43/(0)7281-20065, Fax: +43/(0)7281-20065-15
www.boehmerwald.at, info@boehmerwald.at

Wanderkarte Stern Gartl M 1:37 500
Linzer Steig/Linecká Stezka M 1:50 000
Kurverband Bad Leonfelden
Ringstraße 77, A-4190 Bad Leonfelden
Telefon: +43/(0)7213-6397, Fax: +43/(0)7213-6397-13
www.badleonfelden.at, kurverband@badleonfelden.at

Die Weite suchen – zum Kraftplatz finden M 1:55 000
Pferdeeisenbahn Wanderweg M 1:60 000
Tourismusbüro Mühlviertler Kernland
Waaggasse 6, A-4240 Freistadt
Telefon: +43/(0)7942-75700-0, Fax: +43/(0)7942-75700-20
www.muehlviertler-kernland.at, kernland@oberoesterreich.at

Wandern im Herzen des Waldviertels M 1:40 000
Wander- und Radkarte Oberes Waldviertel M 1:50 000
Waldviertel Tourismus
Sparkassenplatz 1/2/2, A-3910 Zwettl
Tel.: +43/(0)2822-54109
www.waldviertel.at , info@waldviertel.at

Wanderkarten von Kartenverlagen

WK 262 Böhmerwald – Mühlviertel – Moldaustausee
M 1:50 000

WK 261 Mühlviertel – Freistadt – Linz-Urfahr M 1:50 000
WK 053 Mühlviertel – Freistadt – Bad Leonfelden – Bad Zell – Linz M 1:50 000
WK 076 Nebelstein – Gmünd – Weitra – Groß Gerungs – Weinsberger Wald M 1:50 000
Freytag-Berndt und Artaria KG
Brunner Straße 69, A-1230 Wien
Tel.: +43/(0)1-869 90 90-0, Fax: +43/(0)1-869 90 90-61
www.freytagberndt.com, office@freytagberndt.at

BEV:
BEV 3312 Wegscheid M 1:50 000
BEV 3312 Ost Aigen im Mühlkreis M 1:25 000
BEV 4307 St. Oswald bei Haslach M 1:50 000
BEV 4307 West St. Oswald bei Haslach M 1:25 000
BEV 4313 Ost Bad Leonfelden M 1:25 000
BEV 4308 Leopoldschlag M 1:50 000
BEV 4314 Freistadt M 1:50 000
BEV 4308 West Leopoldschlag Dorf M 1:25 000
BEV 4309 Gmünd M 1:50 000
Kleinregion Lainsitztal M 1:25 000
Freytag & Berndt
Varhulikove 120, CZ-17000 Praha 7
Tel.: +420/226 200 358, www.freytagberndt.cz, obchod@freytagberndt.cz

Edition KČT
Šumava–Lipno M 1:50 000
Vltava pod Vyšším Brodem a Blanský les M 1:50 000
Novohradské hory M 1:50 000
Kartografie Praha
Ostrovní 30, CZ-110 00 Praha 1
Tel.: +420/221 969 446
www.kartografie.cz, info@kartografie.cz

49 Sumava–Trojmezi M 1:50 000
61 Sumava–Lipensko M 1:50 000
62 Novohradske hory M 1:50 000
Edice Geobaze
Ostrovní 126/30, CZ-110 00 Praha 1
Tel: +42/(0)221 969 446, Fax: +42/(0)221 969 444
www.geodezie.cz, obchod@geodezie.cz

Šumava–Lipno M 1:50 000
Mikroregion Sdružení Růže M 1:25 000
Geodezie Online
Moskevská 13, 470 01 Česká Lípa
Tel.: +42/0731 187 005, +42/0487 824 974
www.geodezieonline.cz, info@geodezieonline.cz

Onlinekarten:
www.doris.at
www.mapy.cz
www.waldviertel.at/karte
www.google.at/maps
openstreetmap.at

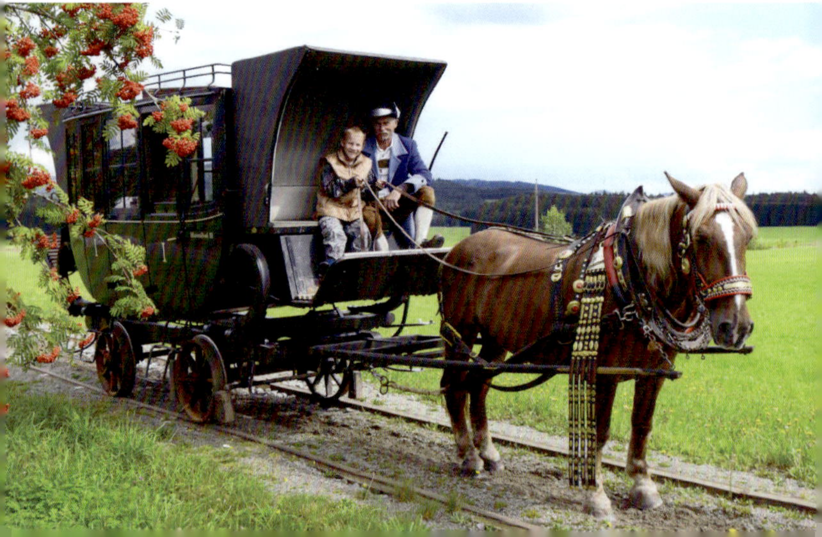

Kontrollstellen

Für die Begehung des NWKWs besteht die Möglichkeit, Abzeichen zu erwerben. Dazu ist an den Kontrollstellen ein Stempel im Stempelbuch samt Bestätigung mit Datum und Unterschrift des Beherbergungsbetriebs oder Tourismusbüros vorgesehen. Wenn keine Möglichkeit für den Stempel mit Bestätigung besteht, kann auch ein Selfie gemacht werden (Datum einblenden). Wird die Begehung des Weges unterbrochen, ist die Kontrollstelle mit neuem Datum nochmals zu stempeln.

Kontrollstellen Klassischer Nordwaldkammweg
Dreisesselberg-Schutzhaus; **Hochficht:** Gasthaus zum Überleben; **Schöneben:** Böhmerwaldhorst oder Hotel InnsHolz; **Oberhaag:** Landgasthof Haagerhof; **Haslach:** Gasthaus Reiter „Zum Alten Turm"oder Tourismusbüro Haslach; **Afiesl:** AV-Helfenbergerhütte; **Guglwald:** Hotel Guglwald; **Bad Leonfelden:** wahlweise Berggasthof Waldschenke oder Leonfeldner Hof oder Kurverband Sterngartl; **Guttenbrunn:** Wirtshaus Pammer; **Freistadt:** wahlweise Tourismusbüro Mühlviertler Kernland oder Pension Hubertus oder Gasthof „Zum goldenen Hirschen"; **Lasberg:** AV-Braunberghütte oder im Winter in einem Gasthaus in St. Oswald oder Lasberg; **Sandl:** Gasthaus zum Toni; **Karlstift:** Gasthof-Pension Zeiler; AV-Nebelsteinhütte oder im Winter Gasthaus in Harbach

Kontrollstellen Nordwaldkammweg II
Pyhrabruck: Restaurant in der Grenzstation; **Nové Hrady:** Touristeninformation im Rathaus oder Unterkunft in Nové Hrady; **Černé Údolí:** Hotel U Pralesa; **Žofín:** Penzion Lesovna; **Pohoří na Šumavě:** Gasthaus Baronův most; **Dolní Přibrání:** Penzion Jelení Vyhlídka; **Janova ves:** Rodínna farma; **Windhaag bei Freistadt:** Green Belt Center; **Pieberschlag, Leopoldschlag, Eisenhut:** Gasthäuser; **Kerschbaum:** Pferdeeisenbahnmuseum;

Rainbach: Gasthäuser; **Eibenstein:** Pilsstubn; **Stiftung:** Lorenzmühle, **Rading:** Schwedenschanze
Přední Výtoň: Penzion Baborka oder Pension Hejrov; **Svatý Tomáš:** Gasthaus oder Hotel; **Přední Zvonková:** Pension Wudy oder Pension Marie; **Dreisesselberg:** Schutzhaus

Statt den Kontrollstellen 15–19 vom NWKW II können auch die Kontrollstellen 15a–17a (18 und 19 entfallen dann) genommen werden.

Kontrollstellen Nordwaldkammweg III
Sv. Kamen (15a): Gasthaus; **Dolní Dvořiště:** Gasthaus; **Rožemberk nad Vltavou** (16a): Gasthäuser oder Hotels; **Vyšší Brod** (17a): Gasthäuser oder Hotels

Das NWKW-Abzeichen gibt es in Bronze, Silber und Gold, wobei die Strecke der NWKW oder der NWKW II/III sein kann:
Bronze: Durchwanderung des NWKW oder NWKW II innerhalb eines Jahres
Silber: Durchwanderung des NWKW oder NWKW II in einem Zug (eventuell 1 Rasttag), aber ohne vorgeschriebene Zeit
Gold: Durchwanderung des NWKW oder NWKW II innerhalb von 5 aufeinanderfolgenden Tagen, für Senioren bis zu 7 Tagen.
Diese Bedingungen gelten auch für Schiwanderer bzw. Langläufer.
Moutainbiker können dieses Wanderabzeichen nicht erwerben.

Das vollständige Kontrollstempelblatt in diesem Buch (auch Download unter www.alpenverein-freistadt.at/files/kontrollblatt_nordwaldkammweg.pdf möglich) ist beim Touristenbüro Mühlviertler Kernland, Waaggasse 6, 4240 Freistadt, kernland@oberoesterreich.at, Tel.: +43/(0)7942-75700 zur Erlangung des Wanderabzeichens einzureichen.

Zuständigkeiten für die NWKW-Abschnitte

Weg	Route	betreut von
NWKW	Dreisesselberg → Gegenbach	ÖAV Rohrbach
NWKW	Gegenbach → Hochficht → Schöneben → St. Oswald → Haslach → Afiesl → Guglwald	ÖAV Rohrbach
NWKW	Guglwald → Sternstein → Bad Leonfelden → Thierberg	ÖAV Bad Leonfelden
NWKW	Thierberg → Waldberg → Freistadt → Zelletau/Alm → Braunberg → Sandl → Schanz	ÖAV Freistadt
NWKW	Schanz → Stadlberg → Karlstift → Nebelstein → Harbach → Mandelstein → Pyhrabruck	ÖAV Waldviertel
NWKW II	Pyhrabruck → Nové Hrady → Horní Stropnice → Dobrá voda → Kuna hora → Mlýnský vrch	KČT
NWKW II	Mlýnský vrch → Starý Holand → südl. Černé Údolí	KČT
NWKW II	südl. Černé Údolí → Žofín → Huťský rybník → Stříbrné Hutě → Pohorje → Pavlína → Dolní Přibrání	KČT

NWKW II	Dolní Přibrání → Janova ves → Tichá → Sv. Kamene → Sv. Kamene → Rožmberk → Kraví hori → Vyšší Brod → Mnichovice → Frantoly	KČT
NWKW II	Dolní Přibrání → Cetviny → Mairspindt	KČT
NWKW II	Mairspindt → Windhaag → Leopoldschlag → Eisenhut → Český Heršlák → Deutsch Hörschlag → Kerschbaum → Rainbach → Heidenstein → Stiftung	ÖAV Freistadt
NWKW II	Stiftung → Allhut → Rading → Dürnau	ÖAV Bad Leonfelden
NWKW II	Dürnau → Frantoly → Kaplice → Přední Výtoň → Svatý Tomáš → Koranda → Kyselov → Přední Zvonková → Zadní Zvonková → Hirschröhren → Plešné jezero → Adalbert Stifter Denkmal → Plechý →Trojmezí – Třístoličník	KČT
NWKW II	Dreisesselberg – Hochstein	Arge NWKW

Europäischer Fernwanderweg E6

Der Nordwaldkammweg ist ein Abschnitt des Europäischen Fernwanderweges E6, der folgenden Gesamtverlauf hat:

- Roskilde → Korsor → Nyborg → Bojden → Fynshav → Krusa → Flensburg (230 km)
- Flensburg → Schleswig → Eckernförde → Kiel → Preetz → Pöln → Eutin → Neustadt/Holst. → Lübeck → Ratzeburg → Mölln → Güster → Lauenburg (410 km)
- Lauenburg → Bleckede → Quarstedt → Schnega → Bodenteich (120 km)
- Bodenteich → Hankensbüttel → Gifhorn (45 km)
- Gifhorn → Fallersleben → Wendhausen (42 km)
- Wendhausen → Braunschweig → Wolfenbüttel → Goslar → Altenau → Seiber → Duderstadt → Göttingen → Schloss Berlepsch (203 km)
- Schloss Berlepsch → Bad Sooden → Allendorf → Eschwege → Hönebach (126 km)
- Hönebach → Friedewald → Schenklengsfeld (26 km)
- Schenklengsfeld → Uffhausen → Haselstein → Hünfeld → Hofbieber → Milseburg → Wasserkuppe → Gersfeld → Heidelstein → Fladungen → Mellrichstadt →Herbstadt → Bayernturm (140 km)
- Bayernturm → Maroldsweisach → Altenstein → Tambach → Coburg → Kipfendorf → Mitwitz (90 km)
- Mitwitz → Gifting → Nordhalben → Schwarzenbach/Wald → Helmbrechts → Münchberg (78 km)
- Münchberg → Quelle der Sächsischen Saale → Quelle der Eger → Karches → Quelle des Weißen Mains → Quelle der Fichtelnaab → Fichtelberg → Fichtelsee → Nagel → Felslabyrinth Luisenburg → Marktredwitz → Konnersreuth → Kappel → Waldsassen (75 km)

- Waldsassen → Neualbenreuth → Mähring → Bärnau → Silberhütte → Waidhaus → Eslarn → Stadlern → Steinlohe → Waldmünchen (132 km)
- Waldmünchen → Furth i. W. → Kaitersberg → Arber (1456 m) → Rachel (1452 m) → Lusen (1373 m) → Haidmühle → Dreisessel (175 km)
- Dreisessel (1312 m) → „Salzsteig" (Grenzübergang) → Haslach → Sternstein (1125 m) → Bad Leonfelden → Freistadt → Schloss Rosenhof → Nebelstein (1015 m) (140 km)
- Nebelstein → Spitz → Melk → Mariazell → Seeberg (Fernwanderwegkreuz) → Hochschwab (2277 m) → Reichenstein (2166 m) → Leoben → Gleinalpe → Packsattel → Koralpe (2141 m) → Eibiswald (504 km)
- Eibiswald → Radlpass (Grenzübergang) → Radlje → Turigka vas → Mozirje → Moravee → Grousuplje → Igka → Nova vas → Ma'gun → Klana → Kastav/Rijeka (260 km)

Von Kroatien wird mit dem Schiff nach Igoumenitsa/Griechenland gefahren, wo es dann noch über Alexandroupulis bis zu den Dardanellen in die Türkei weitergeht.

E6 in Istrien bei den Klippen von Strunjan

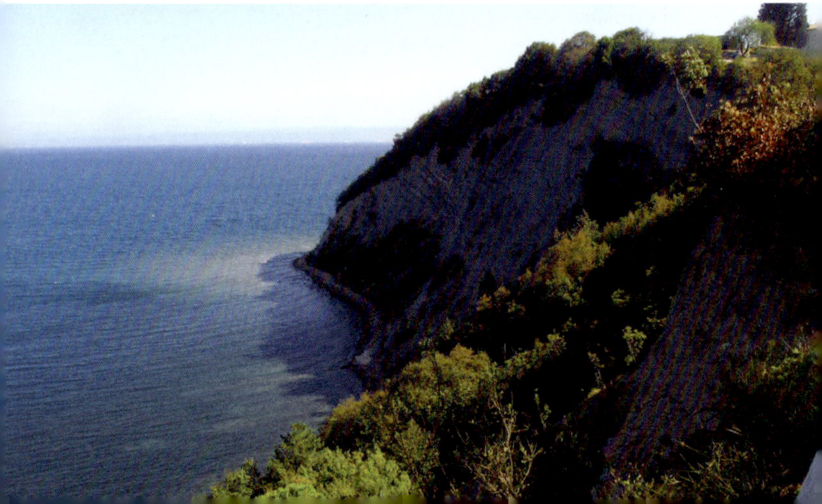

Historische Entwicklung des Kammwegs

Der Nordwaldkammweg wurde um 1910 vom Deutschen Böhmerwaldbund angelegt. Schon im Jahr 1888 gab es im „Führer durch den Böhmerwald“ ein Wegenummernkonzept des Deutschen Böhmerwaldbundes Budweis. In der 5. Auflage (1929) dieses Führers steht über den Verlauf des Kammwegs: Schwarzkoppe – Tannaberg – Gewintzy – Osser – Eisenstein – Stubenbach – Pürstling – Lusen – Kurschada – Dreisessel – Glöcklberg – Untermoldau – Friedberg – Hohenfurth – Rosenberg.

Der Nordwaldkammweg verlief in der Zwischenkriegszeit (Erste Republik bis 1938) teils auf österreichischem, teils auf tschechischem Gebiet.

In Verbindung mit der Schaffung der als „Touristenzone-Salzsteig“ bezeichneten Grenzübergangsstelle des Nordwaldkammwegs zur Deutschen Bundesrepublik war bereits anlässlich seiner Errichtung an den Einbau in ein größeres Wegenetz über die Staatsgrenzen hinaus gedacht. Der direkte Anschluss an die „Nördliche Hauptwanderlinie“ des Bayerischen Waldvereins nach Westen über Lusen, Rachel, Arber und weiter hinaus lag nahe. Schon damals fanden erste Kontaktaufnahmen zum Bayerischen Waldverein in Regensburg und seinen Sektionen in Straubing und Passau zur Schaffung eines Internationalen Weitwanderweges statt. Die erste Weiterführung nach Osten erfolgte durch die ÖAV-Sektion Horn (heute: Sektion Waldviertel) durch den „Kamptal-Seenweg“.

Die Verwirklichung dieser Gedankengänge wurde durch den damaligen ersten Vorsitzenden des Österreichischen Alpenvereins, Univ. Prof. Dr. Hans Kinzl, in die Wege geleitet, indem er die Verbindung zum Präsidenten der „Europäischen Wandervereinigung“, Dr. Georg Fahrbach, herstellte. Die entscheidende

Vorbesprechung mit Dr. Fahrbach fand dann am 28. April 1973 auf der „Silberhütte" des Oberpfälzer-Waldvereins statt, die zur Krönung dieser Idee durch den Einbau des Wegzuges „Nordwaldkammweg Nordsüdweg" in den „Europäischen Fernwanderweg Nr. 6", Ostsee – Wachau – Adria", führte. Bei der Tagung der Europäischen Wandervereinigung am 6. Oktober 1973 in Malmedy wurde dann offiziell dieser damals rund 1300 km lange, internationale Fernwanderweg „E 6" beschlossen. Mit dieser Entwicklung wurde nun der „Nordwaldkammweg" als erster österreichischer Weitwanderweg nicht nur Muster und Keimzelle zur größeren Entwicklung des Weitwanderwegsystems in Österreich, sondern auch zur Grundlage des Begriffs „Wanderbares Österreich".
Zur fünften Auflage dieses Wanderführers hat Dr. Fahrbach das Geleitwort geschrieben. Darin hat er den Nordwaldkammweg als einen der schönsten Wanderwege in Mitteleuropa bezeichnet.

Anlässlich der Jahreshauptversammlung 1960 des Österreichischen Alpenvereines in Freistadt wurde der Nordwaldkammweg der Öffentlichkeit übergeben. Einleitend geziemt es sich daher, die Entstehungsgeschichte dieses ersten österreichischen Weitwanderwegs etwas in Erinnerung zu bringen.

Es war anlässlich eines Frühstücksgesprächs bei der ÖAV-Hauptversammlung in Hallein, im Jahre 1958, als der damalige Weg- und Markierungswart der Sektion Linz, Dipl. Ing. Hellmuth Feix, dem Vorsitzenden der Sektion Waldviertel, Carl Hermann, die Schaffung eines durchgehenden markierten Mittelgebirgsweges an der großen europäischen Wasserscheide zwischen Nordsee und dem Schwarzen Meer, im Bereich des Böhmerwaldes, des Mühl- und des Waldviertels vorschlug. Dieses Gespräch wurde zur Geburtsstunde des Nordwaldkammweges. In Anlehnung an die verloren gegangene, 1908 vom Deutschen Böhmerwaldbund errichtete Durchgangsmarkierung, die seinerzeit als „Kammweg" bezeichnet wurde, ist, an diese Tradition anschließend, für den neuen Weg der Name „Nordwaldkammweg“ gewählt worden. Unter der organisatorischen Leitung des Initiators wurde in Gemeinschaftsarbeit von den ÖAV-Sektionen Rohrbach, Freistadt, Waldviertel-Gmünd und der Ortsgruppe Bad Leonfelden der Sektion Linz in eineinhalb Jahren der Weg fertiggestellt.

In der Folge schlossen sich die beteiligten Sektionen und Ortsgruppen zur Arbeitsgemeinschaft der Mühl- und Waldviertler AV-Sektionen zusammen mit der Zielsetzung der künftigen Erhaltung und Betreuung des Weges, der Herausgabe eines Führers und der Schaffung eines Wanderabzeichens. Unter der Federführung der Sektion Freistadt und Mitarbeit aller Angehörigen der Arbeitsgemeinschaft sowie weiterer Experten wurde von Baumeister Rudolf Gebetsroiter die erste Auflage des Nordwaldkammwegführers zusammengestellt. Von Gebetsroiter stammt auch der Entwurf der grafischen Kartenbeilage und des Höhendiagramms.

Von den ersten fünf Auflagen wurden bis 1977 rund 20 000 Stück des Führers abgesetzt. Die letzte Auflage des Führers erfuhr 1978 einen Fortdruck und die Erstellung eines Einlageblatts, welches zwischenzeitlich eingetretenen Änderungen in Anlage, Führung und Gestaltung des Weges Rechnung trug.

Über Vorschlag von Carl Hermann und nach dessen Entwurf erfolgte 1967 die Schaffung des „Nordwaldkammweg-Wanderabzeichens“ in drei Leistungsstufen.

Eine Dokumentation der Schönheit des Nordwaldkammwegs und seiner Landschaft beinhaltet schließlich auch der unter maßgeblicher Mitwirkung von Sepp Wallner 1967 erstellte Film mit dem Titel „Wanderung im Grenzland“. Durch den nun weit über die Grenzen Österreichs hinaus bekannt gewordenen und gerne begangenen Weitwanderweg ist ein Gebiet erschlossen worden, das nicht nur den „Hochwald“ und die Heimat

Adalbert Stifters beherbergt, sondern auch reich an landschaftlicher Schönheit und alten Kultur- und Kunststätten ist.

Die nächste Auflage des Nordwaldkammwegführers wurde dann der Autorin Margot Haag übertragen, der Führer erschien im Verlag Ennsthaler. Dieser Führer war 2012 vergriffen.
Mit der Öffnung des Eisernen Vorhangs hatte der Leiter der Arge Nordwaldkammweg, Dipl.-Ing. Gerd Simon, die Idee, auch die tschechische Seite des Kamms wieder einzubeziehen und den alten Startpunkt des Kammwegs in Rosenberg an der Moldau wieder zu berücksichtigen. Diese Idee wurde am 17. Oktober 2005 in Budweis beim internationalen Radambuk-Treffen prämiert. Später wurde diese Gegend als Grünes Band wegen seiner Wildnis und Einsamkeit quer durch Europa berühmt.

Die Umsetzung der Konzeptidee gelang sehr gut mit Hilfe der tschechischen Touristiker (KČT) mit dem Projektpartner Mag. Karel Marquart aus Tabor. Die Idee, auch auf der tschechischen Seite das Nordwaldkammweglogo zu markieren, gelang nur im Abschnitt Kerschbaum, wo lange Zeit Probleme mit der Jägerschaft von Kerschbaum die Fertigstellung verhinderte. Selbst eine Vorsprache mit Petitionsübergabe bei Bundespräsident Dr. Heinz Fischer am 24. 6. 2009 brachte keinen Erfolg hinsichtlich Kammwegmarkierung in Tschechien. Der Nordwaldkammweg II wurde am 4. Mai 2012 am Grenzübergang in Oberhaid feierlich eröffnet.

Die Neuauflage des Führers wurde 2015 als Vorstandsbeschluss des Alpenvereins Freistadt wieder von der Sektion Freistadt übernommen. Prof. Dr. Michael Tauber aus Bad Leonfelden hatte sich als Qualitätssicherer für den NWKW II bewährt, er übernahm mit seiner Frau dann auch die Erstellung der Wegbeschreibung des NWKW II. Die Aufwandsentschädigung für Fahrten und Nächtigungen bei der Erstellung des neuen Wanderführers wurde durch ein Leader-Kleinprojekt abgedeckt.

Petitionsübergabe an Bundespräsident Heinz Fischer 2009,
Eröffnung des Nordwaldkammweges II 2012

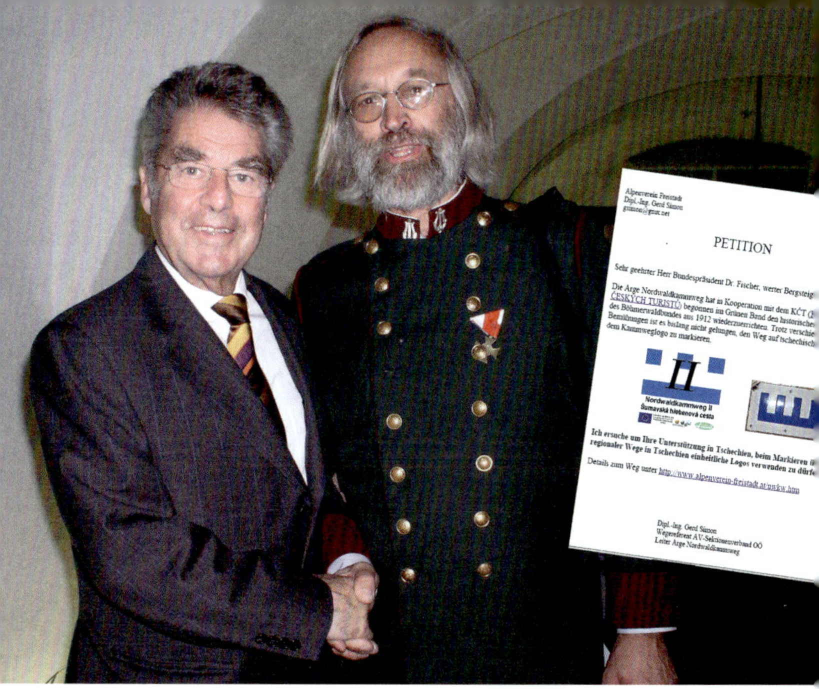
Alpenverein Freistadt
Dipl.-Ing. Gerd Simon
gsimon@gmx.net
PETITION
Sehr geehrter Herr Bundespräsident Dr. Fischer, werter Bergsteig
Die Arge Nordwaldkammweg hat in Kooperation mit dem KČT
ČESKÝCH TURISTŮ) begonnen im Grünen Band den historische
des Böhmerwaldbundes aus 1912 wiederzuerrichten. Trotz verschie
Bemühungen ist es bislang nicht gelungen, den Weg auf tschechisch
dem Kammweglogo zu markieren.
Nordwaldkammweg II
Šumavská hřebenová cesta
Ich ersuche um Ihre Unterstützung in Tschechien, beim Markieren
regionaler Wege in Tschechien einheitliche Logos verwenden zu dürf
Details zum Weg unter http://www.alpenverein-freistadt.at/nwkw.htm
Dipl.-Ing. Gerd Simon
Wegereferent AV-Sektionenverband OÖ
Leiter Arge Nordwaldkammweg

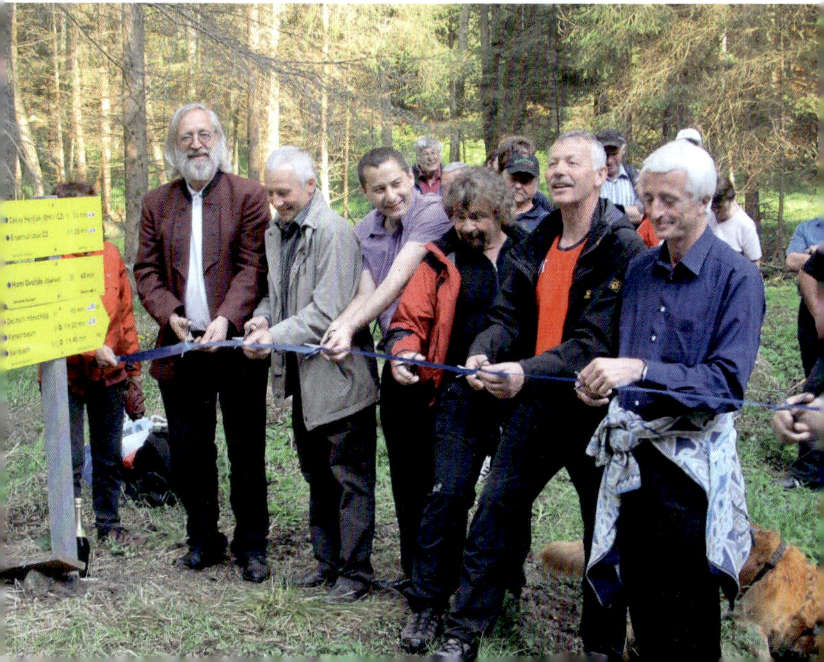

Verwendete Abkürzungen

Abzw.	Abzweigung
Arge	Arbeitsgemeinschaft
asph.	asphaltiert
AV	Alpenverein
B xxx	Bundesstraße Nr. xxx
bew.	bewirtschaftet
Bhf.	Bahnhof
E, O, o	Osten, Osten, östlich
Gde.	Gemeinde
ges.	gesamt
GH	Gasthof
GPS	GPS-Koordinaten
hm	Höhenmeter
KČT	Klub českých turistů
MTB	Mountainbike
N, n, no, nw	Norden, nördlich, nordöstlich, nordwestlich
NWKW	Nordwaldkammweg
NWKW Ia	Nordwaldkammweg – Variante Freistadt – Alm – Braunberg
NWKW II	Nordwaldkammweg neu – nördlich des klassischen NWKWs
NWKW III	Nordwaldkammweg neu über Rožmberk (historischer Startpunkt)
ÖAV	Österreichischer Alpenverein
OG.	Ortsgruppe
OÖ, oö.	Oberösterreich, oberösterreichisch
S, s, so, sw	Süden, südlich, südöstlich, südwestlich
ÜN	Übernachtungsmöglichkeit
V.	Verbindungsweg zwischen Nordwaldkammweg und Nordwaldkammweg II
W, w	Westen, westlich

Nützliche tschechische Wörter für die Reise

autobus – Bus
dobrou noc – Guten Abend
dobrý den – Guten Morgen, Guten Tag
jídelní lístek – Speisekarte
jídlo – Essen
jízdenky – Fahrkarten
nádraží – Bahnhof
nápojový lístek – Getränkekarte
nástupiště – Gleis
neúplná cena – Preis nicht vollständig
(passiert für gewöhnlich bei internationalen Zügen, der Preis mag dann nur für die Fahrkarte innerhalb von Tschechien gelten, nicht aber über die Grenze hinaus)
odjezdy – Abfahrten
pivo – Bier
pokladna – Verkaufsschalter
povinně místenkový vlak – Sitzplatzreservierung erforderlich in diesem Zug
Příjezdy – Ankünfte
škola – Schule
víno – Wein
vlak – Zug
Vlak nečeká na žádné přípoje – Dieser Zug wird nicht auf Anschlusszüge warten.
voda – Wasser

Weitere Redewendungen und Übersetzungen gibt es etwa auf www.goruma.de/Interaktiv/Sprachfuehrer/Deutsch_Tschechisch.html

Willkommen beim Alpenverein

alpenverein

Wer einen Weitwanderweg wie den Nordwaldkammweg begeht, wird sehen, dass eine Menge Aufwand hinter der Betreuung eines derartigenWanderweges steht. Man sieht vielleicht noch nicht, dass der Weg ein Mal im Jahr durchkontrolliert werden muss und dann in Folge von Vandalismus einiges an Schäden v. a. bei den gelben Tafeln zu beheben ist. Dass die Markierungen immer wieder nachzumalen sind, erkennt man schon eher. Die Behebung von Unwetterschäden haben meistens die lokalen Gemeinden übernommen, aber das Ausschneiden von Büschen und Mähen von Wegabschnitten liegt auch bei den Wegebetreuern des Alpenvereins. Dieser Aufwandseite für die Wegerhaltung steht leider gar nichts an der Einnahmenseite für die Alpenvereinssektionen gegenüber. Die Tourismusabgabe geht rein an die Touristenbüros, der Alpenverein bekommt nichts davon. Dem Antrag an den oö. Landtag, dass dafür der Alpenverein wie auch die Naturfreunde wenigstens keine Tourismusabgabe für ihre Hütten zahlen müssen, wurde im Jänner 2016 abgelehnt.

Wie lässt sich das etwas ausgleichen, wenn man den Nordwaldkammweg kostenfrei begangen hat? Der Vorschlag wäre: mit einer Mitgliedschaft beim Österreichischen Alpenverein, möglichst bei einer der den Weg betreuenden Sektionen.

Der Alpenverein wurde vor über 150 Jahren mit dem Schwerpunkt, die Alpen zu erforschen, gegründet. Er hat sich inzwischen zu einem Verein gewandelt, der die Alpen schützt und der Nachwelt zu erhalten versucht. Dabei ist der Alpenverein keine Organisation irgendeiner österreichischen Partei, den Funktionären ist es sogar untersagt, höhere politische Funktionen auszuüben. Dass diese Idee goutiert wird, zeigt, dass jetzt schon mehr als 500.000 Mitglieder beim Alpenverein sind, er damit der größte alpine Verein in Österreich ist.

Prämierung der Projektidee "Nordwaldkammweg Renaissance" durch Radambuk in Budweis 2005.

Natürlich ist dafür auch die weltweite Bergungsversicherung verantwortlich, als Mitglied kann man also beruhigt in die Berge gehen. Die wichtigsten Aufgaben des Alpenvereins liegen in der Förderung und Ausübung bergsportlicher Tätigkeiten (Wandern, Bergsteigen, Klettern, Skitouren sowie Trendsportarten in den Bergen) und der dazu notwendigen Ausbildung von Fachleuten.
Dazu bieten der Österreichische und der Deutsche Alpenverein 232 Hütten in den Alpen an, Ersterer ist der größte Quartiergeber in Österreich. Jede Hütte ist rauchfrei und ermöglicht seinen Mitgliedern begünstigt Nächtigung und Bergsteigeressen. Bei den geführten Touren erlebt man Kameradschaft und sieht, wie man sich am Berg verhält. Ziel der vielen Ausbildungsangebote ist der mündige Bergsteiger, der sich allein verantwortungsvoll in der Natur bewegen lernt und vielleicht auch mal eine nötige Petition unterstützt. Das soziale Engagement des Vereins wird auch in seiner erfolgreichen Familien- und Jugendarbeit und in eigenen Programmen für Senioren sichtbar (z.B. beim erfolgreichen 50+-Tourenprogramm des Alpenvereins Freistadt).
Also, damit die 26 000 km Alpenvereinswege weiter betreut werden:

Willkommen im Alpenverein, werde Mitglied, oder – falls schon Mitglied – werde Funktionär, wie etwa AV-Wegebetreuer!

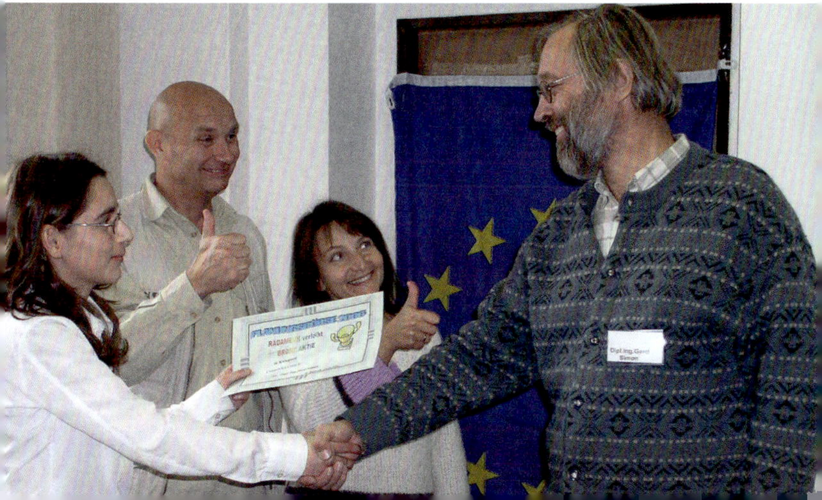

Platz für Wanderstempel

Platz für Wanderstempel

Verleihungsantrag

Name:

Anschrift:

E-Mail:

Tel.:

Jahrgang:

hat den Nordwaldkammweg / Nordwaldkammweg II / Nordwaldkammweg III (nicht Zutreffendes streichen)

- innerhalb des Jahres ____ für das Abzeichen in Bronze
- in einem Zug von ________ bis ________ für das Abzeichen in Silber
- von ________ bis ________ , d.h. innerhalb von 5 (Senioren 7) Tagen, für das Abzeichen in Gold durchwandert bzw. mit den Schi absolviert und ersucht um die Verleihung des Abzeichens.

__________ , am ________

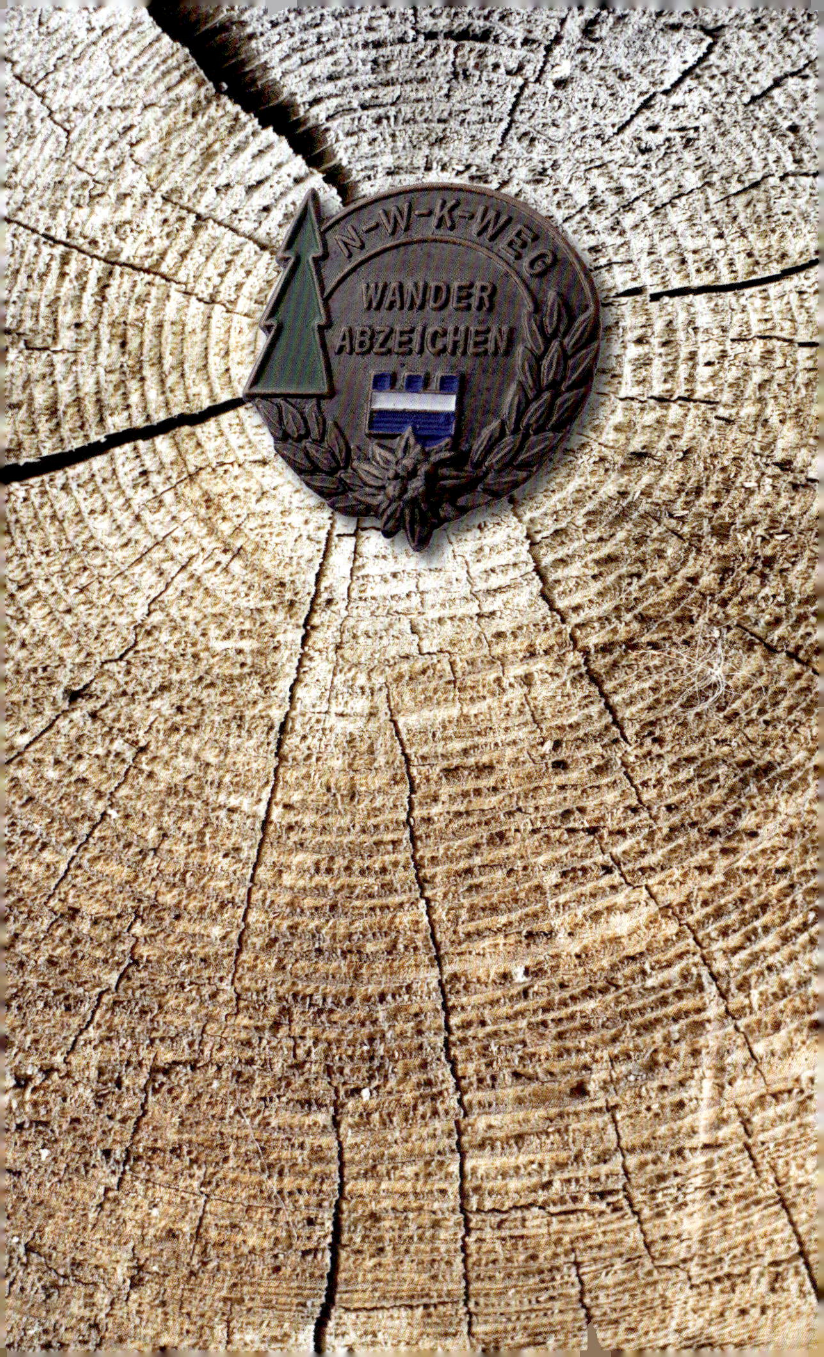
N-W-K-WEG
WANDER
ABZEICHEN

Register

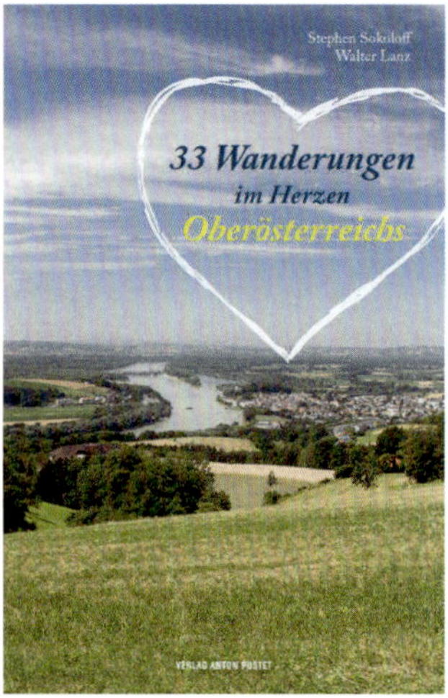

Stephen Sokoloff, Walter Lanz
33 Wanderungen im Herzen Oberösterreichs

Die Wanderungen im Zentralraum Oberösterreichs überzeugen Jung und Alt, Familien, SpaziergängerInnen ebenso wie Wanderer. Großartige Landschaften wie das Feldaisttal, atemberaubende Panoramen rund um den Damberg und weitere, mit öffenlichem Verkehr erreichbare Ziele warten. Auf geht's!

11,5 x 18 cm, französische Broschur, durchgehend farbig bebildert, 224 S., 978-3-7025-0842-5, € 22,–

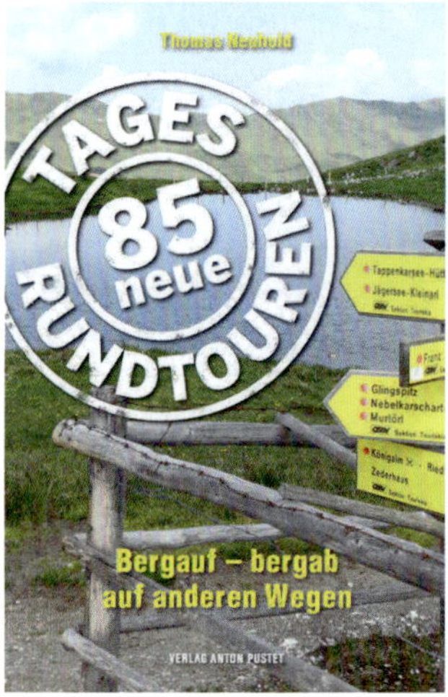

Thomas Neuhold
85 neue Tagesrundtouren

Wer sagt, dass der Abstieg beim Wandern nicht genauso spannend sein kann wie der Aufstieg? Thomas Neuhold hat 85 neue Tagesrundtouren zusammengestellt: Vom Alpenvorland bis zu den Hohen Tauern, vom Kaisergebirge bis zum Dachstein. Mit Kartenskizzen, Einkehrtipps und Alternativrouten.

11,5 x 18 cm, französische Broschur, durchgehend farbig bebildert, 192 S., 978-3-7025-0817-3, € 22,–